市政工程丛书
Municipal Engineering Series

市政隧道管廊工程质量通病防治指南

安关峰 主编

中国建筑工业出版社

图书在版编目（CIP）数据

市政隧道管廊工程质量通病防治指南/安关峰主编．—北京：中国建筑工业出版社，2019.8
（市政工程丛书）
ISBN 978-7-112-23941-2

Ⅰ.①市… Ⅱ.①安… Ⅲ.①市政工程—隧道工程—工程质量—质量控制—指南②市政工程—管道工程—工程质量—质量控制—指南　Ⅳ.①U45-62②U172-62

中国版本图书馆CIP数据核字（2019）第132029号

责任编辑：李玲洁　田启铭
书籍设计：付金红　柳　冉
责任校对：张惠雯

市政工程丛书
市政隧道管廊工程质量通病防治指南
安关峰　主编
*
中国建筑工业出版社出版、发行（北京海淀三里河路9号）
各地新华书店、建筑书店经销
北京雅盈中佳图文设计公司制版
北京缤索印刷有限公司印刷
*
开本：787×1092毫米　1/16　印张：21¾　字数：476千字
2019年10月第一版　2019年10月第一次印刷
定价：159.00元
ISBN 978-7-112-23941-2
（34254）

版权所有　翻印必究
如有印装质量问题，可寄本社退换
（邮政编码100037）

编委会

主　　编：安关峰

副 主 编：王　虹　顾　纲

编　　委：沈方奇　李新明　戴　飞　杨增兴
　　　　　白晓瑾　钟　亮　钟砥宁　何锦明
　　　　　何志辉　周玉峰　朱广滔

主编单位：广州市市政工程协会
　　　　　广州市市政集团有限公司

参编单位：中铁一局集团有限公司
　　　　　广州轨道交通建设监理有限公司
　　　　　广州市市政工程监理有限公司
　　　　　广东水电二局股份有限公司
　　　　　中交南沙新区明珠湾区工程总承包项目经理部
　　　　　广州珠江工程建设监理有限公司

前 言

  市政工程是指市政设施建设工程。在我国，市政设施是指在城市区、镇（乡）规划建设范围内设置、基于政府责任和义务为居民提供有偿或无偿公共产品和服务的各种建筑物、构筑物、设备等。城市生活配套的各种公共基础设施建设都属于市政工程范畴，比如常见的城市道路、桥梁、隧道、城市轨道交通、给水排水工程、综合管廊工程、垃圾处理处置工程等，与生活紧密相关的雨水、污水、上水、中水、电力、电信、热力、燃气等各种管线工程，还有城市广场、城市绿化、城市照明等工程。

  "百年大计，质量第一"是每个市政人的职业追求，是每一个施工企业的立命之本。为贯彻党的十九大精神，建设质量强国，弘扬"追求卓越，铸就经典"的国优精神，广州市市政工程协会与广州市市政集团有限公司会同行业内21家大型企业与高校，专门组成编制委员会，结合市政工程行业特点，综合了市政各专业，编制了市政工程质量通病防治指南系列丛书，以期推动市政工程质量上水平、出精品，为城市奉献高品质的设施。**本册为《市政隧道管廊工程质量通病防治指南》**（以下简称《指南》）。

  《指南》按照现行设计、施工技术标准及质量验收规范要求，以市政工程为分析对象，汇集了各施工单位、监理单位及有关专家近年来治理质量通病的经验和措施；以正面典型、规范施工工艺为模板；全面列举质量通病现象，分析产生原因，介绍施工工艺要求和预防措施，以图文并茂的形式展现了质量通病治理的效果，使质量通病治理和防治更加标准化、形象化、具体化、实用化。

  《指南》共分为2章，主要内容包括：第1章隧道工程、第2章综合管廊工程。《指南》共列举了隧道工程157项、综合管廊工程60项，共计217项质量通病项目。全书每项质量通病都介绍了通病现象、规范标准相关规定、原因分析、预防措施，并通过参考图示、图片的形式加以说明，具有适用面广、针对性强、简明扼要、图文并茂等特点。《指南》具有实操性、实用性、示范性，对治理、防治质量通病具很强的指导作用；对建设各方提高工程质量水平具有借鉴意义。

本书内容丰富、图文并茂，可以供从事市政工程建设、管理、监理、监督、设计、施工、维护的管理和专业技术人员的使用，同时可作为大专院校工程专业的教学科研参考书。

本《指南》在使用过程中，敬请各单位总结和积累资料，随时将发现的问题和意见寄交广州市市政工程协会，供今后修订时参考。通信地址：广州市环市东路338号银政大厦8楼，邮编：510060；E-mail：13318898238@126.com。

编委会
2018 年 12 月

目　录

001　第 1 章　隧道工程

001　1.1　明挖法隧道工程

090　1.2　暗挖法隧道工程

112　1.3　盾构法隧道工程

159　1.4　隧道防排水工程

171　1.5　沉管法隧道工程

209　1.6　顶管法隧道工程

221　1.7　隧道附属工程

247　1.8　隧道维护工程

255　第 2 章　综合管廊工程

255　2.1　地基与基础工程

270　2.2　主体结构工程

301　2.3　外包防水工程

323　2.4　支吊架工程

332　2.5　管廊出线舱及附属工程

337　参考文献

第1章 隧道工程

1.1 明挖法隧道工程

1.1.1 导墙净空尺寸过小

1. 通病现象

导墙净空尺寸不符合设计及规范要求,导致无法下笼或下笼不顺畅、地连墙保护层厚度不足、钢筋笼轴线偏差(图1.1-1、图1.1-2)。

图 1.1-1 地连墙保护层厚度不足

图 1.1-2 导墙拆模后未及时支撑

2. 标准规范相关规定

(1)《地下铁道工程施工质量验收标准》GB/T 50299—2018

5.3.5 地下连续墙允许偏差、检验数量和检验方法应符合表5.3.5的规定。

地下连续墙允许偏差、检验数量和检验方法(节选)　　　表5.3.5

项目		允许偏差 (mm)	检验数量		检验方法
			范围	点数	
导墙尺寸	宽度	+40	每个槽段	5	钢尺量测
	墙面平整度	≤5			2m靠尺,塞尺量测
	导墙平面位置	±10			钢尺量测
沉渣厚度		≤100			重锤测或沉积物测定仪测
槽深		+100			重锤测

（2）《建筑地基基础工程施工规范》GB 51004—2015

6.6.2 地连墙施工应设置钢筋混凝土导墙，导墙施工应符合下列规定：

1 导墙应采用现浇混凝土结构，混凝土强度等级不应低于C20，厚度不应小于200mm；

2 导墙顶面应高于地面100mm，高于地下水位0.5m以上，导墙底部应进入原状土200mm以上，且导墙高度不应小于1.2m；

3 导墙外侧应用黏性土填实，导墙内侧墙面应垂直，其净距应比地连墙设计厚度加宽40mm；

4 导墙混凝土应对称浇筑，达到设计强度的70%后方可拆模，拆模后的导墙应加设对撑；

5 遇暗浜、杂填土等不良地质时，宜进行土体加固或采用深导墙。

6.6.3 导墙允许偏差应符合表6.6.3的规定。

导墙允许偏差　　　　　　表6.6.3

项目	允许偏差	检查频率		检查方法
		范围	点数	
宽度	±10mm	每10m	1	用钢尺量
垂直度	≤1/300	每幅	1	线锤
墙面平整度	≤10mm	每幅	1	用钢尺量
导墙平面位置	±10mm	每幅	1	用钢尺量
导墙顶面标高	±20mm	6m	1	水准仪

3. 原因分析

（1）设计原因

1）未结合场地地质条件合理选用导墙形式；

2）设计导墙深度、墙板厚度不符合规范要求；

3）未设计导墙临时支撑；

4）导墙侧墙背后填土材料、压实度未作要求，或所作要求对场地地质条件没有针对性。

（2）施工原因

1）导墙侧墙放样时未按规范预留足够的尺寸；

2）导墙接头未按规范要求施工，整体性差，导致局部导墙断裂变形；

3）擅自改变导墙形式，导墙未按设计要求配筋，双层钢筋未做撑铁，施工时钢筋网片被踩下，墙板厚度小于设计厚度，导致导墙强度、刚度不足，产生过大变形甚至下沉、断裂、倒塌；

4）导墙侧墙模板支撑不到位，侧墙混凝土浇筑时支撑受挤压变形，侧墙强度未达到设计要求就进行墙背回填，回填土夯实机械选型不当、分层厚度过大、夯实能量过大导致侧墙位移；

5）成槽机、挖掘机、旋挖钻、混凝土罐车等重型机械未按规定线路行走，距离导墙边缘过近，重型机械设备行走路线临时道路地基承载力不足；

6）成槽时，成槽机、旋挖机、冲击钻等定位不准，撞击导墙。

4．预防措施

（1）设计措施

1）结合场地地质条件进行设计，合理选用导墙形式；

2）依据场地地质条件明确回填土的材料、压实度；

3）结合施工方案对导墙支撑进行设计，明确支撑的材料、规格、间距、做法。

（2）施工措施

1）做好导墙技术交底，导墙放样净距应大于地连墙设计尺寸 40～60mm 控制。

2）导墙钢筋施工时，做好钢筋网片的定位，保证钢筋网片的层距及保护层厚度，施工时做好保护，防止被踩下破坏。

3）导墙施工缝保证钢筋连接质量，接缝处混凝土应凿毛清理干净，新混凝土浇筑前浇水湿润，并保证底部无积水，浇筑时振捣密实。

4）导墙支撑应做施工技术方案设计并向作业人员安全技术交底，施工过程做好监督控制工作，混凝土浇筑前进行验收保证支撑的刚度和稳定性，两侧模板底部应做固定措施，防止混凝土浇筑时支撑体系整体产生偏移；混凝土应分层对称浇筑，振捣密实，每层厚度不大于 500mm。

5）场内临时道路应做好规划，有重型机械需临近导墙作业时，应采用地基压实，保证地基承载力；保证硬化路面厚度，特殊情况下对临时道路配筋，保证临时路面的强度。机械临近导墙作业前，在受影响范围内加强导墙内支撑。

5．治理措施

（1）变形不大时，可采用液压千斤顶将导墙顶开，泄压前先做支撑，保证千斤顶泄压后导墙再次变形；

（2）当变形过大，或采用千斤顶无法将导墙净空恢复到设计尺寸时，拆除重做。

6．工程实例照片（图 1.1-3、图 1.1-4）

图 1.1-3　导墙模板支撑体系　　图 1.1-4　导墙内临时支撑体系

1.1.2 围护桩偏斜

1. 通病现象

围护桩部分倾入主体结构物空间（图 1.1-5）。

图 1.1-5 围护桩偏斜

2. 规范标准相关规定

（1）《建筑基坑支护技术规程》JGJ 120—2012

4.4.8 除有特殊要求外，排桩的施工偏差应符合下列规定：

1 位移的允许偏差为 50mm；
2 垂直度的允许偏差应为 0.5%；
3 埋件位置的允许偏差应为 20mm。

（2）《地下铁道工程施工质量验收标准》GB/T 50299—2018

5.2.5 围护结构灌注桩顺轴线方向的桩位允许偏差应为 ±100mm，垂直轴线方向的允许偏差应为 0mm ~ +50mm。

检验数量：全部检查

检验方法：经纬仪和全站仪测量、钢尺测量。

5.2.8 咬合桩的桩身垂直度偏差应小于 3‰。

检验数量：全部检查。

检验方法：钢尺测量。

5.2.9 灌注桩桩身垂直度允许偏差应小于或等于 1%。

检验数量：全部检查。

检验方法：吊线量测，测斜仪。

3. 原因分析

（1）设计原因

设计时未考虑围护桩桩孔时倾斜度。

(2)施工原因

1)围护桩钻孔时由于遇到地面软弱或软硬不均匀旋挖钻掘进时容易扰动导致围护桩倾斜。

2)钻机安装时稳定性差,作业时钻机安装不稳或钻杆弯曲所致。

3)土层呈斜状分布或土层中夹有大的孤石或其他硬物等情形。

4. 预防措施

(1)因钻机倾斜造成的,应先将钻机移开,检查钻孔壁情况,如果钻孔壁比较稳定,应先将场地夯实平整,将轨道木均匀着地,加固施工范围内的地基或加大钻机的支撑面积,重新安装钻机恢复施工。重新开钻前,应将钻孔回填至原地面夯实,待地层静置稳定后再重新开始钻孔,否则钻孔壁随时有坍塌的可能。此外,在重新安装钻机时要注意转盘中心与钻架上起吊滑轮在同一轴线。钻机就位后,应用钻机塔身的前后和左右的垂直标杆检查导杆,校正位置,使钻杆垂直对准桩位中心,钻杆位置偏差不大于20mm,桩垂直偏差不大于1%。钻孔开始时,稳住钻头阀门,使钻杆向下移动至钻头触及地面,开动钻机旋动钻头。一般应先慢后快,这样可以减少钻杆摇晃,容易检查钻孔的偏差,以便及时校正(将钻杆提升至开始偏斜处慢速扫孔削正)。在成孔过程中如发现钻杆摇晃或难钻时,应放慢进尺。

(2)因地质构造不均匀引起的,应先分析清楚岩层的走向,然后采用适当的回填料(回填料一般为片石加黏土、纯碱、锯末等组成的混合物)将钻孔回填至计算确定的高程处,静置一段时间后恢复施工。在这种不均匀地层中钻孔时,宜采用自重大,钻杆刚度大的复合式牙轮钻、冲击钻,以慢速钻孔。

(3)围护桩放样时外放25cm,以避免围护桩倾斜。

5. 治理措施

(1)机械破除侵限部分围护桩;

(2)对破除部分进行锚网喷加固。

6. 工程实例图片(图 1.1-6)

图 1.1-6 破除侵限围护桩并锚网喷加固

1.1.3 地连墙露筋、夹泥、鼓包、渗漏水

1. 通病现象

地连墙墙壁混凝土内存在局部或大面积泥夹层、接头渗漏水、墙体露筋、鼓包过大（图 1.1-7 ~ 图 1.1-9）。

图 1.1-7 地连墙鼓包　　图 1.1-8 地连墙露筋、钢筋笼下沉变形　　图 1.1-9 地连墙夹泥、窝泥

2. 标准规范相关规定

（1）相关设计规范

1）《地铁设计规范》GB 50157—2013

11.6.2　基坑工程设计应符合下列规定：

11　现浇钢筋混凝土地连墙的设计应符合下列规定：

1）单元槽段的长度和深度，应根据建筑物的使用要求和结构特点、工程地质和水文地质条件、施工条件和施工环境等因素按类似工程的实际经验确定，必要时可进行现场成槽试验；

2）地连墙段之间接头构造应满足传力和防水要求；

4）地连墙的墙面倾斜度和平整度，应根据建筑物的使用要求、工程地质和水文地质条件及挖槽机械等因素确定。墙面倾斜度不宜大于 1/300，局部突出不宜大于 100mm，且不得侵入隧道净空。

2）《建筑基坑支护技术规程》JGJ 120—2012

4.5　地连墙设计

4.5.2　地连墙的墙体厚度宜根据成槽机的规格，选取 600mm、800mm、1000mm 或 1200mm。

4.5.7　地连墙纵向受力钢筋保护层厚度，在基坑内侧不宜小于 50mm，在基坑外侧不宜小于 70mm。

（2）相关施工规范

1）《地下铁道工程施工质量验收标准》GB/T 50299—2018

5.3.5　地下连续墙允许偏差、检验数量和检验方法应符合表 5.3.5 的规定。

地下连续墙允许偏差、检验数量和检验方法（节选）　　　表5.3.5

项目		允许偏差（mm）	检验数量		检验方法
			范围	点数	
钢筋笼尺寸	长度	±50	每片钢筋网	上、中、下各1点	钢尺量测
	宽度	±20			
	厚度	0~10			
	主筋间距	±10		4	用钢尺量，任取一断面，连续量取间距，取平均值作为一点
	分布筋间距	±20			
	预埋件中心位置	±10	每件	1	钢尺量测
地下连续墙表面平整度		≤100	每段墙体	5	此为均匀黏土层，松散及易坍土层由设计单位确定
墙体的预埋件位置	水平向	≤10	每件	1	钢尺量测
	垂直向	≤20			水准仪量测

2）《建筑地基基础工程施工规范》GB 51004—2015

6.6.4　泥浆制备应符合下列规定：

1　新拌制泥浆应经充分水化，贮放时间不应少于24h；

2　泥浆的储备量宜为每日计划最大成槽方量的2倍以上；

3　泥浆配合比应按土层情况试配确定，一般泥浆的配合比可根据表6.6.4选用。遇土层极松散、颗粒粒径较大、含盐或受化学污染时，应配制专用泥浆。

泥浆配合比　　　表6.6.4

土层类别	膨润土（%）	增粘剂CMC（%）	纯碱$NaCO_3$（%）
黏性土	8~10	0~0.02	0~0.5
砂土	10~12	0~0.05	0~0.5

6.6.5　泥浆性能指标应符合下列规定：

1　新拌制泥浆的性能指标应符合表6.6.5-1的规定。

新拌制泥浆的性能指标　　　表6.6.5-1

项目		性能指标	检验方法
比重		1.03~1.10	泥浆比重秤
黏度	黏性土	19~25s	漏斗法
	砂土	30~35s	
项目		性能指标	检验方法
胶体率		>98%	量筒法
失水量		<30mL/30min	失水量仪
泥皮厚度		<1mm	失水量仪
pH值		8~9	pH试纸

2 循环泥浆的性能指标应符合表6.6.5-2的规定。

循环泥浆的性能指标　　　　　　　表6.6.5-2

项目		性能指标	检验方法
比重		1.05～1.25	泥浆比重秤
黏度	黏性土	19～30s	漏斗法
	砂土	25～40s	
胶体率		＞98%	量筒法
失水量		＜30mL/30min	失水量仪
泥皮厚度		1～3mm	失水量仪
pH值		8～10	pH试纸
含砂率	黏性土	＜4%	洗砂瓶
	砂土	＜7%	

6.6.6 成槽施工应符合下列规定：

1 单元槽段长度宜为4m～6m；
2 槽内泥浆面不应低于导墙面0.3m，同时槽内泥浆面应高于地下水位0.5m以上；
3 成槽机应具备垂直度显示仪表和纠偏装置，成槽过程中应及时纠偏；
4 单元槽段成槽过程中抽检泥浆指标不应少于2处，且每处不应少于3次；
5 地连墙成槽允许偏差应符合表6.6.6的规定。

地下连续墙成槽允许偏差　　　　　　　表6.6.6

项目		允许偏差	检测方法
深度	临时结构	≤100mm	测绳，2点/幅
	永久结构	≤100mm	
槽位	临时结构	≤50mm	钢尺，1点/幅
	永久结构	≤30mm	
墙厚	临时结构	≤50mm	20%超声波，2点/幅
	永久结构	≤50mm	100%超声波，2点/幅
垂直度	临时结构	≤1/200mm	20%超声波，2点/幅
	永久结构	≤1/300mm	100%超声波，2点/幅
沉渣厚度	临时结构	≤200mm	100%超声波，2点/幅
	永久结构	≤100mm	

6.6.7 成槽后的刷壁与清基应符合下列规定：

1 成槽后，应及时清刷相邻段混凝土的端面，刷壁宜到底部，刷壁次数不得少于10次（补充：刷壁必须由质检员旁站），且刷壁器上无泥；
2 刷壁完成后应进行清基和泥浆置换，宜采用泵吸法清基；
3 清基后应对槽段泥浆进行检测，每幅槽段检测2处，取样点距离槽底

0.5m ～ 1.0m，清基后的泥浆指标应符合表 6.6.7 的规定。

清基后的泥浆指标　　　　　　　　表6.6.7

项目		清基后泥浆	检验方法
比重	黏性土	≤ 1.15	比重计
	砂土	≤ 1.20	
黏度（s）		20 ～ 30	漏斗计
含砂率（%）		≤ 7	洗砂瓶

6.6.9　槽段钢筋笼应进行整体吊放安全验算，并设置纵横向桁架、剪刀撑等加强钢筋笼整体刚度的措施。

6.6.10　钢筋笼制作和吊装应符合下列规定：

1　钢筋笼加工场地与制作平台应平整，平面尺寸应满足制作和拼装要求；

2　分节制作钢筋笼同胎制作并试拼装，应采用焊接或机械连接；

3　钢筋笼制作时应预留导管位置，并应上下贯通；

4　钢筋笼应设保护层垫板，纵向间距为 3m ～ 5m，横向宜设置 2 块 ～ 3 块（通常一根桁架筋布置一列）；

5　吊车的选用应满足吊装高度及起重量的要求；

6　钢筋笼应在清基后及时吊放；

7　异形槽段钢筋笼起吊前应对转角处进行加强处理，并应随入槽过程逐渐割除。

6.6.11　钢筋笼制作允许偏差及安装误差应符合下列规定：

1　钢筋笼制作允许偏差应符合表 6.6.11 的规定。

钢筋笼制作允许偏差　　　　　　　　表6.6.11

项目	允许偏差（mm）	检查方法
钢筋笼长度	±100	用钢尺量，每幅钢筋笼检查上中下三处
钢筋笼宽度	0 −20	
钢筋笼保护层厚度	≤ 10	
钢筋笼安装深度	±50	
主筋间距	±10	任取一个断面，连续量取间距，取平均值作为一点，每幅钢筋笼上测四点
分布筋间距	±20	
预埋中心位置	±10	100% 检查，用钢尺量
预埋钢筋和接驳器中心位置	±10	20% 检查，用钢尺量

2　钢筋笼安装误差应小于 20mm。

6.6.12　水下混凝土应采用导管法连续浇筑，并应符合下列规定：

1　导管管节连接应密封、牢固，施工前应试拼并进行水密性试验；

2　导管水平布置距离不应大于 3m，距槽段两侧端部不应大于 1.5m，导管下端距离槽底宜为 300mm ~ 500mm，导管内应放置隔水栓；

3 钢筋笼吊放就位后应及时灌注混凝土，间隔不宜大于4h；

4 水下混凝土初凝时间应满足浇筑要求，现场混凝土坍落度宜为 200mm±20mm，混凝土强度等级应比设计强度提高一级进行配制；

5 槽内混凝土面上升速度不宜小于3m/h，同时不宜大于5m/h，导管埋入混凝土深度应为2m ~ 4m，相邻两导管内混凝土高差应小于0.5m；

6 混凝土浇筑面宜高出设计标高 300mm ~ 500mm。

3)《建筑地基基础工程施工质量验收标准》GB 50202—2018

7.7.2 施工中应定期对泥浆指标、钢筋笼的制作与安装、混凝土的坍落度、预制地下连续墙墙段安放质量、预制接头、墙底注浆、地下连续墙成槽及墙体质量等进行检验。

7.7.6 地下连续墙成槽及墙体质量检验标准应符合表 7.7.6-3 的规定。

地下连续墙成槽及墙体允许偏差　　　　　表7.7.6-3

项	序	检查项目		允许偏差或允许值		检查方法
				单位	数值	
主控项目	1	墙体强度		不小于设计值		28d试块强度或钻芯法
	2	槽壁垂直度	临时结构	≤1/200		20%超声波2点/幅
			永久结构	≤1/300		100%超声波2点/幅
一般项目	3	槽段深度		不小于设计值		测绳2点/幅
	1	导墙尺寸	宽度（设计墙厚+40mm）	mm	±10	用钢尺量
			垂直度	mm		
			导墙顶面平整度	mm	±5	用钢尺量
			导墙平面定位	mm	≤10	用钢尺量
			导墙顶标高	mm	±20	水准测量
	2	槽段宽度	临时结构	不小于设计值		20%超声波2点/幅
			永久结构	不小于设计值		100%超声波2点/幅
	3	槽段位	临时结构	mm	≤50	钢尺1点/幅
			永久结构	mm	≤30	
	4	沉渣厚度	临时结构	mm	≤150	100%测绳2点/幅
			永久结构	mm	≤100	
	5	混凝土坍落度		mm	180 ~ 220	坍落度仪
	6	地下墙表面平整度	临时结构	mm	±150	用钢尺量
			永久结构	mm	±100	
			预制地下连续墙	mm	±20	
	7	预制墙顶标高		mm	±10	水准测量
	8	预制墙中心位移		mm	≤10	用钢尺量
	9	永久结构的渗漏水		无渗漏、线流，且≤0.1L/(m²·d)		现场检验

3. 原因分析

（1）设计原因

1）钢筋笼桁架筋设计不合理，间距过大，钢筋规格型号过小，不满足吊装及就位后的刚度要求，导致吊装时或就位后钢筋笼产生塑性变形。

2）主筋底部未做收口，钢筋笼入槽时易挂到槽壁，引起塌孔，钢筋笼偏位，垂直度超限。

3）设计预埋件过于密集，导致预埋节点混凝土无法流入，导致夹泥、空洞。

（2）施工原因

1）未按要求配置泥浆，新泥浆、循环泥浆性能不满足规范要求，未针对地质条件做适当调整，泥浆面高度不足等原因，导致塌孔，灌注后形成鼓包，或清孔不到位沉渣过厚，混凝土灌注时形成夹泥。

2）地连墙垂直度超限，阴角处无法刷壁，接头刷壁把控不严，导致接头缝隙过大，夹泥，开挖后渗漏水。

3）导管未做闭水试验，泥浆渗入导管，形成夹泥。

4）导管间距不符合规范要求，浇筑时未对称均匀浇筑，沉渣过厚等原因，导致相邻导管混凝土面高差过大，翻滚坍落后形成夹泥、窝泥。

5）储料斗容量不足，首灌不能保证埋管深度，拆管时未计算埋管深度，导致埋管深度不足，或拆管时将导管拔出混凝土面，导致泥浆压入管内形成夹泥甚至断桩。

6）灌注时控制不好罐车卸料速度，混凝土溢出料斗沉入槽内形成夹泥。

7）混凝土坍落度太小，过度干硬。

8）施工组织不利，混凝土不连续浇筑，间断时间过长，前序混凝土初凝，后续混凝土未开始浇筑。

（3）材料原因

1）混凝土配合比水泥用量、水胶比、外加剂、砂率等不符合设计及规范要求；

2）混凝土坍落度、和易性、黏聚性、保水性不满足要求。

4. 预防措施

（1）设计措施

1）钢筋笼桁架进行吊装、就位工况验算，合理配置桁架筋，保证钢筋笼刚度；

2）采用可靠的保护层垫块设计方案；

3）注意预埋件的净间距，保证混凝土能密实流入。

（2）施工措施

1）按要求设计混凝土配合比，进场严格把关，保证每车料都进行坍落度检测。

2）按要求加工钢筋笼，编制专项吊装方案，合理选用吊车、吊具。

3）严格控制泥浆性能和清孔后沉渣厚度。

4）根据槽段计算首灌量，合理选用储料斗，首灌必须加设隔水栓。

5)灌注过程中勤测量混凝土面标高及高差,拆管时做好计算,保证埋管深度符合规范要求;灌注过程中通过上下插拔导管,促进墙体混凝土密实。

6)在穿越软土、粉土或细砂层时必须增大泥浆浓度,一般在 1.3~1.4,泥浆加膨润土和纤维素,在接头处采用防水措施,如工字钢或十字接头。

5. 治理措施

(1)鼓包治理措施:凿除鼓包混凝土。

(2)渗漏水治理措施:凿除松动石子,清理干净,埋设注浆管后采用快硬性水泥封堵,待封堵料达到设计强度后对预埋管进行注浆止水。必要时在基坑外接头处增设两根 $\phi 800$ 高压旋喷桩加强防水。

(3)夹泥、窝泥处理措施:清理泥土,用高压水清洗干净,但不得留有积水,涂刷界面剂或水泥净浆后,采用高一等级的微膨胀混凝土回填密实。

6. 工程实例照片(图 1.1-10、图 1.1-11)

图 1.1-10 钢筋笼加工

图 1.1-11 开挖后的地连墙

1.1.4 基坑涌水涌沙

1. 通病现象

开挖过程中出现漏水、涌砂、墙后土体脱空,引起地表沉降、周边结构物变形、围护结构失稳、基坑坍塌(图 1.1-12~图 1.1-14)。

图 1.1-12 连续墙接缝漏水

图 1.1-13 地表沉降变形

图 1.1-14 连续墙接头涌水、涌砂

2. 规范标准相关规定

（1）相关设计规范

《地铁设计规范》GB 50157—2013

11.6.1 结构设计应符合下列规定：

1 地下结构设计应严格控制基坑开挖和隧道施工引起的地面沉降量，对由于土体位移可能引起的周围建、构筑物和地下管线产生的危害应进行预测，依据不同建筑物按有关规范、规程的要求或通过计算确定其允许产生的沉降量和次应力，并提出安全可靠、经济合理的技术措施。地面变形允许数值应根据现状评估结果，对照类似工程的实践经验确定；

3 普通钢筋混凝土结构的最大计算裂缝宽度允许值应根据结构类型、使用要求、所处环境和防水措施等因素确定。

11.6.2 基坑工程设计应符合下列规定：

1 基坑工程设计应根据工程特点和工程环境保护要求等确定基坑安全等级、地面允许最大沉降量、围护墙的水平位移等控制要求；

2 基坑工程应根据地质及水文地质条件、基坑深度、沉降和变形控制要求通过技术经济比较选择支护形式、地下水处理方法和基坑保护措施等；

3 基坑工程应进行抗滑移和倾覆的整体稳定性、基坑底部土体抗隆起和抗渗流稳定性及抗坑底以下承压水的稳定性检算。

（2）相关施工规范

《建筑深基坑工程施工安全技术规范》JGJ 311—2013

8.1.1 土石方开挖前应对围护结构和降水效果进行检查，满足设计要求后方可开挖，开挖中应对临时开挖侧壁的稳定性进行验算。

8.1.2 基坑开挖除应满足设计工况要求按分层、分段、限时、限高和均衡、对称开挖的方式进行外，尚应符合下列规定：

6 当基坑开挖深度范围内有地下水时，应采取有效的降水与排水措施，地下水宜在每层土方开挖面以下 800mm ~ 1000mm。

9.1.2 土方开挖前，应完成地表水系导引措施，并应按设计要求完成基坑四周坡顶防渗层、节流沟施工；使用过程中，应对排水和防护措施进行定期检查和记录，排水应通畅，施工期间各类地表水不得进入工作面。

9.4.1 对高灵敏度软土基坑，施工和使用过程中，应采取措施减少临近交通道路或其他扰动源对土的扰动；

9.4.2 基坑开挖时应对软土的触变性和流动性采取措施，当采用排桩保护时，必须进行桩间土的保护，防止软土侧向挤出。当周边有建（构）筑物时，宜设置截水帷幕保护桩间土。

9.4.3 软土基坑围护结构施工，应采取合适的施工方法，减少对软土的扰动，控地层位移对周边环境的影响。

9.4.4 紧邻建（构）筑物的软土基坑开挖前宜进行土体加固，并进行加固效果检测，达到设计要求后方可开挖。

3．原因分析

（1）设计原因

1）没有结合当地气候、水文和地质条件采取相应设计预防措施。

2）地质勘探间距设置过大导致地下连续墙在结构设计时地质资料不能准确反映本区段实际地质情况。

3）未针对实际地质及水文地质条件、基坑深度、沉降和变形控制要求通过技术经济比较选择合理的支护形式、地下水处理方法和基坑保护措施等；

4）基坑底部土体抗隆起和抗渗流稳定性及抗坑底以下承压水的稳定性检算采用的基础数据参数与实际不符。

（2）施工原因

1）施工前未编制地下连续墙渗漏处置方案或未严格按方案施工；

2）连续墙成槽期间未认真核对是否与设计地质相符；

3）地下连续墙在施工过程未对接头槽壁进行处理，导致接头处夹渣、出现混凝土断缝；

4）连续墙钢筋制作过程粗糙、下笼后未能与上区段连续墙接头形成咬合；

5）地下连续墙浇筑过程控制不严、出现断桩、导管拔出滞后或拔出混凝土面等现象；

6）地下连续墙成槽深度不满足设计要求；

7）止水深度不足，不能满足抗管涌要求；

8）坑底以下承压水水位未降至抗坑底突涌要求。

（3）材料原因

混凝土和易性、坍落度不满足要求。

4．预防措施

（1）设计措施

1）对地质复杂地段应减少地质勘探间距、真实反映出区段内地质情况；

2）结合当地气候、水文和地质条件采取相应设计预防措施；

3）止水幕墙或地下连续墙的深度必须进入不透水层一定深度，计算须满足抗管涌的验算要求。

（2）施工措施

1）施工前编制地下连续墙渗漏水处置方案、成立应急小组、完善应急物资储备，成槽过程认真核对地质是否与设计相符。

2）对连续墙接头处理、钢筋笼制作、成槽质量实行专项验收制度、验收形成书面资料、合格后方可进行下道工序施工。

3）混凝土浇筑过程安排专业技术人员值班、浇筑过程应有水下混凝土灌注记录，详细记录拔管混凝土高度、浇筑方量、浇筑时间等内容。

4）在基坑内侧采用深层搅拌桩或坑底花管高压注浆工艺改善土体结构来防治涌水涌沙。

（3）材料措施

对原材料进场进行复检，出站混凝土质量进行复验，严禁现场作业人员随意改变水灰比情况。

5. 治理措施

针对开挖过程连续墙出现的渗漏水应视情况进行处置，若连续墙只有少量清水渗出可采取双快水泥封堵；若渗水点有泥浆夹带砂涌出应采用棉被、钢管堵塞，涌砂情况严重，常规堵漏无法解决时，应立即进行基坑反压填土，并采取墙后注浆，防止病害进一步发展。

6. 工地实例照片（图 1.1-15）

图 1.1-15　反压填土措施

1.1.5　侧墙施工缝错台

1. 通病现象

侧墙水平纵向施工缝存在错台或混凝土不密实，结构整体外观质量差（图 1.1-16）。

图 1.1-16　水平纵向施工缝错台

2. 规范标准相关规定

（1）相关设计规范

《混凝土结构设计规范（2015年版）》GB 50010—2010

3.2.1 混凝土结构的设计方案应符合下列要求：

1 选用合理的结构体系、构件形式和布置；

2 结构的平、立面布置宜规则，各部分的质量和刚度宜均匀、连续。

3 结构传力途径应简洁、明确，竖向构件宜连续贯通、对齐；

4 宜采用超静定结构，重要构件和关键传力部位应增加冗余约束或有多条传力途径；

5 宜采取减小偶然作用影响的措施。

3.2.2 混凝土结构中结构缝的设计应符合下列要求：

1 应根据结构受力特点及建筑尺度、形状、使用功能要求，合理确定结构缝的位置和构造形式；

2 宜控制结构缝的数量，并应采取有效措施减少设缝对使用功能的不利影响；

3 可根据需要设置施工阶段临时性结构缝。

（2）相关施工规范

《混凝土结构工程施工质量验收规范》GB 50204—2015

8.2.1 现浇结构的外观质量不应有严重缺陷。

对已经出现的严重缺陷，应由施工单位提出技术处理方案，并经监理单位认可后进行处理；对裂缝、连接部位出现的严重缺陷及其他影响结构安全的严重缺陷，技术处理方案尚应经设计单位认可。对经处理的部位应重新验收。

检查数量：全数检查。

检验方法：观察，检查技术处理方案。

8.2.2 现浇结构的外观质量不应有一般缺陷。

对已经出现的一般缺陷，应由施工单位按技术处理方案进行处理。对经处理的部位应重新验收。

检查数量：全数检查。

检验方法：观察，检查技术处理方案。

3. 原因分析

（1）施工原因

1）混凝土浇筑前，没有认真清理施工缝表面，未采取措施对施工缝表面进行有效处理；

2）浇筑混凝土过程振捣不到位或存在漏振；

3）模板搭接长度过长（超过50cm），施工缝处模板加固不够牢靠，模板与既有墙面不密贴。

（2）材料原因

1）混凝土从出站到浇筑间隔时间过长，导致混凝土和易性能降低；

2）采用的模板材料刚度及平整度不足，容易鼓胀或结合面形成缝隙。

4．预防措施

（1）施工措施

1）对施工缝进行凿毛处理，剔除表面浮浆和松动石子，并采用高压风或水枪认真清理施工缝表面灰尘、杂物。浇筑混凝土前，充分湿润施工缝表面，并铺抹一层与结构同等强度的水泥砂浆。

2）混凝土浇筑时，振捣棒插入到位并充分振捣，距离均匀不漏振，确保振捣密实。

3）施工缝处模板加固需适当加强，增设拉杆数量或在外部增设钢管斜撑，加固完成后认真检查模板与既有混凝土面是否密贴。

（2）材料措施

1）现场加强与拌合站的协调，供料及时合理，缩短混凝土等待时间；

2）配置刚度足够的模板，倒用模板若存在变形、翘曲等缺陷则禁止使用。

5．治理措施

（1）对于错台较小不明显的缺陷，采用打磨机直接打磨处理；

（2）对于错台较大的缺陷，采用电钻对凸出部位进行凿除，可凿深 1～2cm 然后用砂浆进行抹面处理。同时抹面的砂浆应进行调色，降低色差，使处理部位与原混凝土面颜色基本一致。

6．工程实例图片（图 1.1-17、图 1.1-18）

图 1.1-17　侧墙外观质量良好

图 1.1-18　侧墙接茬位置外观整体良好

1.1.6　导墙开挖不符合要求

1．通病现象

导墙开挖时土体坍塌，导致导墙开挖尺寸不符合要求（图 1.1-19）。

2．规范标准相关规定

《地下铁道工程施工质量验收标准》GB/T 50299—2018。

图 1.1-19　导墙下方土体坍塌

5.3.5 地下连续墙允许偏差、检验数量和检验方法应符合表 5.3.5 的规定。

地下连续墙允许偏差、检验数量和检验方法（节选）　　表5.3.5

项目		允许偏差（mm）	检验数量		检验方法
			范围	点数	
导墙尺寸	宽度	+40	每个槽段	5	钢尺测量
	墙面平整度	≤5			2m 靠尺、塞尺测量
	导墙平面位置	±10			钢尺测量
沉渣厚度		≤100			重锤测或沉积物测定仪
槽深		+100			重锤测

3. 原因分析

（1）开挖尺寸偏大或偏小；

（2）开挖深度偏深或偏浅；

（3）开挖的中心线不符合要求；

（4）地质比较松散、塌槽；

（5）开挖过程未及时进行复测。

4. 防治措施

（1）在连续墙范围内遇层厚很厚的杂填土或浜填土时，将导墙加深至黏土层，并根据需要将导墙构筑成"][" 型导墙形式；导墙沟槽开挖时，为防止沟槽塌方，采取插钢板桩围护措施；

（2）在连续墙范围内遇暗沟情况下，有对暗沟土进行换填或改良两种处理措施；

（3）在连续墙范围内遇地下障碍物导墙构筑前，认真进行连续墙墙址范围的地下障碍物调查，并彻底清除连续墙范围地下障碍物：

1）对于埋深在 5m 以内的地下障碍物，可采取放坡或钢板桩围护条件下进行导墙沟槽开挖并清除连续墙范围地下障碍物。

2）对于连续墙范围埋深大于 5m 的有筋桩（灌注桩或树根桩等）可采用千斤顶拔除，然后向孔内回填优质黏土。

3）对于连续墙范围埋深大于 5m 的无筋桩（搅拌桩、粉喷桩、旋喷桩等）可采用钻机磨桩清除，然后用优质黏土置换孔内泥浆。

4）若有已废弃的地下管线横穿连续墙导墙，则需在连续墙成槽前对废弃管线进行有效封堵，以防止槽壁内泥浆流失。

（4）若遇地下连续墙范围地质条件差时，为防止连续墙塌方，采取如下预防或应对措施：将导墙加高，以提高槽内泥浆液面（俗称"高导墙"）；在连续墙两侧预先采用搅拌桩围护（俗称"夹芯饼干"）；采用井点降水措施，降低周边地下水位；提高泥浆相对密度。

（5）在开挖的过程中严格控制标高及中心线位置、截面尺寸，开挖完成后对中心线及时进行复测。

5. 工程实例图片（图 1.1-20）

1.1.7 导墙钢筋绑扎及安装不符合要求

1. 通病现象（图 1.1-21）

2. 规范标准相关规定

（1）《地下铁道工程施工质量验收标准》GB/T 50299—2018；

（2）《钢筋焊接及验收规程》JGJ 18—2012；

（3）《冷轧带肋钢筋混凝土结构技术规程》JGJ 95—2011。

图 1.1-20 导墙开挖尺寸符合要求

3. 原因分析

（1）未按设计要求加工钢筋构件；

（2）下料的过程中长度尺寸有偏差；

（3）端头未做弯钩；

（4）绑扎的过程中钢筋间距不均匀；

（5）层间间距不符合要求；

（6）上层网与下层网贴合在一起；

（7）钢筋网上人为踩压或堆放材料造成钢筋网变形。

图 1.1-21 钢筋间距不均匀，绑扎不符合要求

4. 防治措施

（1）在钢筋加工前严格按照设计要求进行下料，按照要求加工钢筋配件。

（2）钢筋绑扎或焊接必须牢固，固定钢筋措施应可靠有效，为使保护层厚度准确，垫块应沿主筋方向摆放，位置、数量准确；对柱头外伸主筋部分要加一道临时箍筋，按图纸位置绑扎好，然后用 $\phi8 \sim \phi10$ 钢筋焊成的井字形铁卡固定，对墙板钢筋应设置可靠的钢筋定位卡。

（3）钢筋保护层不符合规范要求，墙、柱主筋偏位：造成该缺陷的原因主要有保护层垫块（铁马凳）的厚度不符合要求或设置数量偏少；混凝土保护垫块少放或漏放；梁、柱、板内钢筋缺定距措施，缺放或少放撑筋，墙、柱缺少限位措施，在混凝土浇捣时被振动机械跑偏，未及时校正等。

（4）上筋弯钩应向下，底筋弯钩应朝上，角筋弯钩与构件侧面夹角以 30°左右为宜。

（5）绑扎点要牢或增加绑扎点，扎丝绑扎时采用"八"字形花扣，运输方法要当及施工操作人员过不要在骨架上行走、踩踏、堆放材料等。

（6）宜优先采用放大样的方法施工，构件绑扎后，应采取可靠的限位装置，防止搬运过程中变形，做好相应的成品保护工作。

（7）复核导墙轴线是否符合要求，控制外放尺寸，按现场实际情况调整钢筋笼尺寸。

5. 工程实例图片（图1.1-22）

图1.1-22 钢筋间距均匀，绑扎牢固

1.1.8 通病名称：钢筋笼工字钢焊接质量差

1. 通病现象（图1.1-23）

2. 规范标准相关规定

（1）《地下铁道工程施工质量验收标准》GB/T 50299—2018；

（2）《钢筋焊接及验收规程》JGJ 18—2012。

3. 原因分析

图1.1-23 工字钢钢板接缝处焊缝不饱满

（1）焊缝不饱满，漏焊；

（2）操作人员操作不当，经验不足，采用的焊条电流不匹配；

（3）未按设计的要求对其进行试焊；

（4）质量保证体系不健全，自检不到位。

4. 防治措施

（1）按设计要求和焊接规范的规定加工焊缝坡口，尽量选用机械加工以使坡口角度和坡口边缘的直线度和坡口边缘的直线度达到要求，避免用人工气割、手工铲削加工坡口；在组对时，保证焊缝间隙的均匀一致，为保证焊接质量打下基础。

（2）通过焊接工艺评定，选择合适的焊接工艺参数。

（3）焊工要持证上岗，经过培训的焊工有一定的理论基础和操作技能。

（4）多层焊缝在焊接表面最后一层焊缝时，在保证和底层熔合的条件下，应采用比各层间焊接电流较小，并用小直径（$\phi 2.0 \sim \phi 3.0$）的焊条覆面焊；运条速度要求均匀，有节奏地向纵向推进，并作一定宽度的横向摆动，可使焊缝表面整齐美观。

（5）做好焊接技术交底，焊接过程中及时清理焊渣检查焊缝、发现不符合要求及时补焊。

（6）钢筋焊接时，针对不同型号的钢筋调节电流，脱落的进行补焊。

（7）加强识图交底，质检人员要过程动态监督。

5. 工程实例图片（图 1.1-24）

图 1.1-24　工字钢钢板焊缝饱满、平顺、无焊渣

1.1.9　通病名称：钢筋笼焊接不符合要求

1. 通病现象（图 1.1-25）

2. 规范标准相关规定

（1）《地下铁道工程施工质量验收标准》GB/T 50299—2018；

（2）《钢筋焊接及验收规程》JGJ 18—2012。

图 1.1-25　焊缝不饱满，夹焊渣

3. 原因分析

（1）焊工操作不当，焊接参数选择不合适；

（2）焊接电流过大，焊条角度不对或操作姿势不当也易产生这种缺陷；

（3）焊接电流过小，焊接速度太快，钝边太小，间隙过小或操作不当，焊条偏于坡口一边，均为产生未焊透现象；

（4）钢筋端头倾斜过大而熔化量不足，加压时融化金属在接头四周分布不均；

（5）钢筋未夹紧，顶压时发生滑移；

（6）夹具电极不干净。

4. 防治措施

（1）焊接时电流不宜过大，电弧不要拉得过长或过短，尽量采用短弧焊。

（2）掌握合适的焊条角度和熟练的运条手法，焊条摆动到边缘时应稍慢，使熔化的焊条金属填满边缘，而在中间则要稍快些。

（3）焊缝咬边的深度应小于 0.5mm，长度小于焊缝全长的 10%，且连续长度小于10mm；一旦出现深度或长度超过上述允差，应将缺陷处清理干净，采用直径较小、牌号相同的焊条，焊接电流比正常的稍偏大，进行补焊填满。

（4）操作时电弧不能拉得过长，并控制好焊条的角度和运弧的方法。

（5）对已产生咬边部位，清渣后应进行补焊，根据焊接母材选择合适的焊接设备。

（6）焊条要有干燥恒温设备。在干燥室有去湿机、空调机，距地、墙不小于 300mm。

建立焊条收发、使用、保管等制度（特别是对压力容器）。

（7）焊口边缘进行清理排出水分、油污及杂物锈蚀；冬雨季施工搭接防护棚保证施焊环境。

（8）对有色金属和不锈钢施焊前，可在焊缝两侧线母材上涂以防护涂料作为保护。还可选择焊条和薄药皮焊条及氩气保护等方法，消除飞溅物和减少熔渣。

（9）焊工操作要求及时清理焊渣和防护。

5. 工程实例图片（图 1.1-26）

图 1.1-26　焊缝饱满、平顺、无焊渣、长度满足要求

1.1.10　通病名称：地下连续墙夹泥

1. 通病现象（图 1.1-27）

2. 规范标准相关规定

（1）《建筑基坑支护技术规程》JGJ 120—2012；

（2）《地下铁道工程施工质量验收标准》GB/T 50299—2018；

（3）《混凝土结构工程施工质量验收规范》GB 50204—2015；

图 1.1-27　混凝土夹泥

（4）《建筑地基基础工程施工质量验收标准》GB 50202—2018。

3. 原因分析

（1）选择下料斗太小，首灌方量不足，未能及时将泥浆全部冲出，导管端部未全部被混凝土有效包裹，泥浆反灌；

（2）导管接头密封性差，导致泥浆渗入管内；

（3）槽段底部沉渣过厚；

（4）护壁泥浆性能差，导致护壁稳定性差，在浇筑的过程中孔壁塌陷，与混凝土混在一起形成夹泥；

（5）在浇筑的过程中有可能出现导管拔空，泥浆从导管底部进入混凝土内；

（6）混凝土未能连续浇筑，造成间断或浇灌时间过长，后浇筑的混凝土顶升时，与泥渣混合。

4. 防治措施

（1）在浇筑的过程中严格控制泥浆比重；

（2）下完钢筋笼以及导管后及时进行二次清孔，保证灌注前沉渣满足要求；

（3）采用导管浇筑时，导管连接口应设置橡胶密封，在首次使用前应进行气密性试验，保证密封性能；

（4）开始浇筑混凝土时，导管应距槽底0.3～0.5m，首批灌入混凝土量要足够，使其具有一定的冲击力量，能把泥浆从导管端挤散；

（5）导管插入混凝土深度保持在2～6m，混凝土应连续浇筑，经常检测混凝土液面高度；

（6）浇筑中注意控制浇筑速度，经常用测锤（钟）测定混凝土上升面，根据测定高度，确定拔导管的速度和高度。

5. 工程实例图片（图1.1-28）

图1.1-28 地连墙墙体完整

1.1.11 通病名称：地下连续墙酥松、蜂窝、孔洞、露筋

1. 通病现象（图1.1-29）

2. 规范标准相关规定

（1）《建筑基坑支护技术规程》JGJ 120—2012；

（2）《地下铁道工程施工质量验收标准》GB/T 50299—2018；

（3）《混凝土结构工程施工质量验收规范》GB 50204—2015；

（4）《建筑地基基础工程施工质量验收标准》GB 50202—2018。

图1.1-29 地连墙墙体漏筋

3. 原因分析

（1）混凝土配合比不当，粗骨料级配不好；

（2）水泥质量不合格，使混凝土质量下降；

（3）混凝土缺乏良好的流动性，缺乏采用导管抽插振动；

（4）地下水位较高，流动性较好，浇筑混凝土时，水泥被地下水冲刷流失；

（5）槽段端部不垂直，接头倾斜，混凝土浇筑的过程中在接头部位产生扰流泥浆，导致接头部位混凝土出现酥松、蜂窝、孔洞；

（6）钢筋垫块不足；

（7）冲孔成槽中，泥浆相对密度大、泥皮厚，钢筋被泥皮包裹。

4. 防治措施

（1）增设主筋垫块。

（2）钢筋笼除结构受力筋外，一般应加设纵向桁架和主筋平面内的水平与斜向拉条，并与闭合箍筋点焊成骨架。对较宽尺寸的钢筋笼应增设直径 25mm 的水平筋和剪力拉条组成的横向水平桁架，并按要求设置吊点，保证有足够的刚度。

（3）吊点应均匀，绑扎点应不少于 4 点，对尺寸大的两槽段钢筋笼应不少于 6 点绑扎，使受力均匀，以避免变形；对已经造成尺寸偏差过大、已扭曲变形的钢筋笼，应拆除重新在平台上设卡板按尺寸绑扎，并按要求进行加固处理。

（4）严格控制混凝土配合比和泥浆参数。

（5）选择大斗、深埋管进行抽插振捣。

5. 工程实例图片（图 1.1-30）

图 1.1-30　地连墙墙体平整

1.1.12　通病名称：地下连续墙槽段接头漏水

1. 通病现象（图 1.1-31）

2. 规范标准相关规定

（1）《建筑基坑支护技术规程》JGJ 120—2012；

（2）《地下铁道工程施工质量验收标准》GB/T 50299—2018；

（3）《混凝土结构工程施工质量验收规范》GB 50204—2015；

（4）《建筑地基基础工程施工质量验收标准》GB 50202—2018；

（5）《建筑深基坑工程施工安全技术标准》JGJ 311—2013。

图 1.1-31　地连墙接缝处漏水

3. 原因分析

（1）圆形锁扣管抽出后，形成半圆形光滑接头面，易与边槽段混凝土接触面形成渗水通道；

（2）先行幅连续墙接缝处成槽垂直度差，后行幅成槽时不能将接缝处泥土抓干净，导致接缝处夹泥；

（3）后行幅地下连续墙施工时，未对先行幅接缝侧壁进行刷壁施工或清除不彻底，导致该处出现夹泥现象；

（4）浇筑混凝土过程中产生冷缝或槽壁坍塌夹泥导致墙体渗漏；

（5）锁扣管在混凝土中拔断或拔不出。

4. 防治措施

（1）施工期间导墙（护筒内）的泥浆面应高出地下水位1.0m以上，在受水位涨落影响时，泥浆面应高出最高水位1.5m以上，且在容易产生泥浆渗漏的土层中应采取围护孔壁稳定的措施；

（2）混凝土灌注过程中，导管埋入混凝土深度宜为2～6m，严禁将导管提出混凝土灌注面，并应控制提拔导管速度；

（3）导管安放在桩孔时要上下抽动，检查是否有卡管现象，没有卡管现象才浇筑混凝土；

（4）灌注水下混凝土必须连续施工，并严格控制每车混凝土的坍落度，每副墙（桩）的灌注时间应按初盘混凝土的初凝时间控制，对灌注过程中的故障应及时采取处理措施；

（5）导管使用前应试拼装、试压，试水压力可取为0.6～1.0MPa，确保灌注水下混凝土时导管不渗漏；

（6）安放槽段锁扣管时，应紧贴槽段垂直缓慢垂放至槽底，对相邻墙段的接头面用刷槽器等方法进行清刷，要求槽段接头混凝土面不得夹泥沉渣；

（7）对有异常的接头，增加墙间止水的措施。

5. 工程实例图片（图1.1-32）

图1.1-32 地连墙墙体干燥，无漏水

1.1.13 通病名称：水下混凝土灌注夹渣及断桩

1. 通病现象（图1.1-33）

2. 规范标准相关规定

（1）《建筑基坑支护技术规程》JGJ 120—2012；

（2）《地下铁道工程施工质量验收标准》GB/T 50299—2018；

（3）《混凝土结构工程施工质量验收规范》GB 50204—2015；

（4）《建筑地基基础工程施工质量验收标准》GB 50202—2018。

图1.1-33 地连墙断桩

3. 原因分析

（1）地下连续墙（桩身）水下灌注成桩后，局部位置夹有泥土，严重的甚至导致断桩；

（2）浇筑混凝土未连续进行浇筑，滞留时间过长；

（3）槽底底部沉渣过厚；

（4）导管埋深太浅，在拔出导管的过程中脱离混凝土面；

（5）浇混凝土过程中塌孔。

4. 防治措施

（1）施工期间导墙（护筒内）的泥浆面应高出地下水位 1.0m 以上，在受水位涨落影响时，泥浆面应高出最高水位 1.5m 以上，且在容易产生泥浆渗漏的土层中应采取围护孔壁稳定的措施；

（2）混凝土灌注过程中，导管埋入混凝土深度宜为 2～6m，严禁将导管提出混凝土灌注面，并应控制提拔导管速度；

（3）导管安放在桩孔时要上下抽动，检查是否有卡管现象，没有卡管现象才浇筑混凝土；

（4）灌注水下混凝土必须连续施工，并严格控制每车混凝土的坍落度，每副墙（桩）的灌注时间应按初盘混凝土的初凝时间控制，对灌注过程中的故障应及时采取处理措施；

（5）导管使用前应试拼装、试压，试水压力可取为 0.6～1.0MPa，确保灌注水下混凝土时导管不渗漏；

（6）控制泥浆比重，减少动载、预防塌孔。

5. 工程实例图片（图 1.1-34）

图 1.1-34 地连墙墙体完整

1.1.14 通病名称：水下灌注沉渣过厚

1. 通病现象（图 1.1-35）

2. 规范标准相关规定

（1）《建筑基坑支护技术规程》JGJ 120—2012；

（2）《地下铁道工程施工质量验收标准》GB 50299—2018；

（3）《混凝土结构工程施工质量验收规范》GB 50204—2015；

（4）《建筑地基基础工程施工质量验收标准》GB 50202—2018。

图 1.1-35 沉渣过厚，桩长不足

3. 原因分析

（1）地下连续墙（桩身）水下灌注沉渣过厚；

（2）钢筋笼下放时由于卡笼，挂壁产生沉渣；

（3）钢筋笼下放的过程中可能局部塌孔；

（4）浇筑前未进行二次清孔。

4. 防治措施

（1）在清孔过程中，应不断置换泥浆，并保持孔内浆液面的稳定，直至浇筑水下混凝土。

（2）加强沉渣清孔工作；孔壁土质较好时，可用空气吸泥机清孔；孔壁土质较差时，可用泥浆循环或抽渣筒清孔；此外，清孔后应加强对沉渣厚度的检测，符合要求后再浇筑混凝土。

（3）严格控制泥浆参数；清孔后距孔底 0.5m 内的泥浆比重应小于 1.10，黏度不得大于 25s，含砂率不大于 4%。

（4）运输材料、吊运钢筋笼、浇筑混凝土等作业，应防止扰动和碰撞孔壁导致土体坍塌落入桩底；开始灌注混凝土时，导管底部至孔底的距离宜为 300～500mm，并应有足够的混凝土储备量，导管一次埋入混凝土灌注面以下不应小于 0.8m。

（5）下完钢筋笼检查沉渣量和用导管进行二次清孔。

5. 工程实例图片（图 1.1-36）

图 1.1-36　地连墙墙体完整

1.1.15　通病名称：围护桩桩孔偏移倾斜

1. 通病现象（图 1.1-37）

2. 规范标准相关规定

（1）《建筑基坑支护技术规程》JGJ 120—2012；

（2）《地下铁道工程施工质量验收标准》GB/T 50299—2018；

（3）《混凝土结构工程施工质量验收规范》GB 50204—2015；

（4）《建筑地基基础工程施工质量验收标准》GB 50202—2018；

（5）《建筑桩基技术规范》JGJ 94—2008；

图 1.1-37　钻孔桩倾斜

（6）《工程测量规范》GB 50026—2007；

（7）《城市轨道交通工程测量规范》GB/T 50308—2017。

3. 原因分析

（1）钻（冲）孔灌注桩桩身成孔后不垂直、出现较大的垂直度偏差和桩位偏移；

（2）钻进中遇较大孤石、探头石和局部坚硬土层；

（3）钻机安装不平或钻台下有虚土，产生不均匀沉降；

（4）护筒设置偏斜，钻杆弯曲，主动钻杆倾斜；

（5）桩架不稳，钻杆导架垂直，钻机磨损，部件松动；

（6）测量放线没有引桩，固定桩点破坏；桩机就位后没有进行二次复核。

4. 防治措施

（1）施工场地应平整，桩基底座安置要水平、牢固，防止产生不均匀下沉，并及时对桩架进行垂直和水平校正。

（2）进入有倾斜面的软硬交互地层、岩石倾斜面，冲孔时采取低锤密击，使孔底保持平整；钻进时吊住钻杆控制进尺，低速钻进，穿过此层后再正常钻进；或回填片、卵石后再钻（冲）进。

（3）发现探头石、孤石、漂石后，冲孔时应采取低锤密击，把石打碎；钻孔时宜用钻机钻透或回填黏土、碎石待沉积密实后再继续钻进。

（4）当在软土层钻进时，应根据泥浆补给情况控制钻井速度；在硬层或岩层中的钻井速度应以钻机不发生跳动为准；同时控制钻（冲）进速度，每4～5m检查一次桩孔垂直度。

（5）若发现桩孔倾斜过大，钻孔时应控制钻速，并在倾斜处慢速提升下降反复扫孔纠正，严重倾斜时，应填入石子、黏土，重新钻进；冲孔时可填入片石至偏孔上方300～500mm处，重新冲进。

5. 工程实例图片（图1.1-38）

图1.1-38　钻孔桩垂直度好

1.1.16　通病名称：围护桩放样点位偏差

1. 通病现象（图1.1-39）

2. 规范标准相关规定

（1）《建筑基坑支护技术规程》JGJ 120—2012；

（2）《地下铁道工程施工质量验收标准》GB/T 50299—2018；

图1.1-39　桩间间距过大

（3）《混凝土结构工程施工质量验收规范》GB 50204—2015；

（4）《建筑地基基础工程施工质量验收标准》GB 50202—2018；

（5）《建筑桩基技术规范》JGJ 94—2008；

（6）《工程测量规范》GB 50026—2007；

（7）《城市轨道交通工程测量规范》GB/T 50308—2017。

3. 原因分析

（1）点位偏差过大导致桩间间距过大，影响施工后桩位准确程度。

（2）钻（冲）孔灌注桩桩身成孔后不垂直、出现较大的垂直度偏差和桩位偏移。

（3）定位桩未引辅桩、桩基就位后未复测。

4. 防治措施

（1）专业测量人员要根据施工图纸所提供的数据进行放样；

（2）根据地质条件去选择正确的施工工艺；

（3）控制钻孔时钻锤的垂直度；

（4）做好列桩及二次复核。

5. 工程实例图片（图 1.1-40）

图 1.1-40 桩间间距符合要求

1.1.17 通病名称：围护桩成孔质量差

1. 通病现象（图 1.1-41）

2. 规范标准相关规定

（1）《建筑基坑支护技术规程》JGJ 120—2012；

（2）《地下铁道工程施工质量验收标准》GB/T 50299—2018；

（3）《混凝土结构工程施工质量验收规范》GB 50204—2015；

图 1.1-41 桩体不顺直，鼓包严重

（4）《建筑地基基础工程施工质量验收标准》GB 50202—2018；

（5）《建筑桩基技术规范》JGJ 94—2008。

3. 原因分析

（1）控制得不好，可能会发生塌孔、缩径、桩孔偏斜及桩端达不到设计持力层要求等，还将直接影响桩身质量和造成桩承载力下降。

（2）隔孔施工，钻孔混凝土灌注桩先成孔，然后在孔内成桩，周围土移向桩身土体对桩产生动压力；尤其是在成桩初始，桩身混凝土的强度很低，且混凝土灌注桩的成孔是依靠泥浆来平衡的，故采取较适应的桩距对防止塌孔和缩径是一项稳妥的技术措施。

（3）地质原因导致偏孔、塌孔。

4. 防治措施

（1）先探明桩孔位置的地下情况，如有浅埋老基础、大块石、废铁等障碍物应先挖除或采取其他措施；

（2）当桩孔净距过小时，应采取间隔跳跨施工，防止孔内串穿影响施工质量；

（3）在易坍塌的地层中施工，应用泥浆进行护壁；

（4）施工中应尽量不间断，不得中途无故停钻；

（5）在钻到设计深度时，应用探测器检查桩孔直径、深度和孔底情况，将回落土及淤泥清理干净。

5. 工程实例图片（图 1.1-42）

图 1.1-42　桩体顺直，无鼓包

1.1.18　通病名称：围护桩止水帷幕质量差

1. 通病现象（图 1.1-43）

2. 规范标准相关规定

（1）《建筑基坑支护技术规程》JGJ 120—2012；

（2）《地下铁道工程施工质量验收标准》GB/T 50299—2018；

（3）《混凝土结构工程施工质量验收规范》GB 50204—2015；

（4）《建筑地基基础工程施工质量验收标准》GB 50202—2018；

图 1.1-43　未及时对桩间进行挂网喷锚封堵

（5）《建筑桩基技术规范》JGJ 94—2008；

（6）《岩土锚杆与喷射混凝土支护工程技术规范》GB 50086—2015。

3. 原因分析

（1）封闭结构渗水或漏水主要原因为孔位偏差大，钻孔倾斜偏大，或桩体直径不均匀、桩间间隙大；

（2）高压旋喷桩与支护贴合不紧密，基坑开挖过程中出现渗水现象，引起坑外土体掏空，造成周边建（构）筑物的安全隐患；

（3）高压旋喷桩提升速度计水泥掺量控制不当，造成止水帷幕薄弱点，随着基坑开挖，在高水头压力条件下破坏形成渗漏点；

（4）基坑开挖时，没及时对桩间进行挂网封堵。

4. 防治措施

（1）桩身误差小于等于50mm，钻孔垂直度偏差小于1.0%；

（2）桩顶冠梁顶面0.7m，端底穿过粉质黏土、粉土、粉砂互层以下1m；

（3）喷射过程中因故停浆，重新喷射时桩体搭接长度大于等于30cm；

（4）喷浆结束后，要对注浆孔进行二次回灌，防止旋喷桩体因水泥浆固结出顶部凹陷，达不到设计桩顶标高；

（5）采取质量控制措施（现场进行抽水观测试验，根据试验结果对设计指标进行探讨）；

（6）基坑开挖中，对桩间随挖随挂网支护。

5. 工程实例图片（图1.1-44）

图1.1-44 基坑开挖中，对桩间随挖随挂网支护

1.1.19 通病名称：旋喷桩地基加固质量差

1. 通病现象（图1.1-45）

2. 规范标准相关规定

（1）《建筑基坑支护技术规程》JGJ 120—2012；

（2）《地下铁道工程施工质量验收标准》GB/T 50299—2018；

（3）《建筑地基基础工程施工质量验收标准》GB 50202—2018；

图1.1-45 桩体断桩，不完整

（4）《建筑桩基技术规范》JGJ 94—2008；

（5）《建筑地基处理技术规范》JGJ 79—2012。

3. 原因分析

（1）加固工艺、设备选择不对；

（2）产生断桩的主要原因为喷射管分段提升时，接头处搭接长度不够，甚至没有搭接；

（3）旋喷浆压力骤降或骤升，主要原因为注浆泵工作不正常，吸浆管进浆不正常，注浆管有泄漏或堵塞的地方，人员控制压力不熟练等；

（4）孔口大量冒浆主要原因为喷浆管密封不良，土层密实度大，浆液切割土体范围小；

（5）桩体截面抗压强度偏低原因主要是水泥含量小，土砂含量大、喷浆水量大、提升速度过快等；

（6）在地层浅部，高压旋喷桩注浆压力等参数控制不当，造成地表土体隆起，危及地下管线的安全。

4．防治措施

（1）在正式旋喷前，应当依据设计要求和现场条件做试桩，经过抽芯确认，以选择合理的机械和确定喷射参数。

（2）在喷射注浆施工前，应当先进行压气、压浆、压水试验，避免因机械设备故障造成桩体中断。

（3）在水泥浆搅拌过程中，应用筛网过滤，及时清除水泥团块、水泥包装塑料袋等杂物，避免因此造成工作不正常或管路堵塞。

（4）在喷射注浆过程中，应当切实注意检查浆液初凝时间、注浆量、风量、压力、回转速度与喷射速度等是否符合要求。

（5）对容易出现缩径部位如遇坚硬状黏性土，应采取不提升旋转喷射或复喷方法扩大旋喷桩直径。

（6）严格控制好水泥浆液的水灰比和稠度保证桩身的强度：

1）摸清加固土体岩石特性，可通过在加固地区布设并施工数个勘察孔的方法抽样被加固土体的岩土特性，初步确定水灰比及单位桩体体积用的水泥量。

2）最好在初步确定的水灰比上下偏0.2做2组不同水灰比试桩，试桩经48h后开挖目测或做单轴无侧限抗压试验，推算最终强度值以确定水泥水灰比和桩体水泥掺入量。

3）软弱地基试桩应提前做（多数情况下加大水泥用量或采取经验数值确定水灰比）。

5．工程实例图片（图1.1-46）

图1.1-46 施喷桩桩体完整

1.1.20 通病名称：搅拌桩地基加固施工质量缺陷

1．通病现象（图1.1-47）

2．规范标准相关规定

（1）《建筑基坑支护技术规程》JGJ 120—2012；

（2）《地下铁道工程施工质量验收标准》GB/T 50299—2018；

（3）《建筑地基基础工程施工质量验收标准》GB 50202—2018；

图1.1-47 桩体断桩，不完整

（4）《建筑桩基技术规范》JGJ 94—2008；

（5）《建筑地基处理技术规范》JGJ 79—2012。

3. 原因分析

（1）出浆口位置在搅拌轴上，浆液多集中在喷浆口的桩轴附近，叶片外缘缺浆，形成水泥浆富集；

（2）喷浆方式不合理，在首次下沉切土搅拌时喷浆和最后一次提升时喷浆；

（3）喷浆后水泥土搅拌次数不足；

（4）喷浆提升速度过快，搅拌次数不足，叶片数量过少，电机功率偏低，搅拌轴上下循环的搅拌次数偏少。

4. 防治措施

（1）将搅拌叶片由 2 层 4 片增加至 3 层 6 片，各层叶片间互成 60°夹角；

（2）出浆口宜设置在搅拌叶片中部；

（3）提升搅拌杆的卷扬机要采用调速电机；

（4）严格控制喷浆、提升速度不能过大，一般控制在 0.5m/min；

（5）增加喷浆次数，对规范中的 2 上 2 下工艺中仅第一循环提升喷浆方式，再增加第二循环下沉喷浆；

（6）在桩底适当坐浆，当首次搅拌至桩底时，原地喷浆搅拌 1min；

（7）当桩长大于 15m 时应将搅拌电机功率由 37kW 提高至 55kW，以保证搅拌轴的转速和叶片的切土能力。

5. 工程实例图片（图 1.1-48）

图 1.1-48　桩体完整

1.1.21　通病名称：高压旋喷桩施工质量缺陷

1. 通病现象（图 1.1-49）

2. 规范标准相关规定

（1）《建筑基坑支护技术规程》JGJ 120—2012；

（2）《地下铁道工程施工质量验收标准》GB/T 50299—2018；

（3）《混凝土结构工程施工质量验收规范》GB 50204—2015；

（4）《建筑地基基础工程施工质量验收标准》GB 50202—2018；

（5）《建筑桩基技术规范》JGJ 94—2008。

图 1.1-49　加固整体质量差

3. 原因分析

（1）高压旋喷桩与支护贴合不紧密，基坑开挖过程中出现渗水现象，引起坑外土体掏空，造成周边建（构）筑物的安全隐患；

（2）高压旋喷桩提升速度过快，水泥掺量少，造成止水帷幕加固整体质量差；

（3）施工期间受周边管线制约，高压旋喷桩注浆压力等参数优化不当；

（4）垂直度控制不到位，倾斜过大；

（5）水泥用量不足，旋喷压力小。

4. 防治措施

（1）加强对高压旋喷桩平面定位和垂直度控制，必要时需采取预先引孔措施，对于邻近变形较敏感的区域采用连续高压旋喷桩止水。

（2）施工前做好试桩工作，以确定实际水泥投放量、浆液水灰比、浆液泵送时间、垂直度控制方法，以便确定高压旋喷桩的正常施工控制标准，确保有效止水。

（3）在高压旋喷桩施工工程中，应加强对周边环境的变形监测及巡视工作，合理调整施工工艺参数；建议止水帷幕薄弱点处基坑外侧布置水位观测井。

（4）如出现渗水情况时，可根据出水的浑浊的情况采取堵、引相结合的方法处理。

（5）如基坑涌沙现象严重，坑内应采取覆土反压措施抬高水位，并根据回灌井与渗漏点的空间位置条件，将外侧回灌井作为短期控制性降水井使用，降低坑内外水头差，然后采取注水泥浆或环氧树脂系胶结剂等方式封堵坑内渗漏点。

5. 工程实例图片（图 1.1-50）

图 1.1-50　加固整体完整

1.1.22　通病名称：基底泡水造成地基承载力降低

1. 通病现象（图 1.1-51）

2. 规范标准相关规定

（1）《地下铁道工程施工质量验收标准》GB/T 50299—2018；

（2）《建筑地基基础工程施工质量验收标准》GB 50202—2018。

图 1.1-51　基底泡水，未及时抽排

3. 原因分析

（1）开挖基坑未设排水沟或挡水堤，地面水流入基坑内；

（2）地下水位未按要求降至开挖面以下；

（3）开挖过程中未连续降水，导致水位上涨至基底面以上；

（4）最后一层土方设人工开挖，机械碾压变软；

（5）烂泥浮浆没处理，直接施工垫层；

（6）降水井沉渣段不够长，基坑收底时，管内已积淤无法抽水降水。

4. 防治措施

（1）在开挖前，在基坑周边设置排水沟或挡水堤，尽量设置透水管进行引水处理；

（2）开挖前将地下水位降至基底以下 50cm（1m）；

（3）开挖过程中，降水应同步进行，把地下水位控制在基底以下；

（4）底部降水无法达到要求时，雨天降雨时，可采用坑内明沟（盲沟）有组织收集、排水，确保坑内基底泡；

（5）基坑开挖收底，早施作垫层，不必强调一整段（20m）才打垫层，6m、8m 处可打设垫层，减少泡水时间；

（6）最后一层土方人工开挖，清理干净基底浮浆及烂泥，必要时进行换填。

5. 工程实例图片（图 1.1-52）

图 1.1-52　基底开挖面无积水

1.1.23　通病名称：地基土扰动

1. 通病现象（图 1.1-53）

2. 规范标准相关规定

（1）《地下铁道工程施工质量验收标准》GB/T 50299—2018；

（2）《建筑地基基础工程施工质量验收标准》GB 50202—2018。

3. 原因分析

（1）基坑开挖时积水，被雨水、地表水或地下水浸泡；

图 1.1-53　土体扰动

（2）基坑挖好后，未及时进行垫层浇筑，机械、车辆及工人在基土上来回行走，造成扰动；

（3）基底超挖，后又回填，改变了原状土的物理性能，变成了扰动土；

（4）基底下翻梁开挖，扰动基底土体；

（5）没有进行降水或降水效果差。

4. 防治措施

（1）基坑四周做好降、排水措施，降水工作应持续到基坑回填土完毕；土方开挖应连续进行，尽量缩短施工时间。雨季施工基坑开挖后不能及时进入下道工序时，可在基底标高以上留 30cm 的土不挖，待下道工序开工前再挖除。采用机械挖土时，应在基底标高以上留一定厚度的土用人工挖土。

（2）严格控制基底标高，如个别地方发生超挖，严禁用虚土回填，处理方法应经设计单位的同意方可实施。

（3）设计降水方案，做好降水，持续降水，不要形成水位反复起落。

（4）基底四周分段埋透水管，疏排基底的积水。

（5）施工图审查时注意下翻梁部位，针对软土、敏感土层（花岗岩残积层）建议能改上翻梁的尽量改为上翻梁。

5. 工程实例图片（图 1.1-54）

图 1.1-54　基底土体完整

1.1.24 通病名称:防水基面凹凸不平整

1. 通病现象(图 1.1-55)

图 1.1-55 围护结构鼓包,基面不平整

2. 规范标准相关规定

(1)《地下铁道工程施工质量验收标准》GB/T 50299—2018;
(2)《混凝土结构工程施工质量验收规范》GB 50204—2015;
(3)《地下工程防水技术规范》GB 50108—2008;
(4)《地下防水工程质量验收规范》GB 50208—2011。

3. 原因分析

(1)基坑开挖后,连续墙基面凿除未测量放线控制;
(2)对局部凸起物没有实施清除,清查不彻底;
(3)对阴阳角部位,隆起、凹陷部位未处理;
(4)管理人员意识淡薄,未复查基层并验收。

4. 防治措施

(1)基坑开挖后,测量人员应及时复测基面的垂直度和平整度,挂线布点控制基面的平整;
(2)清查基面情况,对基面所有的凸起物凿除;所有阴阳角部位用水泥砂浆做成 $R = 5cm$ 的圆角或 50mm×50mm 倒角;
(3)加强质量管控体系,落实质量责任,基层必须验收合格后方可实施下道工序;
(4)严格控制侧墙轴线,对侵入主体结构的混凝土必须破除。

5. 工程实例图片(图 1.1-56)

图 1.1-56 防水基面处理,找平

1.1.25 通病名称：防水卷材板空鼓

1. 通病现象（图1.1-57）

图 1.1-57　卷材铺设后空鼓

2. 规范标准相关规定

（1）《地下铁道工程施工质量验收标准》GB/T 50299—2018；

（2）《地下工程防水技术规范》GB 50108—2008；

（3）《地下防水工程质量验收规范》GB 50208—2011。

3. 原因分析

（1）防水基面鼓包处处理不当，凹凸不平；

（2）卷材铺设未平展开，作业人员随意施工，空鼓与基面不紧贴；

（3）局部卷材热作业未采取措施固定，随意熔接；

（4）立墙卷材的铺贴时未将防水卷材用钉子固定，导致热作业容易造成铺贴不实不严密。

4. 防治措施

（1）基面应凿除平整，对局部隆起尺寸控制在设计尺寸内，凹陷部位应采取水泥砂浆找平；

（2）铺设卷材前 1～2d，喷或刷 1～2 道冷底子油，保证卷材和基层表面有效粘结；

（3）卷材铺平并紧贴基面，防水作业人员应满足要求，卷材应展开充分，每幅卷材采用不少于 3 个带垫片的钉子固定。

5. 工程实例图片（图1.1-58）

图 1.1-58　卷材铺设后平整

1.1.26 通病名称：防水卷材搭接处漏焊、脱焊

1. 通病现象（图1.1-59）

图 1.1-59　防水卷材漏焊

2. 规范标准相关规定

（1）《地下铁道工程施工质量验收标准》GB/T 50299—2018；

（2）《地下工程防水技术规范》GB 50108—2008；

（3）《地下防水工程质量验收规范》GB 50208—2011。

3. 原因分析

（1）搭接宽度不符合要求，焊接时加热不足及烧穿卷材，焊接处存在漏焊；

（2）卷材表面热熔后未立即滚铺，排除内部空气，导致焊接部位不牢固；

（3）在钢筋绑扎作业过程中，对防水材料保护不到位；

（4）卷材铺设中富余度不足，浇筑混凝土时造成防水卷材开裂；

（5）作业人员经验不足，技术交底不到位，质量管控不到位，有问题未及时修复。

4. 防治措施

（1）防水施工必须由相应资质单位进行施工，焊接施工前应做好技术交底工作，焊接前应对焊接机焊口均匀加热，焊缝过程中应匀速进行避免漏焊；

（2）浇筑混凝土时，应复查防水卷材的固定部位，并安排专业人员现场指挥，发现脱焊、脱落的部位及时修补；

（3）对防水板搭接焊的焊缝进行气密性试验；

（4）在进行防水卷材热熔焊时，接缝部位应溢出热熔的改性沥青胶料，并粘贴牢固，封闭严密；

（5）在钢筋绑扎作业过程中，需加强对防水保护层的保护，加强现场作业人员的质量控制意识。

5. 工程实例图片（图1.1-60）

图1.1-60　防水卷材焊接平整

1.1.27　通病名称：卷材焊接及搭接长度不符合要求

1. 通病现象（图1.1-61）

图1.1-61　侧墙防水卷材长度不够脱焊

2. 规范标准相关规定

（1）《地下铁道工程施工质量验收标准》GB/T 50299—2018；
（2）《地下工程防水技术规范》GB 50108—2008；
（3）《地下防水工程质量验收规范》GB 50208—2011。

3. 原因分析

（1）防水卷材下料时，未仔细查验现场情况，下料后的卷材尺寸难以满足搭接要求；
（2）铺贴后的卷材没有排除卷材下面的空气，粘结不牢固，焊接时出现移位，长度低于10mm；
（3）卷材铺设时不平整，不顺直，上下搭接尺寸不一致；
（4）施工作业人员较随意，技术管理不到位，现场管理不善，过程控制不到位。

4. 防治措施

（1）下料卷材时，应仔细核查现场情况和比对图纸，留足搭接长度尺寸，纵向焊接边不少于100mm；横向粘结长度不少于400mm。

（2）铺设时应上下对其铺设，保证顺直平整，并排除卷材下面堆积的空气，并辊压粘结牢固，不得有空鼓。

（3）落实施工技术交底，加强现场施工管理力度，注重过程控制。

5. 工程实例图片（图 1.1-62）

图 1.1-62　防水卷材搭接长度满足 100mm

1.1.28　通病名称：中埋式橡胶止水带安装不符合要求

1. 通病现象（图 1.1-63）

图 1.1-63　防水中埋止水带绑扎搭接

2. 规范标准相关规定

（1）《地下铁道工程施工质量验收标准》GB/T 50299—2018；

（2）《地下工程防水技术规范》GB 50108—2008；

（3）《地下防水工程质量验收规范》GB 50208—2011。

3. 原因分析

（1）对橡胶止水带认识不到位，成品保护不到位，开料随意，接头处污染破损；

（2）橡胶止水带施工完毕后，未形成整体结构，受力不均匀，接头处后期容易脱离；

（3）搭接施工工人较随意，止水带中间搭接长度不满足长度 150mm 要求；

（4）作业人员不具备相应资质，技术交底不到位，质量管控体系散漫，为节省时间直接用钢丝绑扎。

4. 防治措施

（1）防水施工必须由相应资质单位进行施工，热焊机操作人员持证上岗；

（2）在混凝土结构变形缝处，中埋式止水带应沿结构厚度的中心线将止水带的两翼分别埋入结构中，中孔中心对准变形缝中央，满足橡胶止水带接头搭接长度不少15cm；

（3）焊接施工前应做好技术交底工作，焊接前应对焊接机焊口均匀加热，焊缝过程中应匀速进行避免漏焊；

（4）止水带的接头部位采用对接的方法，接头处选在结构应力较小的部位，接头设置在边墙较高位置上，不得设置在结构转角处，并安排专业人员现场指挥。

5. 工程实例图片（图1.1-64）

图 1.1-64　橡胶止水带搭接长度满足要求

1.1.29　通病名称：止水钢板焊接不符合要求

1. 通病现象（图1.1-65）

图 1.1-65　止水钢板搭接未满焊

2. 规范标准相关规定

（1）《地下铁道工程施工质量验收标准》GB/T 50299—2018；

（2）《地下工程防水技术规范》GB 50108—2008；

（3）《地下防水工程质量验收规范》GB 50208—2011。

3．原因分析

（1）焊接工艺差，焊缝不饱满，存在漏焊、过焊等焊接问题；

（2）钢板搭接长度不符合要求，钢板存在变形、翘曲等问题；

（3）未对钢板进行放样，接缝处拼接不齐；

（4）焊接成品后，未有效保护，工人在上面行走或浇筑混凝土时，钢板发生偏位。

4．防治措施

（1）钢板焊接必须是持证上岗人员，且技术熟练；

（2）止水钢板搭接至少 50mm 以上且需满焊；

（3）止水钢板必须埋置在施工缝中线上，且必须顺直；

（4）止水钢板的"开口"必须朝上迎水面，方向应正确；

（5）采用钢筋将钢板与主筋进行连接固定，避免浇筑混凝土时发生偏位。

5．工程实例图片（图 1.1-66）

图 1.1-66　止水钢板搭接满焊

1.1.30　通病名称：结构预埋件部位渗漏水

1．通病现象（图 1.1-67）

图 1.1-67　预埋件处渗漏水

2. 规范标准相关规定

（1）《地下铁道工程施工质量验收标准》GB/T 50299—2018；

（2）《地下工程防水技术规范》GB 50108—2008；

（3）《地下防水工程质量验收规范》GB 50208—2011；

（5）《混凝土结构工程施工质量验收规范》GB 50204—2015；

（6）《地下工程渗漏治理技术规程》JGJ/T 212—2010。

3. 原因分析

（1）操作中忽视预埋件周边的处理，压抹不仔细，底部出现漏抹现象；

（2）没有认真清除预埋件表面的腐蚀层，防水层和预埋件接触不良，周边防水层出现裂缝；

（3）混凝土结构穿管，管未设置止水钢板环或焊接时没有满焊，出现孔隙发生渗漏；

（4）预埋件在施工期间，受热、受振，和周边防水层接触处发生裂隙形成渗漏。

4. 防治措施

（1）施工中，预埋件必须牢靠，并加强对预埋件周围混凝土的浇筑质量，加强对预埋件的保护，避免碰撞；

（2）做好预埋件表面的除锈处理，对防水层和预埋件接触部位应仔细检查，并用水灰比 0.2 左右素浆嵌实，并涂抹防水层；

（3）对穿墙管必须设置止水钢板，焊接时应满焊，止水板应和墙面平行，不得弯曲倾斜。

5. 工程实例图片（图 1.1-68）

图 1.1-68　墙体预埋螺杆

1.1.31　通病名称：防水板损坏

1. 通病现象（图 1.1-69）

图 1.1-69　烤焦、焊穿的防水板

2. 规范标准相关规定

（1）《地下铁道工程施工质量验收标准》GB/T 50299—2018；

（2）《地下工程防水技术规范》GB 50108—2008；

（3）《地下防水工程质量验收规范》GB 50208—2011。

3. 原因分析

（1）作业人员不具备操作资质，工人对防水工艺不熟悉，施工人员现场监管不到位；

（2）PVC 防水板施工缺少足够高度的施工平台，工人作业时操作困难，导致局部焊接过度致烧伤；

（3）结构钢筋头露出，钢筋布设时，未进行保护或切割，施工时不慎刺穿防水板。

4. 防治措施

（1）防水施工必须由相应资质单位进行施工，加强作业人员的技术培训；

（2）采取预防措施防水板烤焦、焊穿时应予补焊，且用同种材料覆盖焊接；

（3）钢筋焊接作业时，应设临时挡板防止机械损伤和电火花灼伤防水板；

（4）用套筒包住直接对向防水板钢筋头，避免损伤防水板。

5. 工程实例图片（图 1.1-70）

图 1.1-70　保护完好的防水板

1.1.32　通病名称：涂料油毡隔离层粘贴不密实

1. 通病现象（图 1.1-71）

图 1.1-71　油毡粘贴不密实

2. 规范标准相关规定

（1）《地下铁道工程施工质量验收标准》GB/T 50299—2018；

（2）《地下工程防水技术规范》GB 50108—2008；

（3）《地下防水工程质量验收规范》GB 50208—2011。

3. 原因分析

（1）油毛毡隔离层未粘贴牢固，容易移动；

（2）油毛毡未摊铺平整；

（3）涂料保护层混凝土浇筑厚度不够；

（4）基面没找平或基面积水渗水。

4. 防治措施

（1）采用胶粘剂将油毛毡与涂料粘结牢固；

（2）油毛毡摊铺平展开来，不能有空鼓、皱褶；

（3）涂料保护层厚度应满足设计要求；

（4）油毛毡张铺好后，人和机械不得在其上面践踏破坏；

（5）浇筑混凝土保护层时注意保护好油毛毡隔离层；

（6）基面找平后施工防水层，并且对结构渗水必须疏排干燥后再施工。

5. 工程实例图片（图 1.1-72）

图 1.1-72　顶板防水施工

1.1.33　通病名称：止水钢板安装不当

1. 通病现象（图 1.1-73）

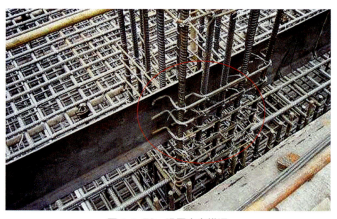

图 1.1-73　设置方向错误

2. 规范标准相关规定

（1）《地下铁道工程施工质量验收标准》GB/T 50299—2018；

（2）《地下工程防水技术规范》GB 50108—2008；

（3）《地下防水工程质量验收规范》GB 50208—2011；

（4）《混凝土结构工程施工质量验收规范》GB 50204—2015。

3. 原因分析

（1）审查图纸不严，没有严格按照图纸和方案要求施工。

（2）止水钢板入模疏忽；没有对安装人员进行认真交底。

（3）浇筑混凝土没有埋住止水钢板或把止水钢板全部埋住。

（4）焊接成品后，未有效保护，且未采取有效的定位措施，导致工人在上面行走或浇筑混凝土时，钢板发生偏位。

（5）在转角部位安装时，钢板焊接不到位，且割除柱子主筋的部位，未将箍筋与止水钢板进行焊接。

4. 防治措施

（1）仔细审查图纸，按照设计图纸说明和大样要求施工。

（2）施工操作前，应对操作人员进行专门的技术交底，或在止水钢板上挂标识牌，提醒操作人员注意，检查时应重点检查。

（3）做好焊接固定，混凝土的收口标高严格控制。

（4）采用小钢筋头将钢板与结构钢筋进行连接固定（进行定位焊接时不得将结构钢筋烧伤），避免浇筑混凝土时发生偏位。

（5）在转角部位时，钢板应采用T形焊接，且对割除主筋的部位，应将该区域内柱子的箍筋点焊至钢板上，并在上下部位加密箍筋。

5. 工程实例图片（图1.1-74）

图1.1-74 包围面向外侧

1.1.34 通病名称：顶板防水涂层起泡、起砂

1．通病现象（图1.1-75）

图 1.1-75　顶板防水基面未清理

2．规范标准相关规定

（1）《地下铁道工程施工质量验收标准》GB/T 50299—2018；

（2）《地下工程防水技术规范》GB 50108—2008；

（3）《地下防水工程质量验收规范》GB 50208—2011。

3．原因分析

（1）顶板混凝土未收面，或收面质量较差；

（2）混凝土浇筑完成后，基面遭外部环境污染；

（3）混凝土保护不到位，有垃圾、零碎木屑、钢筋头等破坏混凝土面完整性；

（4）顶板积水未清洁干净，就施作防水层。

4．防治措施

（1）顶板混凝土收面平整、光滑，并及时覆盖保护；

（2）混凝土养护应及时到位，避免出现裂纹；

（3）严禁混凝土、水泥浆等污染基面；

（4）顶面混凝土渣、木屑等应处理干净，对凹凸不平部位打磨，保证基面平整、干燥、干净；

（5）施作防水涂料前，注意天气预报，基底清洁并用大功率风筒吹扫一次，之后连续施作涂料层。

5．工程实例图片（图1.1-76）

图 1.1-76　基面平整涂刷涂料后照片

1.1.35　通病名称：顶板外包防水预留长度不足

1. 通病现象（图 1.1-77）

图 1.1-77　侧墙预留防水卷材长度不足

2. 规范标准相关规定

（1）《地下铁道工程施工质量验收标准》GB/T 50299—2018；

（2）《地下工程防水技术规范》GB 50108—2008；

（3）《地下防水工程质量验收规范》GB 50208—2011。

3. 原因分析

（1）防水卷材开料不足，侧墙防水卷材预留长度不够；

（2）工序衔接不当，顶板施工时间拖延过长，卷材变形；

（3）防水卷材保护不到位，材料、散料堆压；

（4）侧墙卷材与顶板隔离层搭接不够，固定措施不到位。

4. 防治措施

（1）顶板和侧墙交接处卷材应预留足够长度；

（2）侧墙施工完后，应及时施工顶板，避免拖延过长；

（3）采用水泥钉对防水卷材边口固定，防止摊铺不平；

（4）对防水卷材与油毛毡接口上方增加一层附加自粘性防水卷材，两边接口用密封胶进行密封处理。

5. 工程实例图片（图 1.1-78）

图 1.1-78　顶板防水涂料涂刷

1.1.36　通病名称：防水层阴阳角细部处理不符合要求

1. 通病现象（图 1.1-79）

图 1.1-79　防水层阴阳角细部处理不符合要求

2. 规范标准相关规定

（1）《地下铁道工程施工质量验收标准》GB/T 50299—2018；
（2）《地下工程防水技术规范》GB 50108—2008；
（3）《地下防水工程质量验收规范》GB 50208—2011。

3. 原因分析

（1）阴角部位受外侧压力较大，导致囤积积水，阴角潮湿发生裂缝；
（2）阳角未做成圆弧处理，防水卷材或涂层被磨损或损伤，发生渗漏；

（3）阴阳角防水施工不便，工人作业时施工粗糙，未实施防水附加层处理，施工质量存在缺陷，后期渗漏；

（4）新旧混凝土交接面没处理，接缝漏浆或不密实。

4. 防治措施

（1）阴角部位施工时应仔细振捣混凝土，避免漏振动导致局部存在缝隙；

（2）阳角做成圆弧状，避免出现隆起物，宜用水泥砂浆后期抹圆弧；

（3）加强过程控制，落实技术交底要求，及时巡视检查，工序分段验收；

（4）新旧混凝土交接面要凿毛处理、接缝。

5. 工程实例图片（图1.1-80）

图1.1-80　阴阳角部位有效防止渗漏措施

1.1.37　通病名称：模板轴线偏差大

1. 通病现象（图1.1-81）

图1.1-81　模板轴线出现偏差

2. 规范标准相关规定

（1）《地下铁道工程施工质量验收标准》GB/T 50299—2018；

（2）《混凝土结构工程施工质量验收规范》GB 50204—2015；

（3）《工程测量规范》GB 50026—2007；
（4）《城市轨道交通工程测量规范》GB/T 50308—2017；
（5）《木结构工程施工质量验收规范》GB 50206—2012；
（6）《建筑施工模板安全技术规范》JGJ 162—2008。

3. 原因分析

（1）测量放样不认真或技术交底不清，模板拼装时组合件未能按规定到位；
（2）标高轴线放样产生误差；
（3）墙、柱模板根部和顶部无限位措施或限位不牢，发生偏位后又未及时纠正，造成累积误差，活动端伸出过长，刚度不足；
（4）支模时，未拉水平、竖向通线，且无竖向垂直度控制措施；
（5）模板刚度差，未设水平拉杆或水平拉杆间距过大；
（6）混凝土浇筑时未均匀对称下料，或一次浇筑高度过高造成侧压力大挤偏模板；
（7）对拉螺栓、顶撑、木楔使用不当或松动造成轴线偏位。

4. 防治措施

（1）模板标高轴线测放后，组织专人进行技术复核验收，确认无误后才能支模；
（2）墙、柱模板根部和顶部必须设可靠的限位措施，如采用现浇楼板混凝土上预埋短钢筋固定钢支撑，以保证底部位置准确；
（3）支模时要拉水平、竖向通线，并设竖向垂直度控制线，以保证模板水平、竖向位置准确；
（4）根据混凝土结构特点，对模板进行专门设计，以保证模板及其支架具有足够强度、刚度及稳定性；
（5）混凝土浇筑前，对模板标高、轴线、支架、顶撑、螺栓进行认真检查、复核，发现问题及时进行处理；
（6）混凝土浇筑时，要均匀对称下料，浇筑高度应严格控制在施工规范允许的范围内。

5. 工程实例图片（图1.1-82）

图1.1-82 模板轴线定位固定

1.1.38 通病名称：混凝土结构变形

1. 通病现象（图1.1-83）

图1.1-83 侧墙胀模

2. 规范标准相关规定

（1）《地下铁道工程施工质量验收标准》GB/T 50299—2018；

（2）《混凝土结构工程施工质量验收规范》GB 50204—2015；

（3）《建筑施工扣件式钢管脚手架安全技术规范》JGJ 130—2011；

（4）《建筑施工碗扣式钢管脚手架安全技术规范》JGJ 166—2016；

（5）《木结构工程施工质量验收规范》GB 50206—2012；

（6）《建筑施工模板安全技术规范》JGJ 162—2008；

（7）《混凝土泵送施工技术规程》JGJ/T 10—2011。

3. 原因分析

（1）模板及脚手架加固不到位，导致模板胀模；

（2）浇筑过程中，混凝土坍落度偏大及未控制浇筑高度，导致模板胀模；

（3）组合小钢模，连接件未按规定设置，造成模板整体性差；

（4）模板截面小，刚度差；

（5）满堂红脚手架、侧墙、中墙一起浇筑时，混凝土面高差大，相互挤压，胀模；

（6）混凝土浇筑过程中振捣器距离模板过近，导致过振使模板变形；

（7）在脚手架和模板安装过程中，模板背楞间距未按方案要求施工，导致间距过大，受力不均。

4. 防治措施

（1）认真按照审批后的方案进行模板脚手架施工；

（2）对模板脚手架进行全面的检查验收，检查各个连接件是否连接牢固，可调托架是否顶到位，顶托活动端不能超规范；

(3)组合小钢模拼装时,连接件应按规定放置,围檩及对拉螺栓间距、规格应按设计要求放置;

(4)浇筑过程中,严格控制混凝土的坍落度,并进行分层浇筑,每层浇筑完需控制其间歇时间,保证混凝土初步稳定再往上继续浇筑;

(5)侧墙、隔墙同时浇筑时,要匀速上升浇筑;

(6)检查侧墙的拉结筋数量要符合设计要求;

(7)侧墙施工要求整体钢模。

5. 工程实例图片(图 1.1-84)

图 1.1-84 墙模板加固

1.1.39 通病名称:模板支撑体系不牢靠

1. 通病现象(图 1.1-85)

图 1.1-85 支撑体系支架间距偏大

2. 规范标准相关规定

(1)《地下铁道工程施工质量验收标准》GB/T 50299—2018;

(2)《混凝土结构工程施工质量验收规范》GB 50204—2015;

（3）《建筑施工扣件式钢管脚手架安全技术规范》JGJ 130—2011；

（4）《建筑施工碗扣式钢管脚手架安全技术规范》JGJ 166—2016；

（5）《建筑施工模板安全技术规范》JGJ 162—2008。

3．原因分析

（1）支撑选配不当，未经过安全验算，无足够的承载能力及刚度，混凝土浇筑后模板变形；

（2）支撑稳定性差，无保证措施，混凝土浇筑后支撑自身失稳，使模板变形；

（3）高支模未严格按要求请专家参与验收。

4．防治措施

（1）模板支撑系统根据不同的结构类型和模板类型来选配，以便相互协调配套。使用时，应对支承系统进行必要的验算和复核，尤其是支柱间距应经计算确定，确保模板支撑系统具有足够的承载能力、刚度和稳定性。

（2）钢质支撑体系其钢楞和支撑的布置形式应满足模板设计要求，并能保证安全承受施工荷载，钢管支撑体系一般宜扣成整体排架式，其立柱纵横间距一般为1m左右（荷载大时应采用密排形式），同时应加设斜撑和剪刀撑。

（3）支撑体系的基底必须坚实可靠，竖向支撑基底加为土层时，应在支撑底铺垫型钢或脚手板等硬质材料。

（4）侧向支撑必须支顶牢固，拉结和加固可靠，必要时应打入地锚或在混凝土中预埋铁件和短钢筋头做撑脚。

（5）高支模工程，需由专家组组长及一名专家参与验收。

5．工程实例图片（图1.1-86）

图 1.1-86　模板支撑体系

1.1.40 通病名称：人防墙模板加固采用 PVC 管不符合要求

1. 通病现象（图 1.1-87）

图 1.1-87　人防墙用 PVC 套管

2. 规范标准相关规定

（1）《地下铁道工程施工质量验收标准》GB/T 50299—2018；

（2）《混凝土结构工程施工质量验收规范》GB 50204—2015；

（3）《人民防空工程施工及验收规范》GB 50134—2004。

3. 原因分析

（1）对人防工程相关强制性标准不熟悉；

（2）施工人员未进行人防相关技术交底或交底不透彻；

（3）部分作业人员偷工，随意施工，位置不精确。

4. 防治措施

（1）针对人防工程施工组织施工人员进行专项技术交底；

（2）人防墙模板加固拉模筋严禁套用 PVC 管；

（3）人防墙混凝土应一次浇筑成型；

（4）严格做好穿墙管的防水。

5. 工程实例图片（图 1.1-88）

图 1.1-88　人防墙施工

1.1.41　通病名称：钢筋原材料曲折

1．通病现象（图 1.1-89）

图 1.1-89　钢筋弯曲

2．规范标准相关规定

（1）《地下铁道工程施工质量验收标准》GB/T 50299—2018；

（2）《混凝土结构工程施工质量验收规范》GB 50204—2015。

3．原因分析

（1）运输时装车不注意；运输车辆较短，条状钢筋弯折过度；用吊车卸车时，挂钩或堆放不慎；堆放过高或支垫不当被压弯；搬运频繁，装卸野蛮。

（2）钢筋在运至现场发现有严重曲折形状。

（3）采用机械破混凝土，对预埋钢筋损伤。

4．防治措施

（1）采用专车拉运，对较长的钢筋尽可能采用吊车卸车。

（2）搬运、堆放要轻抬轻放，放置地点应平整，支垫应合理；尽量按施工需要运去现场并按使用先后堆放，以避免不必要的翻垛。

（3）将变形的钢筋抬放成型案上矫正；如变形过大，应检查弯折处是否有局部出现裂纹，并根据具体情况处。

（4）破桩头时，要采用机械结合人工一起进行，避免破坏钢筋。

5．工程实例图片（图 1.1-90）

图 1.1-90　钢筋原材加工

1.1.42　通病名称：钢筋切割断面不平

1. 通病现象（图1.1-91）

2. 规范标准相关规定

（1）《地下铁道工程施工质量验收标准》GB/T 50299—2018；

（2）《混凝土结构工程施工质量验收规范》GB 50204—2015；

（3）《冷轧带肋钢筋混凝土结构技术规程》JGJ 95—2011；

（4）《钢筋机械连接技术规程》JGJ 107—2016。

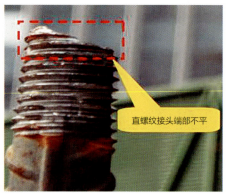

图1.1-91　钢筋短头不平

3. 原因分析

（1）剪断尺寸不准或被剪断钢筋端头不平。

（2）定位尺寸不准，或刀片间隙过大。

（3）剪断钢筋后，未对钢筋头进行人工打磨。

4. 防治措施

（1）严格控制其尺寸，调整固定刀片与冲切刀片间的水平间隙。

（2）根据钢筋所在部位和剪断误差情况，确定是否可用或返工。

（3）对剪断的钢筋头，均需进行人工打磨。

5. 工程实例图片（图1.1-92）

图1.1-92　钢筋端头平整

1.1.43　通病名称：钢筋间距绑扎不符合要求

1. 通病现象（图1.1-93）

2. 规范标准相关规定

（1）《地下铁道工程施工质量验收标准》GB/T 50299—2018；

（2）《混凝土结构工程施工质量验收规范》GB 50204—2015；

（3）《冷轧带肋钢筋混凝土结构技术规程》JGJ 95—2011。

3. 原因分析

（1）同一编号的钢筋分几处配置，配料时进行规格代换后因根数变动，不能均分于几处；

图1.1-93　间距不一致

（2）在钢筋材料表中，该号钢筋只写总根数，在钢筋进行代换时忽略了钢筋分几处布置的情况；

（3）按图纸上标注的箍筋间距绑扎梁的钢筋骨架，实际所用箍筋数量与钢筋材料表上的数量不符；

（4）图纸上所注间距为近似值，按近似值绑扎，则间距或根数有出入；

（5）固定钢筋措施不可靠，或浇筑混凝土时被振动器或其他东西碰歪撞斜没有及时复位校正，下层墙、柱伸出钢筋位置偏离设计要求过大，与上层墙、柱钢筋搭接不上；

（6）墙、柱的基础预插钢筋歪斜或跑位；

（7）梁、墙、柱钢筋间距不均，过大或过小，绑扎不顺直；

（8）主受力钢筋大小配料错误，或漏筋。

4. 防治措施

（1）按图纸上标注的箍筋间距绑扎梁的钢筋骨架，最后发现某一个间距与其他间距不一致，或实际所用箍筋数量与钢筋材料表上的数量不符；

（2）图纸上所注间距为近似值，按近似值绑扎，则间距或根数有出入；

（3）在配料加工钢筋前进行钢筋代换计算时，要预先参看施工图，看该号钢筋是否分几处布置，如果是应按分根数考虑代换方案；

（4）地铁车站结构钢筋非常密，混凝土浇筑振捣都非常困难，可采用隔一排密排绑扎。

5. 工程实例图片（图 1.1-94）

图 1.1-94　间距一致

1.1.44　通病名称：钢筋绑扎不牢，吊装时钢筋骨架变形

1. 通病现象（图 1.1-95）

2. 规范标准相关规定

（1）《地下铁道工程施工质量验收标准》GB/T 50299—2018；

（2）《混凝土结构工程施工质量验收规范》GB 50204—2015；

（3）《冷轧带肋钢筋混凝土结构技术规程》JGJ 95—2011。

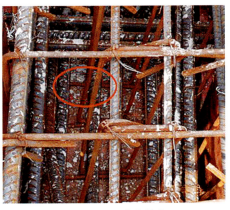

图 1.1-95　绑扎松脱

3. 原因分析

（1）搬移钢筋骨架时，绑扎节点松扣或浇捣混凝土时绑扣松脱；

（2）绑扎钢丝太硬或粗细不适当，绑扣形式不正确、不稳固；

（3）大直径的钢筋网片点焊不牢、结构架立钢筋刚度不足；

（4）吊点四周没采用加强的方式。

4. 防治措施

（1）一般采用 20～22 号作业绑线，绑扎直径 12mm 以下钢筋宜用 22 号钢丝，绑扎直径 12～15mm 钢筋宜用 20 号钢丝，绑扎梁柱等直径较粗的钢筋可用双根 22 号钢丝。绑扎时要尽量选用不易松脱的绑扣形式，如绑平板钢筋网时，除了用一面顺扣外，还应加一些十字花扣，钢筋转角处采用兜扣并加缠，对紧立的钢筋网除了十字花扣外，也要适当加缠。

（2）尽量在模板内或模板附近绑扎搭接接头，避免搬运有搭接接头的钢筋骨架。

（3）吊点四周采用加强筋进行满焊。

（4）有绑扎搭接的部位，应先排好钢筋使钢筋并在一起，绑扎好搭接点，绑三道，绑扎牢固。

（5）绑扎接头相互错开，错开的净间距为 0.3 倍搭接长度。

（6）墙、柱、梁主筋尽量按最长下料，能不断开的地方就不断开，安装前先向工人做好交底工作。

5. 工程实例图片（图 1.1-96）

图 1.1-96　梅花形绑扎，绑扎牢固

1.1.45　通病名称：板与柱钢筋穿格构柱钢筋绑扎不符合要求

1. 通病现象（图 1.1-97）

图 1.1-97　格构柱影响中立柱定位

2. 规范标准相关规定

（1）《地下铁道工程施工质量验收标准》GB/T 50299—2018；

（2）《混凝土结构工程施工质量验收规范》GB 50204—2015；

（3）《冷轧带肋钢筋混凝土结构技术规程》JGJ 95—2011。

3．原因分析

（1）由于基坑跨度过大，在基坑两侧各设置有临时立柱与永久立柱，板的通长钢筋部分需要通过柱，在施工过程中往往立柱偏位，导致钢筋穿束无法按原设计进行施工，局部还需要切开格构柱，保证通长钢筋顺利通过，同时钢筋间距就很难保证。

（2）施工时不重视节点，没按节点施工。

4．防治措施

（1）在围护结构施工时对临时立柱准确定位，避免影响后期施工；

（2）立柱定位采用箍筋准确定位，保证浇筑过程中不发生偏移；

（3）设计变更后在底板上预埋钢板做临时格构柱，将影响中立柱格构柱拆除；

（4）严格按节点构造进行施工。

5．工程实例图片（图 1.1-98）

图 1.1-98　将影响中立柱定位的格构柱割除

1.1.46　通病名称：钢筋的接头未设置在受力较小处

1．通病现象（图 1.1-99）

图 1.1-99　接头设置错误

2. 规范标准相关规定

（1）《地下铁道工程施工质量验收标准》GB/T 50299—2018；
（2）《混凝土结构工程施工质量验收规范》GB 50204—2015；
（3）《冷轧带肋钢筋混凝土结构技术规程》JGJ 95—2011；
（4）《钢筋焊接及验收规程》JGJ 18—2012。

3. 原因分析

（1）施工技术交底不到位，技术人员现场管理不到位；
（2）同一纵向受力钢筋设置两个接头，接头末端至钢筋弯起点的距离小于钢筋直径的 10 倍且未错开；
（3）梁板受弯钢筋接头设置在跨中位置。

4. 防治措施

（1）施工技术人员对班组做好交底，现场指导施工；
（2）开料准确，计算合理，质检人员核对尺寸；
（3）梁的钢筋接头放在跨中 1/3 的位置，相邻接头必须错开。

5. 工程实例图片（图 1.1-100）

图 1.1-100　接头正确做法

1.1.47　通病名称：钢筋接头位置同向

1. 通病现象（图 1.1-101）

图 1.1-101　绑扎错误

2. 规范标准相关规定

（1）《地下铁道工程施工质量验收标准》GB/T 50299—2018；

（2）《混凝土结构工程施工质量验收规范》GB 50204—2015；

（3）《冷轧带肋钢筋混凝土结构技术规程》JGJ 95—2011。

3. 原因分析

（1）工人不了解绑扎工艺方法；

（2）绑扎搭接接头应在接头中心和两端共3处单独用钢丝扎牢，但是未再和交叉钢筋绑扎；

（3）忽略了配置在构件同一截面中的接头，其中距不得小于搭接长度的规定，对于接触对焊接头，凡在30d区域内作为同一截面，但不得小于500mm，其中d为受力钢筋直径；

（4）分不清钢筋位在受拉区还是在受压区。

4. 防治措施

（1）加强交底，质检人员做好监督检查；

（2）注重绑扎牢靠，百分率（对梁类、板类及墙类构件不宜大于25%；对柱类构件不宜大于50%）、错开长度（钢筋绑扎搭接接头连接区段的长度为1.3L（L为搭接长度），凡搭接接头中点位于该连接区段长度内的搭接接头均属于同一连接区段）等要点；

（3）在同一连接区段内必须实施100%钢筋接头的连接时，应准备采用 I 级接头；

（4）6～14mm的分布钢筋宜采用绑扎，16～22mm钢筋宜采用焊接，大于等于25mm钢筋机械连接较好。

5. 工程实例图片（图1.1-102）

图 1.1-102　正确绑扎方法（百分率50%）

1.1.48　通病名称：箍筋弯钩外平直长度及角度不符

1. 通病现象（图1.1-103）

2. 规范标准相关规定

（1）《地下铁道工程施工质量验收标准》GB/T 50299—2018；

图 1.1-103　箍筋弯钩外平直长度不够

（2）《混凝土结构工程施工质量验收规范》GB 50204—2015；

（3）《冷轧带肋钢筋混凝土结构技术规程》JGJ 95—2011。

3. 原因分析

（1）不熟悉箍筋使用条件；忽视规范规定的弯钩形式应用范围；配料任务多，各种弯钩形式取样混乱。

（2）箍筋末端未按规范规定不同的使用条件制成相应的弯钩形式；未区分非抗震与抗震要求。

（3）质检人员对外平直长度缺少检查。

4. 防治措施

（1）认真核对图纸，计算箍筋长度。

（2）区分非抗震区弯钩外平直长度为 $5d$，抗震区弯钩外平直长度为 $10d$；箍筋弯钩的弯弧内直径满足受力钢筋的弯钩和弯折的规定，尚应不小于受力钢筋直径；箍筋弯钩的弯折角度：对一般结构不应小于 90°；对有抗震等要求的结构应为 135°。

（3）加工时质检人员进行检查。

5. 工程实例图片（图 1.1-104）

图 1.1-104　加工符合要求的箍筋

1.1.49　通病名称：螺纹套筒连接后接头丝口外露过多

1. 通病现象（图 1.1-105）

2. 规范标准相关规定

（1）《地下铁道工程施工质量验收标准》GB/T 50299—2018；

（2）《混凝土结构工程施工质量验收规范》GB 50204—2015；

（3）《冷轧带肋钢筋混凝土结构技术规程》JGJ 95—2011；

（4）《钢筋机械连接技术规程》JGJ 107—2016。

3. 原因分析

（1）套筒与丝头不相匹配；

（2）钢筋丝头在车丝前后，均未对丝头进行打磨处理，导致钢筋丝头质量存在问题，安装套筒后中央位置未能相互顶紧；

（3）钢筋丝头在套筒中央位置未相互顶紧；

图 1.1-105　接头露丝现象

（4）扭矩值偏小，未拧紧；

（5）钢筋外露螺纹超过 2P；钢筋丝头加工过长，超过允许公差范围；

（6）丝头存在横向裂缝；

（7）套筒不符合相关规范要求。

4．防治措施

（1）钢筋接头加工前应进行工艺性试验，合格后方可进行；

（2）操作人员应经专业技术人员培训合格后才能上岗；

（3）直螺纹型式检验必须符合设计要求；

（4）钢筋端部在螺纹加工前应切平，并对抽丝后端部不平丝头用磨光机进行磨平处理；

（5）接头应拧紧，并用扳手校核拧紧扭矩，满足规范要求的最小扭矩值；

（6）利用直螺纹量规检验钢筋丝头加工质量，并检查其长度是否符合规范要求；

（7）钢筋先切头，后车丝，车丝后立即拧套筒保护。

5．工程实例图片（图 1.1-106）

图 1.1-106　直螺纹接头符合要求

1.1.50　通病名称：钢筋保护层不符合设计要求

1．通病现象（图 1.1-107）

图 1.1-107　内外主筋间距偏大导致保护层偏小

2. 规范标准相关规定

（1）《地下铁道工程施工质量验收标准》GB/T 50299—2018；

（2）《混凝土结构工程施工质量验收规范》GB 50204—2015；

（3）《冷轧带肋钢筋混凝土结构技术规程》JGJ 95—2011。

3. 原因分析

（1）混凝土保护层垫块间距太大或脱落；

（2）钢筋绑扎骨架尺寸偏差大，局部接触模板；

（3）混凝土浇筑时，钢筋受碰撞位移。

4. 防治措施

（1）混凝土保护层垫块要适量牢靠；

（2）钢筋绑扎时要控制好外形尺寸；

（3）混凝土浇筑时，应避免钢筋受碰撞位移，浇筑过程中，应设专人检查修整；

（4）可以在钢筋骨架中焊接定位钢筋。

5. 工程实例图片（图1.1-108）

图 1.1-108　调整内外主筋间距

1.1.51　通病名称：钢筋锚固长度不够

1. 通病现象（图1.1-109）

图 1.1-109　拉钩加工不符合要求及未绑扎固定

2. 规范标准相关规定

(1)《地下铁道工程施工质量验收标准》GB/T 50299—2018;

(2)《混凝土结构工程施工质量验收规范》GB 50204—2015;

(3)《冷轧带肋钢筋混凝土结构技术规程》JGJ 95—2011。

3. 原因分析

(1)施工人员绑扎钢筋图快,未控制好间距;

(2)偷工减料,未按规范要求弯勾角度及平直段锚固的长度;

(3)偷工减料,未按要求弯钩搭接及弯锚长度;

(4)钢筋加工尺寸有误;

(5)钢筋骨架厚度与设计图纸不符,造成勾筋长度偏大,或无法勾住两侧主筋。

4. 防治措施

(1)严格按照设计图纸配筋,钢筋下料单应经技术人员复核无误后方可进行加工;

(2)钢筋绑扎前,应用石笔、卷尺画好位置点,严格按点布置钢筋;钢筋应顺直不弯曲;

(3)确保钢筋骨架厚度尺寸,避免造成勾筋过大或偏小;

(4)确定钢筋锚固位置及长度。

5. 工程实例图片(图 1.1-110)

图 1.1-110 侧墙拉钩绑扎

1.1.52 通病名称:钢筋烧伤、焊接不饱满

1. 通病现象(图 1.1-111)

图 1.1-111 电流偏大焊缝不饱满

2. 规范标准相关规定

（1）《地下铁道工程施工质量验收标准》GB/T 50299—2018；

（2）《混凝土结构工程施工质量验收规范》GB 50204—2015；

（3）《冷轧带肋钢筋混凝土结构技术规程》JGJ 95—2011。

3. 原因分析

（1）电焊机电流偏大，烧伤钢筋，焊条型号不符合要求；

（2）烧焊工人未经培训，未持证上岗；

（3）焊渣未清理、气孔较多；

（4）焊缝宽度、厚度、长度不符合设计规范要求；

（5）同一截面内的焊接接头未相互错开。

4. 防治措施

（1）钢筋焊工应经过系统培训过，且需考试合格持证上岗；

（2）严格控制电焊机电流，严禁烧伤钢筋；

（3）做好工艺试验，钢筋的接头形式、焊接工艺、焊条型号以及质量验收符合设计规范要求。

5. 工程实例图片（图 1.1-112）

图 1.1-112 钢筋接头焊缝饱满

1.1.53 通病名称：预留外露钢筋无防锈措施

1. 通病现象（图 1.1-113）

图 1.1-113 预留钢筋长期暴露，生锈、变形

2. 规范标准相关规定

（1）《地下铁道工程施工质量验收标准》GB/T 50299—2018；
（2）《混凝土结构工程施工质量验收规范》GB 50204—2015；
（3）《冷轧带肋钢筋混凝土结构技术规程》JGJ 95—2011。

3. 原因分析

（1）预留钢筋外露时间过长，期间未采取有效保护措施；
（2）钢筋长期处在潮湿状态下，或钢筋表面沾水；
（3）钢筋受重型物体压变形。

4. 防治措施

（1）对外露预留筋表面做防锈处理；
（2）采用预料薄膜包裹钢筋，也可以起到防锈作用；
（3）表面有锈迹预留筋在施工前，应做除锈处理，增加与混凝土的包裹力。

5. 工程实例图片（图 1.1-114）

图 1.1-114　预留钢筋的保护

1.1.54　通病名称：人防预埋件遗漏吊钩

1. 通病现象（图 1.1-115）

图 1.1-115　前期遗漏预埋吊钩，后期增加

2. 规范标准相关规定

（1）《地下铁道工程施工质量验收标准》GB/T 50299—2018；

（2）《混凝土结构工程施工质量验收规范》GB 50204—2015；

（3）《人民防空工程施工及验收规范》GB 50134—2004。

3. 原因分析

（1）看图不仔细，相关图纸未结合起来看；

（2）吊钩位置未进行测量放点；

（3）预埋件未进行多级复核。

4. 防治措施

（1）人防施工前查对相关图纸，摸清预埋件类型、数量及材质；

（2）对预埋件位置应测量放点，保证位置准确；

（3）人防门框及相关预埋件施工完成后，报请人防施工、监理单位到场进行检查验收确认。

5. 工程实例图片（图 1.1-116）

图 1.1-116　预埋吊钩

1.1.55　通病名称：人防门框钢筋安装不符

1. 通病现象（图 1.1-117）

图 1.1-117　门框未布置锚筋

2. 规范标准相关规定

（1）《地下铁道工程施工质量验收标准》GB/T 50299—2018；
（2）《混凝土结构工程施工质量验收规范》GB 50204—2015；
（3）《人民防空工程施工及验收规范》GB 50134—2004。

3. 原因分析

（1）吊钩未严格按照图纸要求进行钢筋加密；
（2）人防门框勾筋数量少，且焊接质量差；
（3）门框梁钢筋与两侧墙体锚固长度不够。

4. 防治措施

（1）吊钩处应按照图纸要求进行加密处理；
（2）人防门框勾筋应按图纸要求进行布置、连接；
（3）门框梁钢筋应按图纸要求进行锚固，保证锚固长度；
（4）对图验收，多次复核。

5. 工程实例图片（图1.1-118）

图1.1-118　门框布置锚筋

1.1.56　通病名称：混凝土和易性差

1. 通病现象（图1.1-119）

图1.1-119　混凝土和易性差

2. 规范标准相关规定

（1）《地下铁道工程施工质量验收标准》GB/T 50299—2018；

（2）《混凝土结构工程施工质量验收规范》GB 50204—2015；

（3）《大体积混凝土施工标准》GB 50496—2018；

（4）《混凝土泵送施工技术规程》JGJ/T 10—2011。

3. 原因分析

（1）粗、细骨料的含泥量以及细骨料的含水率与设计的配合比有偏差；

（2）减水剂性能不稳定，质量差；

（3）拌料时，搅拌时间不足，以及混凝土运输车内有积水造成混凝土和易性不良，运输时间长，擅自加水搅拌；

（4）计量工具未检验，误差较大，计量制度不严或采用不正确的计量方法，造成配合比不准，和易性差。

4. 防治措施

（1）选用级配良好的粗骨料和细度模数适中的细骨料；选用优质粉煤灰等矿物掺合料；适当调整外加剂的引气、增稠等性能；

（2）适当增加粉煤灰掺量、选用适当砂率以及尽可能减少用水量；

（3）适当延长搅拌时间，尽可能控制坍落度；

（4）在混凝土浇筑（泵送）前，使混凝土运输罐车高速旋转，进行二次搅拌，对已经初凝的混凝土退场处理。

5. 工程实例图片（图1.1-120）

图 1.1-120　混凝土和易性较好

1.1.57　通病名称：混凝土外加剂使用不当

1. 通病现象（图1.1-121）

图 1.1-121　外加剂使用不当，初凝时间过短

2. 规范标准相关规定

（1）《地下铁道工程施工质量验收标准》GB/T 50299—2018；

（2）《混凝土结构工程施工质量验收规范》GB 50204—2015；

（3）《混凝土外加剂应用技术规范》GB 50119—2013；

（4）《大体积混凝土施工标准》GB 50496—2018；

（5）《混凝土泵送施工技术规程》JGJ/T 10—2011。

3. 原因分析

（1）未能合理选用外加剂，指标高不一定就是质量好，外加剂技术指标以满足混凝土性能要求为前提。对于搅拌站来说，最主要的是组成材料的质量稳定性和生产过程的稳定性。所以，选定了外加剂后，不能轻易改变外加剂配方。

（2）对于入库的外加剂未检测，部分搅拌站仅检测含固量、减水率、密度、净浆流动度等技术指标中的 1~2 项，很少有搅拌站进行混凝土适配试验。

（3）外加剂质量不好或使用不当会导致新拌混凝土得不到应有的工作性，如坍落度不够或过大，坍落度损失快，拌合物黏稠、发硬，或抗分离性差，凝结时间过长或过短，早期硬化过慢等。

4. 防治措施

（1）掺量准确，在施工时要准确按设计掺量掺加外加剂。如果是液体，液体浓度要准确测定；如果是粉剂，应均匀准确加入，使其误差控制在 ±2% 之内。

（2）掺加均匀，外加剂在整个拌合物中必须均匀分布，使其充分发挥作用，避免局部过浓产生不良后果。

（3）搅拌站在外加剂入库前，必须进行适配试验，以检测外加剂与其他材料的适应性。

5. 工程实例图片（图 1.1-122）

图 1.1-122 合理使用外加剂

1.1.58 通病名称：混凝土表面麻面

1. 通病现象（图 1.1-123）

图 1.1-123 混凝土外观质量麻面

2. 规范标准相关规定

（1）《地下铁道工程施工质量验收标准》GB/T 50299—2018；

（2）《混凝土结构工程施工质量验收规范》GB 50204—2015；

（3）《大体积混凝土施工标准》GB 50496—2018；

（4）《混凝土泵送施工技术规程》JGJ/T 10—2011。

3. 原因分析

（1）模板表面粗糙或黏附有水泥浆渣等杂物未清理干净，或清理不彻底，拆模时混凝被粘坏；

（2）木模板未浇水湿润或湿润不够，混凝土构件表面的水分被吸去，使混凝土失水过多而出现麻面；

（3）模板拼缝不严，局部漏浆，使混凝土表面沿模板缝位置出现麻面；

（4）模板隔离剂涂刷不匀，或局部漏刷或隔离剂变质失效，拆模时混凝土表面与模板粘结，造成麻面；

（5）混凝土未振捣密实，气泡未排出，停留在模板表面形成麻点；

（6）拆模过早，使混凝土表面的水泥浆粘在模板上，也会产生麻面。

4. 防治措施

（1）板表面应清理干净，不得粘有干硬水泥砂浆等杂物；

（2）浇筑混凝土前，模板应浇水充分湿润，并清扫干净；

（3）模板拼缝应严密，如有缝隙，应用油毡纸、塑料条、纤维板或腻子堵严；

（4）模板隔离剂应选用长效的，涂刷要均匀，并防止漏刷；

（5）混凝土应分层均匀振捣密实，严防漏振，每层混凝土均应振捣至排除气泡为止；

（6）拆模不应过早。

5. 工程实例图片（图1.1-124）

图 1.1-124　混凝土外观控制质量较好

1.1.59　通病名称：混凝土表面露筋

1. 通病现象（图1.1-125）

2. 规范标准相关规定

（1）《地下铁道工程施工质量验收标准》GB/T 50299—2018；

（2）《混凝土结构工程施工质量验收规范》GB 50204—2015；

图 1.1-125　混凝土表面出现孔洞露筋

（3）《大体积混凝土施工标准》GB 50496—2018；

（4）《混凝土泵送施工技术规程》JGJ/T 10—2011。

3. 原因分析

（1）浇筑混凝土时，钢筋保护层垫块位移，或垫块太少甚至漏放，致使钢筋下坠或外移紧贴模板面外露；

（2）结构、构件截面小，钢筋过密，石子卡在钢筋上，使水泥砂浆不能充满钢筋周围，造成露筋；

（3）混凝土配合比不当，产生离析，靠模板部位缺浆或模板严重漏浆；

（4）混凝土保护层太小或保护层处混凝土漏振，或振捣棒撞击钢筋或踩踏钢筋，使钢筋位移，造成露筋；

（5）木模板未浇水湿润，吸水粘结或脱模过早，拆模时缺棱、掉角，导致露筋；

（6）混凝土和易性差，振捣不均匀。

4. 防治措施

（1）浇筑混凝土，应保证钢筋位置和保护层厚度正确，并加强检查，发现偏差，及时纠正。

（2）钢筋密集时，应选用适当粒径的石子。石子最大颗粒尺寸不得超过结构截面最小尺寸的1/4，同时不得大于钢筋净距的3/4。截面较小钢筋较密的部位，宜用细石混凝土浇筑。

（3）混凝土应保证配合比准确和良好的和易性。

（4）浇筑高度超过2m，应用串筒或溜槽下料。

（5）模板应充分湿润并认真堵好缝隙。

（6）混凝土振捣时严禁撞击钢筋，在钢筋密集处，可采用直径较小或带刀片的振动棒进行振捣；保护层处混凝土要仔细振捣密实；避免踩踏钢筋，如有踩踏或脱扣等应及时调直纠正。

（7）拆模时间要根据试块试压结果正确掌握，防止过早拆模，损坏棱角。

5. 工程实例图片（图1.1-126）

图1.1-126 混凝土表面控制较好

1.1.60 通病名称：混凝土表面蜂窝

1. 通病现象（图 1.1-127）

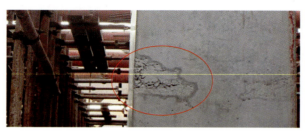

图 1.1-127　混凝土出现蜂窝现象

2. 规范标准相关规定

（1）《地下铁道工程施工质量验收标准》GB/T 50299—2018；
（2）《混凝土结构工程施工质量验收规范》GB 50204—2015；
（3）《大体积混凝土施工标准》GB 50496—2018；
（4）《混凝土泵送施工技术规程》JGJ/T 10—2011。

3. 原因分析

（1）混凝土配合比不当，或砂、石子、水泥材料计量错误，加水量不准确，造成砂浆少、石子多。

（2）混凝土搅拌时间不足，未拌均匀，和易性差，振捣不密实；混凝土下料不当，一次下料过多或过高，未设串筒，使石子集中，造成石子与砂浆离析。

（3）混凝土未分层分段下料，振捣不实或靠近模板处漏振，或使用干硬性混凝土，振捣时间不够；或下料与振捣未很好配合，未及时振捣就下料，因漏振而造成蜂窝。

（4）模板缝隙未堵严，振捣时水泥浆大量流失；或模板未支牢，振捣混凝土时模板松动或位移，或振捣过度造成严重漏浆。结构构件截面小，钢筋较密，使用的石子粒径过大或坍落度过小，混凝土被卡住，造成振捣不实。

4. 防治措施

（1）认真设计并严格控制混凝土配合比，加强检查，保证材料计量准确。

（2）混凝土应拌合均匀，其搅拌延续时间应符合要求，坍落度应适宜。

（3）混凝土下料高度如超过 2m，应设串筒或溜槽。

（4）浇筑应分层下料，分层捣固，并防止漏振。

（5）混凝土浇筑宜采用带浆下料法或赶浆捣固法。

（6）混凝土每点的振捣时间，根据混凝土的坍落度和振捣有效作用半径确定。合适的振捣时间一般是：当振捣到混凝土不再显著下沉出现气泡和混凝土表面出浆呈水平状态，并将模板边角填满密实即可。

（7）模板缝应堵塞严密。浇筑混凝土过程中，要经常检查模板、支架、拼缝等情况，发现模板变形、走动或漏浆，应及时修复。

5. 工程实例图片（图 1.1-128）

图 1.1-128　混凝土外观控制较好

1.1.61　通病名称：混凝土表面孔洞

1. 通病现象（图 1.1-129）

图 1.1-129　混凝土表面出现小孔洞

2. 规范标准相关规定
（1）《地下铁道工程施工质量验收标准》GB/T 50299—2018；
（2）《混凝土结构工程施工质量验收规范》GB 50204—2015；
（3）《大体积混凝土施工标准》GB 50496—2018；
（4）《混凝土泵送施工技术规程》JGJ/T 10—2011。

3. 原因分析
（1）在钢筋较密的部位或预留孔洞和埋设件处，混凝土下料被搁住，未振捣就继续浇筑上层混凝土，而在下部形成孔洞；
（2）混凝土离析、砂浆分离，石子成堆，严重跑浆，又未进行振捣，从而形成特大的孔洞；
（3）混凝土一次下料过多、过厚或过高，振捣器振动不到，形成松散孔洞；
（4）混凝土内掉入工具、木块、泥块等杂物，混凝土被卡住。

4. 防治措施
（1）在钢筋密集处及复杂部位，采用细石混凝土浇筑细振捣密实，必要时，辅以人工捣实。

（2）预留孔洞、预埋铁件处应在两侧同时下料，下部浇筑应在侧面加开浇灌口下料；振捣密实后再封好模板，继续往上浇筑，防止出现孔洞，采用正确的振捣方法，防止漏振。

（3）控制好下料，混凝土自由倾落高度不应大于 2m，大于 2m 时应采用串筒或溜槽下料，以保证混凝土浇筑时不产生离析。

（4）砂石中混有黏土块、模板、工具等杂物吊入混凝土内，应及时清除干净。

5. 工程实例图片（图 1.1-130）

图 1.1-130　混凝土外观控制较好

1.1.62　通病名称：墙、柱根部烂脚

1. 通病现象（图 1.1-131）

图 1.1-131　混凝土柱、墙根部出现烂脚

2. 规范标准相关规定

（1）《地下铁道工程施工质量验收标准》GB/T 50299—2018；

（2）《混凝土结构工程施工质量验收规范》GB 50204—2015；

（3）《大体积混凝土施工标准》GB 50496—2018；

（4）《混凝土泵送施工技术规程》JGJ/T 10—2011。

3. 原因分析

（1）混凝土水灰比过大时，浆石易产生离析，由于混凝土浆液的浮力降低，混凝土在振动棒的振动作用下，浆石不能重新均匀地布置，而是石子往底部沉淀，浆液上浮，形成了烂根；

（2）墙根部施工缝混凝土不平或柱子与楼板面不平，漏浆而造成烂根；

（3）入模高度过大，混凝土浆石分离造成烂根；

（4）施工缝接模不平顺、漏浆；另外接缝细部处理不到位。

4. 防治措施

（1）调整混凝土的水灰比，使混凝土内的浆液稠度增大，保证在振动过程中混凝土内的浆液对石子有合适的浮力，使入模的混凝土浆液和石子重新均匀布置、混凝土内的砂浆能充满模壳的所有空间，达到消除因混凝土水灰比过大而产生烂根的目的。

（2）浇筑楼层或施工缝混凝土时，严格按标高控制现浇板或施工缝的平整度。

（3）设法降低混凝土入模的高度，可采用串筒入模法；先在底部铺 5～10cm 厚的与混凝土同强度等级的去石（或去半石）砂浆。

（4）接缝模板安装平顺，必要时加装密封条。

5. 工程实例图片（图 1.1-132）

图 1.1-132　混凝土控制较好

1.1.63　通病名称：混凝土中间有缝隙、夹层

1. 通病现象（图 1.1-133）

图 1.1-133　混凝土表面出现夹层

2. 规范标准相关规定

（1）《地下铁道工程施工质量验收标准》GB/T 50299—2018；
（2）《混凝土结构工程施工质量验收规范》GB 50204—2015；
（3）《大体积混凝土施工标准》GB 50496—2018；
（4）《混凝土泵送施工技术规程》JGJ/T 10—2011。

3. 原因分析

（1）施工缝或后浇缝带，未经接缝处理，将表面水泥浆膜和松动石子清除掉，或未将软弱混凝土层及杂物清除，并充分湿润，就继续浇筑混凝土。

（2）大体积混凝土分层浇筑，在施工间歇时，施工缝处掉入锯屑、泥土、木块、砖块等杂物，未认真检查清理或未清除干净，就浇混凝土，使施工缝处成层夹有杂物。

（3）混凝土浇筑高度过大，未设串筒、溜槽下料，造成底层混凝土离析。

（4）底层交接处未灌接缝砂浆层，接缝处混凝土未很好振捣密实或浇筑混凝土接缝时，留槎或接槎时振捣不足。

4. 防治措施

（1）认真按施工验收规范要求处理施工缝及后浇缝表面；接缝处的锯屑、木块、泥土，砖块等杂物必须彻底清除干净，并将接缝表面洗净。

（2）混凝浇筑高度大于 2m 时，应设串筒或溜槽下料。

（3）缝隙夹层不深时，可将松散混凝土凿去，洗刷干净后，用 1:2 或 1:2.5 水泥砂浆强力填嵌密实。

（4）缝隙夹层较深时，应清除松散部分和内部夹杂物，用压力水冲洗干净后支模，强力灌细石混凝土捣实，或将表面封闭后进行压浆处理。

5. 工程实例图片（图 1.1-134）

图 1.1-134　混凝土表面外观质量佳

1.1.64 通病名称：混凝土表面出现裂缝

1. 通病现象（图 1.1-135）

图 1.1-135　混凝土表面出现裂缝

2. 规范标准相关规定

（1）《地下铁道工程施工质量验收标准》GB/T 50299—2018；

（2）《混凝土结构工程施工质量验收规范》GB 50204—2015；

（3）《大体积混凝土施工标准》GB 50496—2018；

（4）《混凝土泵送施工技术规程》JGJ/T 10—2011。

3. 原因分析

（1）表面温度裂缝，多由于温度较大引起，如冬季施工过早拆除模板、保温层，或受到寒潮袭击，导致混凝土表面急剧的温度变化而产生较大的降温收缩，受到内部混凝土的约束，产生较大的拉应力，而使表面出现裂缝。

（2）混凝土浇筑振捣后，粗骨料沉落，挤出水分、空气，表面呈现泌水，而形成竖向体积缩小沉落。这种沉落受到钢筋、预埋件、模板、大的粗骨料以及先期凝固混凝土的局部阻碍或约束，或混凝土本身各部相互沉降量相差过大而造成裂缝。

（3）混凝土成型后，养护不当，受到风吹日晒，表面水分散失快，体积收缩大，而内部湿度变化很小，收缩也小，因而表面收缩变形受到内部混凝土的约束，出现拉应力，引起混凝土表面开裂。

（4）复合墙中，容易产生结构裂纹。

4. 防治措施

（1）预防表面裂缝，可控制构件内外不出现过大温差；浇灌混凝土后，应及时用草帘或草袋覆盖，洒水养护；在冬期混凝土表面应采取保温措施，不过早拆除模板和保温层；对薄壁构件，适当延长拆模时间，使之缓慢降温；拆模时块体中部和表面温差不宜大于 25℃，以防急剧冷却造成的表面裂缝；地下结构混凝土拆模后要及时回填。

（2）夏天浇筑混凝土，要控制入模温度，控制水化热产生收缩裂纹。

（3）采用良好的减水剂，降低水灰比。

（4）车站侧墙施工要分段跳仓，浇筑混凝土分层振捣，淋水养护到位。

5. 工程实例图片（图1.1-136）

图1.1-136 混凝土养护

1.1.65 通病名称：顶板混凝土表面出现裂缝

1. 通病现象（图1.1-137）

图1.1-137 混凝土表面出现裂缝

2. 规范标准相关规定
（1）《地下铁道工程施工质量验收标准》GB/T 50299—2018；
（2）《混凝土结构工程施工质量验收规范》GB 50204—2015；
（3）《大体积混凝土施工标准》GB 50496—2018；
（4）《混凝土泵送施工技术规程》JGJ/T 10—2011。

3. 原因分析
（1）施工单位模板支撑体系投入不够。上层顶板混凝土浇筑前早已将下一层的支撑体系拆除（严重违规）。
（2）荷载超标。而上层模板、钢管支架、钢筋、未凝固的混凝土、振捣及下料冲击荷载，大大超过设计承载力。
（3）拆模过早或过早堆载。

4. 防治措施

（1）加强混凝土早期养护，浇灌完的混凝土要及时养护，防止干缩，冬季施工期间要及时覆盖养护，防止冷缩裂缝产生。

（2）加强施工管理，混凝土施工时应结合实际条件，采取有效措施，确保混凝土的配合比、坍落度等符合规定的要求并严格控制外加剂的使用，同时应避免混凝土早期受到冲击。增加结构支撑体系。

（3）严格控制拆除承重底模的时间，控制楼面堆载。

5. 工程实例图片（图 1.1-138）

图 1.1-138 混凝土养护

1.1.66 通病名称：混凝土强度不足

1. 通病现象（图 1.1-139）

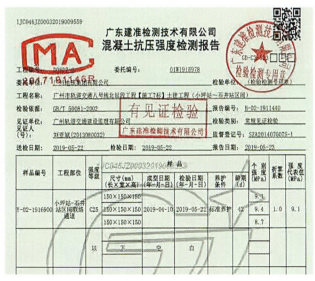

图 1.1-139 混凝土强度低于设计控制值

2. 规范标准相关规定

（1）《地下铁道工程施工质量验收标准》GB/T 50299—2018；

（2）《混凝土结构工程施工质量验收规范》GB 50204—2015；

（3）《大体积混凝土施工标准》GB 50496—2018；

（4）《混凝土强度检验评定标准》GB/T 50107—2010；

（5）《回弹法检测混凝土抗压强度技术规程》JGJ/T 23—2011。

3. 原因分析

（1）水泥过期或受潮，活性降低；砂石集料级配不好，空隙大含泥量高，杂物多；外加剂使用不当掺量不准确。

（2）混凝土配合比不当，计量不准；施工中随意加水，使水灰比增大。

（3）混凝土加料顺序颠倒，搅拌时间不够拌不匀；冬期施工，拆模过早或早期受冻；

（4）混凝土试块制作未振捣密实，养护管理不善，或养护条件不符合要求，在同条件养护时，过早脱水或受外力砸坏。

（5）商品混凝土质量不稳定，富余系数偏低，导致混凝土到龄期后低于设计值。

4. 防治措施

（1）水泥应有出厂合格证，新鲜无结块，过期水泥经试验合格才用；砂、石粒径、级配、含泥量应符合要求；严格控制混凝土配合比，保证计量准确；混凝土应按顺序拌制，保证搅拌时间和拌匀；按施工规范要求认真制作混凝土试块，并加强对试块的管理和养护。

（2）当混凝土强度偏低，可用非破损方法，如回弹仪法、超声波法来测定结构混凝土实际强度，若仍不能满足要求，可按实际强度校核结构的安全度，研究处理方案，采取相应夹固或补强措施。

5. 工程实例图（图 1.1-140）

图 1.1-140　进行实体回弹检测

1.1.67 通病名称：回填土材料不符合要求

1. 通病现象（图1.1-141）

2. 规范标准相关规定

（1）《地下铁道工程施工质量验收标准》GB/T 50299—2018；

（2）《建筑地基基础工程施工质量验收标准》GB 50202—2018。

3. 原因分析

（1）回填土土源未经验收；

（2）用于回填的材料与设计要求不符；

（3）采用淤泥和淤泥质土、膨胀土、有机质物含量大于8%的土、含水溶性硫酸盐大于5%的土、含水量不符合压实要求的黏性土等无法保证填方的强度和稳定性的土；

（4）采用未经处理的建筑垃圾，没有分层压实。

图1.1-141 回填土材料不符合要求

4. 防治措施

（1）回填土的土源地、进场回填材料应进行验收，并符合设计要求。

（2）当设计无要求时，应可采用以下材料回填：

1）优先利用基坑中挖出的优质土，回填土内不得含有有机杂质，粒径不应大于50mm，含水量应符合压实要求。

2）不含有机杂质的石屑，分层压实。

3）采用碎石、砂土（使用细砂、粉砂时应取得设计单位同意）和爆破石碴回填。

4）含水量符合压实要求的黏性土。

5）无压实要求的填方时，可用碎块草皮和有机含量大于8%的黏性土。

6）除淤泥和淤泥质土、含有机质的生活垃圾土、流动状态的泥炭土和有机质含量大于8%的黏性土等之外的土。

5. 工程实例图片（图1.1-142）

图1.1-142 选用优质土回填

1.1.68 通病名称：回填土密实度达不到设计要求

1. 通病现象（图 1.1-143）

图 1.1-143　土方未分层回填

2. 规范标准相关规定

（1）《地下铁道工程施工质量验收标准》GB/T 50299—2018；

（2）《建筑地基基础工程施工质量验收标准》GB 50202—2018。

3. 原因分析

（1）填方土料不符合要求，采用了碎块草皮、有机质含量大于 8% 的土及淤泥、淤泥质土和杂填土等做填料；

（2）土的含水率过大或过小，因而达不到最优含水率下的密实度要求；

（3）填土厚度过大或压（夯）实遍数不够，或机械碾压行驶速度太快；

（4）碾压或夯实机具能量不够，达不到影响深度要求，使密实度降低。

4. 防治措施

（1）控制回填土材料，确保回填料符合设计要求。

（2）根据工程性质确定填土的密实度，一般用土的压实系数换算为干密度来控制。

（3）根据回填土料、压实作业机械性能，现场试验确定回填土最佳含水量、每层铺土厚度、压（夯）实遍数、机械行驶速度，严格进行水平分层回填、压（夯）实。

（4）加强对回填土料含水量、回填土干密度的现场检验，认真监控施工操作质量，及时进行检验取样。

（5）达不到密实度的，如因土料不合要求，应及时挖除换土，或者掺入石灰、碎石等夯实加固。如因含水量过大所致，可翻松晾晒、风干，或均匀掺入干土等吸水材料，重新碾压夯实；如因含水量小，可采用增加夯实遍数处理。

5. 工程实例图片（图 1.1-144）

图 1.1-144　分层回填、分层碾压

1.1.69 通病名称：填方出现弹性土（俗称"橡皮土""弹簧土"）

1. 通病现象（图 1.1-145）

图 1.1-145　弹性土

2. 规范标准相关规定

（1）《地下铁道工程施工质量验收标准》GB/T 50299—2018；

（2）《建筑地基基础工程施工质量验收标准》GB 50202—2018。

3. 原因分析

没采用合格的原材，主要是使用了含水量比较大回填料，如腐殖土以及泥炭土或者黏土、亚黏土等回填。

4. 防治措施

（1）控制填土的含水量在施工规范要求含水量之内。

（2）选用透水性良好的矿质黏土或亚黏土回填。

（3）已经局部形成的弹簧土，应挖出后按施工规范要求重新换土回填。

（4）回填前做好基底清理，清除基坑内的垃圾，树根等杂物，以及积水、淤泥等，完善现场施工排水措施。

（5）对于已形成的弹性土，如果土方量很小，可挖掉，换用砂土、灰土（比例可为 2 : 8 或 3 : 7，但雨、冬季不宜用灰土，避免造成灰土水泡，冻胀等）回填。如果面积较大，可用干土、石灰、碎砖等吸水材料填入橡皮土内，也可把橡皮土挖出来，晾晒后回填。

5. 工程实例图片（图 1.1-146）

图 1.1-146　弹性土换填

1.1.70 通病名称：回填土沉陷或冻胀

1. 通病现象（图 1.1-147）

图 1.1-147　回填土沉陷致台阶损坏

2. 规范标准相关规定

（1）《地下铁道工程施工质量验收标准》GB/T 50299—2018；

（2）《建筑地基基础工程施工质量验收标准》GB 50202—2018。

3. 原因分析

（1）回填基底的积水、杂物未清除就回填，或基础两侧用松土回填，未经分层夯实，或槽边松土落入基坑，夯填前未认真进行处理，回填后土受到水的浸泡产生沉陷；

（2）回填基底宽度较窄，采用手夯、小型机械夯实，达不到要求的密实度；

（3）回填土料中夹有大量的土块，或采用含水量大的黏性土、淤泥质土、碎块草皮作土料，回填质量不合要求；

（4）回填时采用泡水沉实，含水量大，密实度达不到要求；

（5）台阶、绿化区域下回填土未分层回填夯实，造成构筑物混凝土垫层因基层下沉而开裂，地表雨水通过裂缝渗入填土中，使填土含水量加大甚至饱和，北方冬季低温下引起冻胀。

4. 防治措施

（1）回填前，将回填区域中的积水排净，清理干净基底的垃圾、松土、杂物等。

（2）回填土采取严格分层回填、夯实，按现场试验严格控制每层虚铺土厚度、回填土料质量和含水量，按规定抽样检查回填土密实度，确保回填质量符合要求。

（3）控制回填土土料质量，一般土料中不得含有大于 50mm 直径的土块，不应有较多的干土块。

（4）严禁采用泡水沉实法的方法回填土方。

（5）对于因回填土沉陷造成地面及构筑物空鼓的，如混凝土垫层尚未破坏，可填入碎石，侧向挤压捣实；如垫层已经裂缝破坏，则应视损坏程度进行返工。

（6）认真做好台阶、绿化区域下的回填，在靠近台阶、绿化区域的混凝土垫层处，可采用 300～600mm 厚级配砂石的代替土方，以减少沉陷，消除冻胀。

（7）如台阶、绿化区域的要求较高，可混凝土垫层中适当增加钢筋网构造配筋，以避免开裂。

5. 工程实例图片（图 1.1-148）

图 1.1-148　分层回填，认真做好台阶等处碾压夯实

1.1.71　通病名称：场地积水

1. 通病现象（图 1.1-149）

图 1.1-149　回填区域积水

2. 规范标准相关规定

（1）《地下铁道工程施工质量验收标准》GB/T 50299—2018；

（2）《建筑地基基础工程施工质量验收标准》GB 50202—2018。

3. 原因分析

（1）填土面积较大或较深时，未分层回填压实，或碾压机械能量不足，造成土的密实度不均匀或不够，遇水产生不均匀下沉造成积水；

（2）场地周围未做排水沟，或场地排水坡度不足或不符合设计要求；

（3）施工测量不认真或测量错误，使场地标高不符合设计要求，坑洼不平。

4. 防治措施

（1）回填的同时，按设计要求在场地周围、场地内做好场地排水设施，设置排水沟（截水沟）并确保截面、排水坡符合设计要求；

（2）对场地内的填土进行认真分层回填碾压，使回填土密实度不低于设计要求；

（3）认真做好测量的复核和找平工作，防止出现标高误差；

（4）场地内已积水的，应根据造成积水原因立即采取相应措施排除积水，避免再次积水。

5. 工程实例图片（图1.1-150）

图 1.1-150　回填区域无积水

1.2 暗挖法隧道工程

1.2.1 超欠挖严重

1. 通病现象

隧道爆破开挖后围岩不完整，凹凸不平，大面积侵入衬砌轮廓线，或超挖围岩面至轮廓线距离超出 25cm 以上（图1.2-1、图1.2-2）。

图 1.2-1　超欠挖严重（残眼率几乎为零）　　图 1.2-2　局部超挖严重

2. 标准规范相关规定

《公路隧道施工技术规范》JTG F60—2009

6.3.1　应严格控制超欠挖。拱脚、墙脚以上 1m 范围内断面严禁欠挖。

6.3.2　应尽量减少超挖，不同围岩地质条件下的允许超挖值规定见表6.3.2。

平均和最大允许超挖值（mm） 表6.3.2

项目		规定值或允许偏差	检查方法和频率
拱部	破碎岩、土（Ⅳ、Ⅴ级围岩）	平均100、最大150	水准仪和断面仪；每20m一个断面
	中硬岩、软岩（Ⅱ、Ⅲ、Ⅳ级围岩）	平均150、最大250	
	硬岩（Ⅰ级围岩）	平均100、最大200	
边墙	每侧	+100、-0	尺量：每20m检查1处
	全宽	+200、-1	
仰拱、隧底		平均100，最大250	水准仪：每20m检查3处

6.3.3 隧道开挖轮廓应按设计要求预留变形量，预留变形量大小宜根据监控量测信息进行调整。

6.3.4 超挖部分必须回填密实。

6.4.5 钻眼完成后，应按炮眼布置图进行检查并做好记录，不符合要求的炮眼应重钻，经检查合格后才能装药。

3．原因分析

（1）设计原因

地质勘查数据不准确，设计围岩类别与实际不符。

（2）施工原因

1）现场围岩地质情况与设计不符时，未及时调整爆破参数；

2）现场未严格按照爆破设计方案进行布眼，周边眼间距过大，分布不均匀；

3）循环进尺过大，钻孔外插大，大药量起爆造成超挖；

4）爆破工责任心不强，未按照钻爆设计的装药结构、装药量和导爆管的段数进行装药。起爆网络连接有问题，个别位置未起爆；

5）开挖轮廓线放样不准确。

4．预防措施

（1）设计措施

1）严格按照设计规范规定的地勘作业量做足、做够隧道正线上方的地质探孔，地质复杂地区还应加密探孔，以便为隧道结构设计提供详细可靠的地质资料，使施工单位在编制施工方案组织施工时有的放矢。

2）加强超前地质预报工作，对掌子面前方地质情况进行准确预判，及时调整开挖进尺、爆破方法、装药结构等。

（2）施工措施

1）严格按设计要求的循环进尺开挖，合理确定炮孔深度，控制装药量，保证起爆顺序。

2）根据不同的围岩制定相应的爆破方案，同时现场施工管理人员应根据爆破的实际效果及时对爆破方案进行适当的调整优化，增强光爆效果。

3）测量工作至少要一个有经验有责任心的负责人员，根据测量情况画出开挖轮廓线，同时项目部测量组要经常对开挖断面进行复测，防止出错。

4）在满足技术经济要求的额情况下，应优先考虑采用操作简单，进度高，有良好性能的钻孔机械、测量仪器及爆破器材；将有经验或司钻控制较好的开挖人员安排到钻周边眼，周边眼影响开挖轮廓线，决定光爆效果。

5）对经常超欠挖部位进行原因分析，及时调整钻眼方向、部位及装药量等措施及时消除。过大的欠挖或未爆掉部分应及时处理，防止影响下一个循环。

5. 治理措施

（1）使用机械对欠挖部分进行凿除，当大面积欠挖时进行二次爆破开挖；

（2）对超挖严重部位挂网并喷射混凝土填充。

6. 工程实例照片（图 1.2-3）

图 1.2-3　光面爆破效果

1.2.2　初支表面不平整、空洞

1. 通病现象

（1）初支表面不平整，掉块严重，钢架保护层厚度不足（图 1.2-4）；

（2）隧道初支端头可见初支混凝土与围岩间存在较大空隙（空洞）（图 1.2-5）；

（3）初支敲击出现空响或钻孔验证时出现钻头突进现象。

图 1.2-4　隧道初支不平整、掉块、钢拱架外露　　图 1.2-5　隧道初支背后空洞

2. 规范标准相关规定

（1）相关设计规范

1)《公路隧道设计规范》JTG D7—2004

8.2.1 喷射混凝土厚度不应小于50mm，不宜大于300mm。

8.2.15 钢架支护的一般规定：

5 钢架与围岩之间的混凝土保护层厚度不应小于40mm；临空一侧的混凝土保护层厚度不应小于20mm。

2)《地铁设计规范》GB 50157—2013

11.6.6 矿山法施工的结构设计应符合下列规定：

2 土质隧道应采用较大的初期支护刚度，并注意及时施作二次衬砌。

3)《岩锚杆与喷射混凝土支护工程技术规范》GB 50086—2015

6.3.11 喷射混凝土中钢筋网的设计应符合下列规定：

2 钢筋网间距宜为150mm至300mm；

3 当喷射混凝土层设计厚度大于150mm，宜设计双层钢筋网。

（2）相关施工规范

1)《地下铁道工程施工质量验收标准》GB/T 50299—2018

7.5.5 开挖断面超挖允许值应符合表7.5.5规定。

开挖断面超挖允许值（mm） 表7.5.5

隧道开挖部位	岩层分类						土层和不需要爆破的岩层	
	爆破岩层							
	硬岩		中硬岩		软岩		平均	最大
	平均	最大	平均	最大	平均	最大		
拱部（mm）	100	200	150	250	150	250	100	150
边墙及仰拱（mm）	100	150	100	150	100	150	100	150

检验数量：每开挖一循环检查一次。

检验方法：采用激光断面仪、全站仪、经纬仪量测周边轮廓断面，绘断面图与设计文件规定的断面核对。

7.7.10 喷射混凝土的配合比应符合设计文件要求。

检验数量：对同强度等级、同性能混凝土检查一次。

检验方法：检查配合比试验报告。

7.7.11 喷射混凝土的强度应符合设计文件要求。用于检查喷射混凝土强度的试件，可采用喷大板切割制取。

检验数量：对同一配合比，区间或小于其断面的结构，每20m拱和墙各取一组抗压试件，车站各取两组。

检验方法：检查混凝土强度试验报告。

7.7.12 当设计文件要求为抗渗混凝土时,应留置抗渗压力试件。

检验数量:区间结构,每40m取1组。

检验方法:检查混凝土抗渗压力试验报告。

7.7.16 喷射混凝土应密实、平整,应无裂缝、脱落、漏喷、漏筋、空鼓、渗漏水等现象。平整度允许偏差为30mm,且矢弦比不应大于1/6。

检验数量:全部检查

检验方法:观察检查,2m靠尺检查。

2)《公路隧道施工技术规范》JTG F60—2009

8.2.2 喷射混凝土配合比,应通过实验确定并满足设计强度和喷射工艺要求;

8.3.3 喷射混凝土作业应符合下列规定:

1 当喷射作业分层进行时,后一层喷射应在前一层混凝土终凝后进行;

8.8.5 钢架与围岩之间的间隙应用喷射混凝土填充密实。喷射混凝土应由两侧拱脚向上对称喷射,并将钢架覆盖,临空一侧的喷射混凝土保护层厚度应不小于20mm。

3)《地下工程防水技术规范》GB 50108—2008

8.5.2 锚喷支护用作工程内衬墙时,应符合下列规定:

3 喷射混凝土的厚度应大于80mm,对地下工程变截面及轴线转折点的阳角部位,应增加50mm以上的喷射混凝土。

4)《岩土锚杆与喷射混凝土支护工程技术规范》GB 50086—2015

6.4.11 喷射作业应符合下列规定:

1 喷射作业应分段分片进行,喷射顺序应由上而下;

4 喷嘴指向与受喷面应保持90°夹角;

5 喷嘴与受喷面的距离不宜大于1.5m

3. 分析原因

(1)设计原因

1)设计喷射混凝土选用的强度不足;

2)设计喷射混凝土厚度超过150mm时,未设计采用钢筋网(双层钢筋网)。

(2)施工原因

1)隧道超欠挖严重,围岩壁起伏较大,立架前未进行初喷;

2)喷射手技术不熟练,风压过大或过小,喷射角度、距离不合适,喷射轨迹不均匀;

3)当边墙厚度大于100mm,拱顶厚度大于60mm时,未分层喷射,一次性喷射厚度过大,导致掉块;

4)开挖爆破作业距离喷射混凝土终凝时间不到3h,导致喷射混凝土掉块脱落;

5)未对岩面明显出水点进行处理;

6)局部钢筋网密度过大,导致背后空洞。

(3)材料原因

1）速凝剂不合格,导致初凝、终凝时间过长,造成掉块脱落;

2）细集料砂率过小或粗集料粒径过大导致回弹量增加;

3）喷射混凝土配合比不合理,和易性差。

4．预防措施

（1）设计措施

1）根据现场情况及时调整混凝土强度设计参数;

2）在部分施工困难部位增加锚杆、钢筋网支护。

（2）施工措施

1）优化爆破设计,调整光面爆破参数,提高炮孔残余率,控制超欠挖;立架前对围岩壁进行初喷作业;

2）对操作工人进行技术培训,提高技术操作水平;

3）严格按照方案、交底要求控制喷射工艺;

4）严格按照规范要求控制喷射混凝土与爆破作业工序间隔时间;

5）当岩面有明显出水点时,应埋设导管排水。

（3）材料措施

保证原材料的质量,优化喷射混凝土配合比。

5．治理措施

（1）对问题部位进行补喷或凿除作业,确保初支表面平整度复核规范及设计要求;

（2）对初支背后超挖较大或掉块溜坍形成空腔较大部位以及初期支护已施工完脱空范围较大或脱空深度较深处,在初期支护喷混凝土完成后埋管泵送流动性较大的C20混凝土回填吹沙处理,合格后方可进行下道工序;

（3）脱空深度较小或仅仅是混凝土和围岩之间有少量间隙,采用钻孔利用注浆机向脱空处压注水泥砂浆的方法对脱空或孔隙进行处理;

（4）局部喷射混凝土不密实部位或存在少量空隙部位,凿除后挂网补喷。处理完成后,采用打孔验证或地质雷达进行检测直至密实为止。

6．工程实例图片（图 1.2-6）

图 1.2-6　补喷后的初支表面

1.2.3 仰拱虚渣、钢架安装不规范

1. 通病现象

（1）仰拱超挖严重，拱底虚渣未清理干净；

（2）仰拱未按设计要求进行初喷，钢架安装偏位，焊缝不饱满，螺栓缺失（图1.2-7）。

图 1.2-7　仰拱虚渣、钢架不按设计要求安装

2. 标准规范相关规定

（1）相关设计规范

1)《公路隧道设计规范》JTG D70—2004

8.2.15　钢架支护的一般规定

1　钢架支护必须有足够的刚度和强度，能够承受隧道施工期间可能出现的荷载；

4　钢架应分节段制作，节段与节段之间通过钢板用螺栓连接或焊接；

5　钢架与围岩之间的混凝土保护层厚度不应小于40mm；

2)《钢结构设计标准》GB 50017—2017

11.1.5　钢结构焊接连接构造设计应符合下列规定：

1　尽量减少焊缝的数量和尺寸；

2　焊缝的布置宜对称于构件截面的形心轴；

3　节点区留有足够空间，便于焊接操作和焊接检测；

4　应避免焊接缝密集和双向、三向相交；

5　焊缝位置宜避开最大应力区；

6　焊缝连接宜选择等强匹配；当不同强度的钢材连接时，可采用与低强度钢材相匹配的焊接材料。

（2）相关施工规范

1)《公路隧道施工技术规范》JTG F60—2009

8.5.1　钢架必须具有足够的强度和刚度，采用的钢架类型应满足设计要求；

8.5.3　钢架加工应符合下列规定：

1　钢架加工尺寸，应符合设计要求，其形状应与开挖断面相适应；

8.5.4 钢架安装应符合下列规定：

1 钢架拱脚必须放在牢固的基础上。应清除底脚下的虚渣及其他杂物，脚底超挖部分应用喷射混凝土填充；

2 钢架应分阶段安装，节段与节段之间应按设计要求连接。连接钢板平面应与钢架轴线垂直，两块连接钢板间采用螺栓和焊接连接，螺栓不应少于4颗；

4 钢架应垂直于隧道中线，竖向不倾斜、平面不错位，不扭曲。上、下、左、右允许偏差 ±50mm，钢架倾斜度应小于2°。

2)《地下铁道工程施工质量验收标准》GB/T 50299—2018

7.10.8 钢架安装允许偏差和检验数量应符合表7.10.8规定。

钢架安装允许偏差和检验数量　　　　表7.10.8

检验项目	允许偏差	检验数量	
		范围	点数
钢架纵向	±50mm	每榀钢架	3
钢架横向	±30mm		3
高程偏差	±30mm		2
垂直度	1°		3

3. 原因分析

（1）设计原因

1）设计未对拱底虚渣清理进行详细要求；

2）未对钢架节点进行要求，造成现场随意分节。

（2）施工原因

1）现场执行方案交底不到位，钢架未按设计要求分节段，钢架节段间连接未按要求使用钢板；

2）仰拱超挖严重，拱底虚渣未清理，局部坑洼未使用喷射混凝土回填，造成拱底不平顺，钢架安装倾斜、错位、扭曲，安装偏差较大；

4. 预防措施

（1）设计措施

1）对各衬砌类型钢架节段节点做明确要求，不允许随意分段；

2）对拱底虚渣做明确界定，并提出处理要求。

（2）施工措施

1）钢架半成品必须严格按设计要求加工并试拼检查合格后方可使用；

2）优化仰拱开挖爆破参数，控制拱底超欠挖；

3）拱底虚渣必须全部清理，局部凸起应凿除，凹陷应使用喷射混凝土回填；

4）钢架安装应符合规范及设计要求，定位准确，线型顺直，使用高强度螺栓连接；

5. 治理措施

拆除已安装钢架，清理拱底虚渣，使用喷射混凝土进行初喷平整拱底后重新安装钢架。钢架间通过钢板使用高强度螺栓连接，定位准确，线型顺直。

6. 工程实例照片（图 1.2-8、图 1.2-9）

图 1.2-8　仰拱虚渣清理

图 1.2-9　仰拱钢架安装及喷射混凝土施工

1.2.4　二衬与初支脱空

1. 通病现象

（1）敲击有空响或空鼓回音；

（2）无损检测反映混凝土有空洞；

（3）脱空造成混凝土厚度不足、易开裂、易脱落掉块，影响设备及行车安全（图 1.2-10、图 1.2-11）。

图 1.2-10　二衬拱顶脱空（衬砌开窗后）

图 1.2-11　防水层与初支间脱空

2. 标准规范相关规定

《公路隧道施工技术规范》JTG F60—2009

8.7.11　混凝土施工应符合下列规定：

10　拱部混凝土衬砌浇筑时，应在拱顶预留注浆孔，注浆孔间距应不大于3m，且每模板台车范围内的预留孔应不少于4个；

11 拱顶注浆填充，宜在衬砌混凝土强度达到100%后进行，注入砂浆的强度等级应满足设计要求，注浆压力应控制在0.1MPa以内。

3. 原因分析

（1）设计原因

未设计拱顶排气管道（反坡施工时），造成混凝土浇筑时拱顶气体无法排除形成空洞。

（2）施工原因

1）混凝土浇筑过程中，混凝土冲顶时未冲顶到位，台车内形成气囊，造成混凝土大面积脱空；

2）混凝土浇筑过程中，混凝土受（防水层、钢筋、杂物等）阻挡，混凝土无法流动，形成空鼓、空洞。无法浇筑到位；

3）泵送压力不足导致混凝土不能充满二衬模板。

（3）材料原因

骨料污染、和易性差、水灰比控制不良、混凝土离析等。

4. 预防措施

（1）设计措施

设计拱顶排气管，及时排除拱顶气体。

（2）施工措施

1）防水层铺挂应按设计要求预留松弛度，挂点应按设计密度布置，各点均应焊接牢固，避免混凝土浇筑过程中混凝土拉扯防水层导致脱落，从而在拱顶形成空洞；

2）选择能够满足施工要求的输送泵，混凝土浇筑至拱顶时应选择台车上位置较高处的冲顶孔泵送混凝土入模；

3）优化二衬台车设计，增加冲顶孔数量；

4）控制混凝土生产质量，确保和易性；

5）严控混凝土浇筑过程，避免现场工人随意更改混凝土水灰比。

5. 治理措施

（1）通过预留拱顶注浆孔向脱空部位灌注纯水泥浆（高浓度牙膏状水泥浆）、水泥砂浆、高强灌浆料或者细石混凝土；

（2）将厚度不足的混凝土凿除至设计要求的范围，重新植筋、打锚杆进行混凝土浇筑。

6. 工程实例照片（图1.2-12）

图1.2-12 衬砌脱空处理

1.2.5 初支、二衬欠厚

1. 通病现象

隧道初支、二衬厚度小于设计,伴有裂缝,掉块,剥落等病害(图1.2-13、图1.2-14)。

图1.2-13 初支侵限造成二衬厚度严重不足

图1.2-14 欠挖造成的初支和二衬厚度不足

2. 标准规范相关规定

《公路隧道施工技术规范》JTG F60—2009

8.9.6 混凝土衬砌施工质量应符合表8.9.6规定。

混凝土衬砌施工质量标准　　　　表8.9.6

序号	检查项目	规定值或允许偏差	检查方法和频率
1	混凝土强度	在合格标准内	试件强度试验报告
2	边墙平面位置(mm)	±10	尺量:全部
3	拱部高程(mm)	+30,0	水准仪测量(按桩号)
4	衬砌厚度	不小于设计值	激光断面仪或地质雷达随机检查
5	边墙、拱部表面平整度(mm)	15	2m直尺、塞尺;每40m每侧检查5处;或断面仪测量

3. 原因分析

1)施工单位未进行断面检测或检测频率不足造成初支侵入二衬范围部分未得到处理;

2)隧道欠挖未处理,造成初支、二衬厚度均不足;

3)测量错误或工人操作原因造成二衬台车定位偏斜,造成一侧二衬边墙厚度不足;

4)隧道开挖未预留变形量或预留不足,围岩收敛后净空不足,导致二衬厚度不足;

5)初支或二衬背后脱空造成厚度不足。

4. 预防措施

1)优化爆破参数,提升光面爆破残眼率。及时进行开挖断面检测,清除欠挖围岩,确保初支及二衬厚度。

2)二衬施工前,对初支断面进行检测,凿除侵限初支并修补平整后方可挂设防水层。

3)测量应采用双检制,确保结果正确性。提升模板作业水平,保证二衬台车定位精确。

4）按设计要求预留变形量。

5）脱空预防措施参见本书 1.2.4 节通病"二衬与初支脱空"。

5. 治理措施

（1）对初支或二衬背后存在空洞，衬砌强度满足设计要求，衬砌局部厚度不满足设计要求的情况，建议先对空洞部位进行注浆回填密实后，再涂刷防碳化层；

（2）对于实际厚度小于等于 0.75 倍设计厚度的缺陷情况应采用拆换处理（凿除侵限初支，修补防水层，重新植筋、打锚杆进行混凝土浇筑）。

6. 工程实例照片（图 1.2-15）

图 1.2-15　二衬厚度不足（拆换处理）

1.2.6　二衬裂缝

1. 通病现象

二衬浇筑完成后出现沿线路方向（纵向）、与线路放线垂直（环向）、与线路方向斜交（斜向）的裂缝，并伴有剥落掉块、错位等病害（图 1.2-16 ~ 图 1.2-18）。

 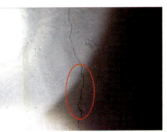 

图 1.2-16　衬砌纵向裂缝　　图 1.2-17　衬砌环向裂缝　　图 1.2-18　衬砌斜向裂缝

2. 标准规范相关规定

（1）相关设计规范

1)《混凝土结构设计规范（2015 年版）》GB 50010—2010

3.4.1 混凝土结构构件应根据其使用功能及外观要求,按下列规定进行正常使用极限状态验算:

1 对需要控制变形的构件,应进行变形验算;
2 对不允许出现裂缝的构件,应进行混凝土拉应力验算;
3 对允许出现裂缝的构件,应进行受力裂缝宽度验算;

3.4.5 结构构件应根据结构类型和本规范第3.5.2条规定的环境类别,按表3.4.5的规定选用不同的裂缝控制等级及最大裂缝宽度限值 ω_{lim}。

结构构件的裂缝控制等级及最大裂缝宽度的限值(mm)　　表3.4.5

环境类别	钢筋混凝土结构		预应力混凝土结构	
	裂缝控制等级	ω_{lim}	裂缝控制等级	ω_{lim}
一	三级	0.30(0.40)	三级	0.2
二a		0.2		0.1
二b			二级	—
三a、三b			一级	—

2)《公路隧道设计规范》JTG D70—2004

8.3.6 不设仰拱的地段,衬砌边墙基础应设置于稳固的地基之上,在洞门墙厚范围内,边墙基础应加深到与洞门墙基础底相同的标高;

8.3.7 在有明显偏压的地段,应采用抗偏压衬砌,抗偏压衬砌宜采用钢筋混凝土结构;

8.3.9 地震动峰值加速度系数大于0.2的地区,洞口段及软弱围岩段的衬砌宜采用钢筋混凝土结构。

(2)相关施工规范

1)《混凝土结构工程施工规范》GB 50666—2011

8.5.1 混凝土浇筑后应及时进行保湿养护,保湿养护可采用洒水、覆盖、喷涂养护剂等方式。养护方式应根据现场条件、环境温湿度、构件特点、技术要求、施工操作等因素确定;

8.9.3 混凝土结构外观一般缺陷修整应符合下列规定:

2 应封闭裂缝。

2)《公路隧道施工技术规范》JTG F60—2009

8.7.11 混凝土施工应符合下列规定:

4 混凝土的入模温度,冬季施工时不应低于5℃,夏季施工时不应高于32℃。

8.7.12 拆除拱架、墙架和模板,应符合下列规定:

1 不承受外荷载的拱、墙混凝土强度应达到5.0MPa;
2 承受围岩压力的拱、墙以及封顶和封口的混凝土强度应满足设计要求。

8.7.13 衬砌拆模后应立即养护。

3．原因分析

（1）设计原因

1）勘察设计单位没有深入开展地质勘探工作，隧道围岩类别评价及支护结构设计缺乏科学依据，与实际施工存在一定的偏差，致使衬砌类型设计不合理；

2）地质情况判断有误，围岩稳固措施不足，地基处理措施不足。

（2）施工原因

1）混凝土结构构件，水泥水化热释放比较集中，内部升温比较快。混凝土内外温差较大，产生表面温度裂缝。

2）混凝土分层或分段浇筑时，未按规范要求处理施工缝，在新旧混凝土的施工缝之间出现裂缝。

3）监控量测不规范，初期支护收敛不稳定即开始施工二次衬砌，造成二次衬砌超设计荷载承受围岩压力。洞口段偏压、地基处理不到位或拱底虚渣造成竖向不均匀沉降或水平方向位移，使结构物中产生附加应力，超过结构物的抵抗能力，导致整个结构开裂。

4）采用整体式钢模板台车施工，混凝土浇筑过程中加水、振捣不均匀或漏振，混凝土均质性差。

5）混凝土距离掌子面太近，拆模过早，二衬早期强度不足，爆破振动与冲击波导致隧道产生裂缝。

6）过于追求施工进度，提前脱模时间，使低强度的混凝土过早的承受荷载，破坏了混凝土的结构。

7）二衬混凝土养护不及时，二衬混凝土失水收缩。

（3）材料原因

水泥品种选择不当，安定性不良，不同批次的水泥混用。碎石、砂级配差，碎石中石粉含量大，针、片状物过多，都会影响水泥与骨料的胶结，从而产生裂缝。

4．预防措施

（1）设计措施

加强地质调查及超前地质预报工作，当实际地质情况与设计不符时，应及时调整优化设计方案，确保措施合理、有效、可行。

（2）施工措施

1）加强施工中的地质复查核实工作，围岩情况与设计不符时，沟通参建各方，做好设计变更，选择正确的施工方法，做好过程控制。

2）采用光面爆破，严格控制超欠挖，保证二衬结构厚度的均匀性。严控循环进尺，控制装药量，减小爆破振动。

3）加强现场控制，严格盯控拱底虚渣清理工作。

4）合理选用施工配合比，特别是水灰比，严控入模温度。通过合理添加外加剂，有效降低二衬混凝土温缩和失水收缩，提高二衬的抗裂缝能力。

5）混凝土浇筑过程中加强振捣，提高混凝土的密实度及均质性，减少内部裂缝和气孔，提高抗裂性。

6）混凝土拆模时的强度必须符合设计或规范要求，严禁未经试验人员同意提前脱模。脱模后及时对混凝土进行养护。

5. 治理措施

（1）对 0.2mm 以下的细小裂缝，采用密封剂封闭裂缝。

（2）对宽度大于 0.2mm，小于 3mm 的裂缝，采用沿缝凿孔压浆封堵处理（图 1.2-19）。

装注浆管：首先沿裂缝凿长、宽、深均为 8cm 的 V 形孔，孔顶正对裂缝，孔间距 30～50cm；冲洗干净后埋入 ϕ10 塑料管，其周围空隙用封缝材料压实固管（图 1.2-20）。注浆管外露 8～10cm，以便与注浆设备连接。

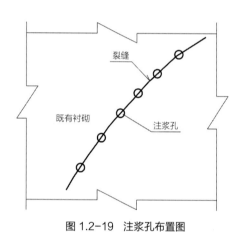

图 1.2-19　注浆孔布置图　　　　图 1.2-20　注浆管安装图

封缝：对所有需要注浆的裂缝，均应涂刷环氧树脂封缝。

压水试验：封缝砂浆固结后，进行压浆试验，已检查封缝、固管强度、疏通裂缝，确定压浆参数。

注浆：由裂缝两端向裂缝中部注浆。

封孔：注浆结束后，用钢丝将注浆管外露部分反转绑扎，待浆液终凝后，割除外露部分，以环氧砂浆将孔口抹平，待其固结后沿缝涂环氧树脂一遍。

（3）对于宽度大于 3mm 的裂缝，采用沿缝凿槽，压浆封堵后用环氧砂浆嵌补（图 1.2-21）。

沿缝凿槽：沿裂缝长度方向凿倒梯形槽，槽口宽视裂缝大小为 5～10cm（一般为缝宽 +4cm），槽底宽度大于槽口，槽深 8cm。

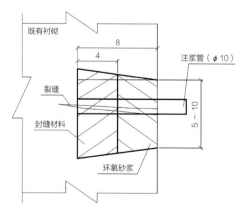

图 1.2-21　裂缝嵌补图

封缝：正对裂缝按间距 30～50cm 布置注浆管并采用环氧砂浆封闭嵌缝槽，封缝材料按充填槽深一半考虑。

压水试验：封缝砂浆固结后，进行压浆试验，已检查封缝、固管强度、疏通裂缝，确定压浆参数。

注浆：由裂缝两端向裂缝中部注浆。

嵌缝：注浆结束后，用钢丝将注浆管外露部分反转绑扎，待浆液终凝后，割除外露部分，以环氧砂浆嵌缝，待其固结后沿缝涂环氧树脂一遍。

6. 工程实例照片（图 1.2-22）

图 1.2-22 裂缝处理

1.2.7 钢筋保护层厚度不足、露骨、露筋

1. 通病现象

隧道衬砌结构骨料及钢筋外露于混凝土表面（图 1.2-23～图 1.2-25）。

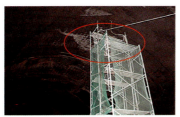

图 1.2-23 衬砌钢筋保护层厚度不足，衬砌可见钢筋网格　　图 1.2-24 衬砌结构露骨、露筋　　图 1.2-25 衬砌结构露骨

2. 标准规范相关规定

（1）相关设计规范

《混凝土结构设计规范》GB 50010—2010

8.2.1　构件中普通钢筋及预应力筋的混凝土保护层厚度应满足下列要求。

2　设计使用年限为 50 年的混凝土结构，最外层钢筋的保护层厚度应符合表 8.2.1 的规定；设计使用年限为 100 年的混凝土结构，最外层钢筋的保护层厚度不应小于表 8.2.1 中数值的 1.4 倍。

混凝土保护层的最小厚度 c（mm）　　表8.2.1

环境等级	板墙壳	梁柱
一	15	20
二 a	20	25
二 b	25	35
三 a	30	40
三 b	40	50

8.2.2 当有充分依据并采取下列措施时，可适当减小混凝土保护层厚度。

1 构件表面有可靠的防护层；

3 在混凝土中掺加阻锈剂或采用阴极保护处理等防锈措施；

4 当对地下室墙体采取可靠的建筑防水做法或防护措施时，与土层接触一侧钢筋的保护层厚度可适当减少，但不应小于25mm。

8.2.3 当梁、柱、墙中纵向受力钢筋的保护层厚度大于50mm时，宜对保护层采取有效的构造措施。当在保护层内配置防裂、防剥落的钢筋网片时，网片钢筋的保护层厚度不应小于25mm。

（2）相关施工规范

1）《公路隧道施工技术规范》JTG F60—2009

8.9.6 混凝土衬砌施工质量应符合表8.9.6规定。

混凝土衬砌施工质量标准　　表8.9.6

序号	检查项目	规定值或允许偏差	检查方法和频率
1	混凝土强度	在合格规格标准内	试件强度试验报告
2	边墙平面位置（mm）	±10	尺量：全部
3	拱部高程（mm）	+30，0	水准仪测量（按桩号）
4	衬砌厚度	不小于设计值	激光断面仪或地质雷达随机检查
5	边墙、拱部表面平整度（mm）	15	2m直尺、塞尺：每侧检查5处；或断面仪测量

2）《混凝土结构工程施工规范》GB 50666—2011

8.4.1 混凝土振捣应能使模板内各个部位混凝土密实、均匀，不应漏振、欠振、过振。

3. 原因分析

（1）施工原因

1）未设置钢筋垫块或垫块数量放置不足，钢筋骨架偏位紧贴模板而外露；

2）杂物在钢筋骨架中被搁住，混凝土漏振，形成严重蜂窝和孔洞而使钢筋外露；

3）振动棒等机械的反复冲击等外力影响，引起钢筋变形位移而外露；

4）靠模板部位缺浆或模板变形严重漏浆导致露骨；

5）模板未打磨并涂刷脱模剂，吸水粘结或拆模过早，拆模时缺棱掉角，导致露筋。

（2）材料原因

混凝土配合比不当或施工工人随意改变水灰比，产生离析。

4. 预防措施

1）提高工人的质量意识，加强监控力度，保证钢筋布位准确，绑扎牢靠，保护层垫块数量足够、安置稳固，在混凝土浇筑过程中操作细致，不漏振、过振，不使用振捣器反复冲击钢筋。

2）模板使用前应打磨并涂刷脱模剂，安装应精确、稳固，确保施工过程中不移位不变形。混凝土浇筑过程中应设专人巡检模板及支架，发现模板支架变形情况立即采取加固措施；

3）控制混凝土生产质量及使用过程监督，确保和易性。

5. 治理措施

露筋的修补一般都是先用锯切槽，划定需要处理的范围，形成整齐而规则的边缘，再用冲击工具对处理范围内疏松混凝土进行清除。采用风砂枪等机械方式进行除锈，之后对混凝土表面涂刷环氧树脂，对钢筋采用阻锈处理。

6. 工程实例照片（图1.2-26、图1.2-27）

图 1.2-26　对露筋部位钢筋进行除锈处理　　图 1.2-27　钢筋混凝土垫块保证保护层厚度

1.2.8　施工缝废边、错台

1. 通病现象

施工缝位置出现止水带外露、废边、掉块、月牙形闭环裂缝、混凝土不密实、错台等病害（图 1.2-28 ~ 图 1.2-32）。

图 1.2-28　止水带外露　　　　图 1.2-29　二衬废边掉块

图 1.2-30　二衬月牙形裂缝　　图 1.2-31　混凝土不密实　　图 1.2-32　施工缝错台

2. 标准规范相关规定

（1）《地下防水工程质量验收规范》GB 50208—2011

5.1.5　水平施工缝浇筑混凝土前，应将其表面浮浆和杂物清除，然后铺设净浆、涂刷混凝土界面剂或水泥基渗透结晶型防水涂料，再铺30mm至50mm厚的1∶1水泥砂浆，并及时浇筑混凝土；

5.1.6　垂直施工缝浇筑前，应将其表面清理干净，再涂刷混凝土界面处理剂或水泥基渗透结晶型防水涂料，并及时浇筑混凝土；

5.1.7　中埋式止水带及外贴式止水带埋设位置应准确，固定应牢固；

（2）《混凝土结构工程施工规范》GB 50666—2011

4.4.13　模板安装应保证混凝土结构构件各部分形状、尺寸和相对位置准确，并应防止漏浆；

4.4.15　模板与混凝土接触面应清理干净并涂刷脱模剂，脱模剂不得污染钢筋和混凝土接槎处；

4.5.3　当混凝土强度能保证其表面及棱角不受损伤时，方可拆除侧模；

4.5.8　模板拆除后应将其表面清理干净，对变形和损伤部位应进行修复；

8.4.1　混凝土振捣应能使模板内各个部位混凝土密实、均匀，不应漏振、欠振、过振；

（3）《建筑施工模板安全技术规范》JGJ 162—2008

6.6.2　合模后应采用千斤顶升降模板的底沿，按导墙上所确定的水准点调整到设计标高，并应采用斜支撑和垂直支撑调整模板的水平度和垂直度，再将连接螺栓拧紧。

（4）《公路隧道施工技术规范》JTG F60—2009

8.7.1　衬砌模板施工应符合下列规定：

1　混凝土衬砌模板及支架必须具有足够的强度、刚度和稳定性；

3　安装模板时应检查中线、高程、断面和净空尺寸；

4　模板安装前，应仔细检查防水层、排水盲管、衬砌钢筋、预埋件等隐蔽工程，做好记录。

3. 原因分析

（1）施工原因

1）止水带安装不居中或不稳固，混凝土施工过程中出现偏位，造成外露。

2）端头模封堵不到位致混凝土漏浆或混凝土施工时漏振造成不密实。

3）混凝土拆模过早，台车移位时造成混凝土薄弱处产生滑动形成废边掉块；模板未打磨，脱模剂涂刷遗漏或涂刷过少，造成混凝土粘模，脱模时出现废边掉块；施工缝未进界面处理，凿除浮浆，清除杂物等工序，造成施工缝不密实，出现废边掉块。

4）止水带偏位，使混凝土产生夹层，形成废边掉块、月牙形裂纹。

5）台车变形、加固不牢、窗孔封堵不严实或搭接长度过长形成混凝土错台。

（2）材料原因

1）混凝土水灰比过大，产生浮浆，造成施工缝位置缺少骨料，形成的弱强度层在施工过程中出现废边掉块。

2）混凝土离析，浆液流失造成混凝土不密实。

3）模板老旧，表面不平整，未打磨，易粘模，造成脱模时拉裂混凝土。

4．预防措施

（1）二衬采用组合钢端模，确保止水带安装居中稳固，模板封堵严实。

（2）二衬混凝土施工过程中严格按方案开启附着式振捣器，局部位置采用插入式振捣器振捣密实。

（3）按规范设计要求控制混凝土拆模时间，并注重成品保护，避免机械损坏。

（4）禁止使用破损、平整度差未经修复废旧模板；对已经使用过的模板在下一次使用前对模板上的混凝土残渣进行清除、清理，并在每次使用模板前均匀涂刷脱模剂。

（5）控制模板台车定位精度及安装稳固度，保证混凝土施工过程中不出现模板变形及偏位。衬砌施工前应规划好台车就位里程段落，避免出现较长的搭接（不超过0.5m，一般不会出现错台）。同时测量人员要有一定的施工经验，衬砌中线、高程控制好，模板台车两侧支距控制合适，防止出现过大、过小影响下一组台车就位。

（6）施工缝结合面应采用粗糙面，结合面应清除浮浆、疏松石子、软弱混凝土层，钢丝网、塑料薄膜等杂物并应清理干净，露出新鲜混凝土面积不低于70%，施工缝未处理好严禁封模板。

（7）严厉杜绝施工现场随意更改混凝土水灰比情况。

5．治理措施

（1）将偏位的止水带割除，混凝土打磨平顺，切记修补。

（2）将施工缝切成2cm×2cm V形边，废边、掉块部位凿除，打磨平顺，不予修补；月牙形裂纹纵向宽度小于等于15cm，存在掉块风险的，须凿除处理，与二衬结合部位打磨平顺。

（3）面积范围较小的将松散混凝土打磨清除，范围大的将混凝土凿除重新浇筑。

（4）对施工缝错台情况应以打磨为主，切记修补，板间错台打磨顺接平顺，二衬断面无突变即可（图1.2-33）。

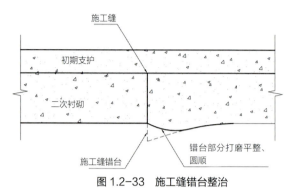

图 1.2-33　施工缝错台整治

6. 工程实例照片（图 1.2-34 ~ 图 1.2-36）

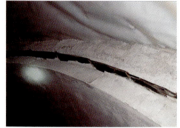   

图 1.2-34　止水带居中安装　　图 1.2-35　废边、掉块处理　　图 1.2-36　错台打磨处理

1.2.9　结构混凝土蜂窝麻面

1. 通病现象

（1）混凝土结构局部出现疏松、石子多、石子之间形成空隙类似蜂窝状的窟窿；

（2）混凝土局部表面出现缺浆和许多小凹坑、麻点（图 1.2-37）。

图 1.2-37　二衬蜂窝、麻面

2. 标准规范相关规定

《混凝土结构工程施工规范》GB 50666—2011

8.9.3 混凝土结构外观一般缺陷修整应符合下列规定：

1 露筋、蜂窝、孔洞、夹渣、疏松、外表缺陷，应凿除胶结不牢固部分的混凝土，应清理表面，洒水润湿后应用1∶1～1∶2.5水泥砂浆抹平。

8.9.4 混凝土结构外观严重缺陷修整应符合下列规定：

1 露筋、蜂窝、孔洞、夹渣、疏松、外表缺陷，应凿除胶结不牢固部分的混凝土至密实部位，清理表面，支设模板，洒水润湿，涂抹混凝土界面剂，应采用比原混凝土强度等级高一级的细石混凝土浇筑密实，养护时间不应小于7d；

3 清水混凝土的外形和外表严重缺陷，宜在水泥砂浆或细石混凝土修补后用磨光机磨平。

8.9.6 混凝土结构尺寸偏差严重缺陷，应会同设计单位共同制定专项修整方案，结构修整后应重新检查验收。

3. 原因分析

（1）施工原因

1）下料不当、下料过高或施工作业人员未征得试验人员同意随意在混凝土中加水造成离析；

2）混凝土未分层下料，漏振，振捣时间不够，振捣不实，气泡未排出，停在模板表面形成麻点；

3）模板拼缝不严，局部漏浆，水泥浆流失形成蜂窝；

4）钢筋较密，使用的石子粒径过大或坍落度过小；

5）模板表面粗糙或粘附水泥浆渣等杂物未清理干净，模板隔离剂涂刷不匀，或局部漏刷或失效，拆模时混凝土表面被粘坏；

6）模板未浇水湿润或湿润不够，构件表面混凝土的水分被吸去，使混凝土失水过多出现麻面。

（2）材料原因

1）混凝土配合比不当，砂、石子、水泥用水量计量不准，造成砂浆少，石子多；混凝土含气量过大，而且引气剂质量欠佳；

2）混凝土搅拌时间不够，未拌合均匀，和易性差，产生离析泌水。

4. 预防措施

（1）混凝土浇筑前，认真检查模板缝隙，发现缝隙大时要及时修补，保证模板缝隙严密；木模板要充分浇水湿润；钢模板要清除干净表面灰浆等脏物，并刷好脱模剂。

（2）严格控制混凝土原材料质量，严格按照配合比准确投料（即每盘拌合料中水泥、砂石料、水、外加剂等计量要准确），且要严格控制好水灰比、坍落度及搅拌时间。

（3）衬砌混凝土要逐窗分层下料浇筑，不得跳窗或直接采用顶部窗口浇筑，避免自由倾落高度过高造成骨料分离。

（4）二衬混凝土必须要个按照要求开启振捣器振捣，局部应采用插入振捣器补振。

5. 治理措施

将松动的砂浆块和混凝土骨料凿除后打磨平整，清洗二衬混凝土表面，涂刷水泥基渗透结晶型材料。

喷涂水泥基渗透结晶型材料时采用机械喷涂方式，困难地段也可采用人工刮涂的方式，其施工工艺及施作要求如下：

（1）喷涂前应确保混凝土表面清洁、干净、湿润，但不应有明显水印。

（2）喷涂后 40min 开始初凝，8h 后开始固化，此时应及时喷雾进行养护，但严禁喷水冲刷以防止活性材料的流失。

6. 工程实例照片（图 1.2-38）

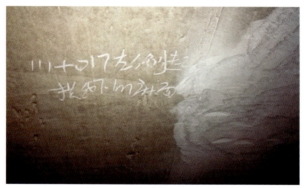

图 1.2-38　二衬蜂窝、麻面处理

1.3　盾构法隧道工程

1.3.1　通病名称：管片钢筋笼安装质量较差

1. 通病现象（图 1.3-1）

图 1.3-1　管片钢筋笼安装质量较差

2. 规范标准相关规定

(1)《地下铁道工程施工质量验收标准》GB/T 50299—2018;

(2)《钢筋焊接及验收规程》JGJ 18—2012;

(3)《冷轧带肋钢筋混凝土结构技术规程》JGJ 95—2011;

(4)《盾构隧道管片质量检测技术标准》CJJ/T 164—2011;

(5)《盾构法隧道施工及验收规范》GB 50446—2017。

3. 原因分析

(1)钢筋下料尺寸不正确,导致钢筋笼骨架尺寸超差;

(2)钢筋骨架弧度超差,导致混凝土保护层厚度超差;

(3)焊工操作不当,焊机电流选择错误,导致钢筋焊接接头不牢固、烧伤等问题;

(4)钢筋骨架中主筋间距不均匀,导致管片钢筋数量不足。

4. 防治措施

(1)严格控制管片钢筋笼下料尺寸,落实焊接样板钢筋笼指导现场施工;

(2)管片钢筋笼存在一定的弧度,要求在定型支架上焊接钢筋笼,定期对定型支架变形量进行复核,钢筋笼焊接过程严禁强行焊接弧度不满足设计规范要求的钢筋;

(3)钢筋焊接人员必须持证上岗,焊接电流现场试验进行确定,过程中加强检查和检测,及时下岗焊接质量较差的焊工;

(4)在钢筋笼定型支架上做好钢筋间距标记,严格按照标记间距安放钢筋,加强钢筋笼焊接过程质量检查。

5. 工程实例图片(图 1.3-2)

图 1.3-2 钢筋笼焊接定型支架

1.3.2 通病名称：管片混凝土外观存在气泡、蜂窝、裂缝

1. 通病现象（图1.3-3）

图1.3-3 管片混凝土外观存在气泡、蜂窝、裂缝

2. 规范标准相关规定

（1）《地下铁道工程施工质量验收标准》GB/T 50299—2018；

（2）《盾构隧道管片质量检测技术标准》CJJ/T 164—2011；

（3）《盾构法隧道施工及验收规范》GB 50446—2017。

3. 原因分析

（1）管片混凝土表面大气泡、蜂窝，原因：

1）混凝土坍落度过大，气泡不宜排除；

2）振捣时间不足，在气泡溢出前停止振捣；

3）隔离剂或外加剂与混凝土的匹配性较弱。

（2）管片混凝土存在裂缝，原因：

1）混凝土配合比选用水化热过大，在混凝土水化过程散热不均造成温度裂缝；

2）混凝土坍落度过大或过振，导致混凝土表面浮浆过多收缩裂缝；

3）养护条件变化较大，表面产生细纹收缩裂缝；

4）管片强度产生影响，未达强度或强度不满足要求出模，管片在转运过程人为受力不均匀也可造成裂缝。

4. 防治措施

（1）严格控制混凝土配合比，生产前试配多个配合比，选用水化热较小的混凝土原材料或外加剂，减小混凝土材料水化散热不均收缩裂缝和降低混凝土含气率，减少混凝土内部气泡。

（2）严格控制混凝土浇筑坍落度，加强混凝土浇筑振捣质量控制，浇筑完成后及时进行二次收面，减少表面收缩裂纹。

（3）加强混凝土养护环境管理，严格控制混凝土养护环境温差，蒸养时每小时不得超过 15℃，最高温度小于等于 55℃。恒温 3～4h，在恒温时相对湿度不小于 90%，降温速度每小时不超过 15℃，入池水养温差不大于 20℃，养护大于 14d，水养不少于 7d。

（4）在钢筋笼定型支架上做好钢筋间距标记，严格按照标记间距安放钢筋，加强钢筋笼焊接过程质量检查。

（5）加强管片混凝土养护管理，严格控制蒸养时间、脱模时间和水养时间，保证混凝土养护到位，提高管片混凝土强度。

（6）减少管片混凝土强度未达到龄期期间转运次数，加强转运过程保护，选取合理的堆放高度和支点，可有效避免管片转运过程裂缝产生。

5. 工程实例图片（图 1.3-4）

图 1.3-4　高质量管片

1.3.3　通病名称：管片混凝土外观存在啃边、掉角

1. 通病现象（图 1.3-5）

图 1.3-5　管片混凝土外观存在啃边、掉角

2. 规范标准相关规定

（1）《地下铁道工程施工质量验收标准》GB/T 50299—2018；
（2）《地铁隧道工程盾构施工技术规程》DG/TJ 08—2041—2008；
（3）《盾构隧道管片质量检测技术标准》CJJ/T 164—2011；
（4）《盾构法隧道施工及验收规范》GB 50446—2017。

3. 原因分析

（1）管片脱模过程造成啃边、掉角，原因：
1）模具拐角处粗糙，起毛刺；
2）脱膜剂脱模不均匀；
3）未达到脱模强度就开始脱模。

（2）管片存在破损、掉角现象，原因：
1）混凝土未达到脱模强度就开始脱模；
2）管片转运过程碰撞破损；
3）管片混凝土强度不满足设计要求。

4. 防治措施

（1）管片生产过程加强对管片模具检查，重点对管片模具表面和尺寸精度进行量测，及时对变形较大的模具进行报废；

（2）浇筑混凝土前对模具表面杂物进行清理，然后再进行脱膜剂涂抹，脱膜剂必须涂抹均匀；

（3）脱模时管片混凝土强度必须达到设计强度到40%以上才可以进行脱模施工；

（4）严格控制管片堆放高度和方式，堆放高度一般以6片为宜，管片之间方木一般放置在预留纵向连接螺栓孔位置，可有效减少由于管片堆放受力不均造成裂缝；

（5）管片堆放场地必须进行硬化处理，防止管片倾倒碰撞破损和发生安全事故；

（6）管片转运过程做好保护措施，避免管片相互碰撞，如用叉车转运必须做好管片与叉车接触点位置保护。

5. 工程实例图片（图1.3-6）

图1.3-6　高质量管片

1.3.4 通病名称：管片吊装孔、二次注浆孔、锁孔弯管定位偏差大

1. 通病现象（图 1.3-7）

图 1.3-7　固定钢筋采用扎丝绑扎、螺栓孔密封变形

2. 规范标准相关规定

（1）《地下铁道工程施工质量验收标准》GB/T 50299—2018；

（2）《地铁隧道工程盾构施工技术规程》DG/TJ 08—2041—2008；

（3）《盾构隧道管片质量检测技术标准》CJJ/T 164—2011；

（4）《盾构法隧道施工及验收规范》GB 50446—2017。

3. 原因分析

（1）预埋件固定不牢固，混凝土浇筑过程振捣导致预埋件移位。

（2）预埋件与模板接缝密封不密实，混凝土浆液从缝隙中贯入预埋件内，导致预埋管堵塞。

4. 防治措施

（1）严格按照设计图纸做好定位筋固定，预埋件固定牢固。

（2）加强混凝土振捣过程控制，避免振动棒接触预埋件。

（3）严格控制预埋件加工尺寸，保证预埋件尺寸满足要求，定期对管片模具预埋件位置精度进行检查，保证预埋件与管模结构位置密封密实。

5. 工程实例图片（图 1.3-8）

图 1.3-8　螺栓孔正确密封

1.3.5　通病名称：管片缓冲垫、止水圈粘贴质量问题

1. 通病现象（图1.3-9）

图1.3-9　未放置止水垫圈出现渗漏、缓冲垫起包翘边

2. 规范标准相关规定

（1）《地下铁道工程施工质量验收标准》GB/T 50299—2018；

（2）《地铁隧道工程盾构施工技术规程》DG/TJ 08—2041—2008；

（3）《盾构隧道管片质量检测技术标准》CJJ/T 164—2011；

（4）《盾构法隧道施工及验收规范》GB 50446—2017；

（5）《高分子防水材料　第4部分：盾构法隧道管片用橡胶密封垫》GB 18173.4—2010。

3. 原因分析

（1）缓冲垫粘贴胶水质量不达标，无法保证缓冲垫粘贴牢固；

（2）缓冲垫粘结前未对管片表面进行清理，粘贴后极易鼓包脱落；

（3）缓冲垫粘贴时间过久，管片未使用，风吹日晒脱落；

（4）未按要求在拼装过程放置止水橡胶圈。

4. 防治措施

（1）严格按照设计要求控制缓冲垫及止水圈粘贴胶水质量，进行见证取样送检；

（2）督促承包商规范管片上防水材料粘贴程序，保证防水材料粘贴质量；

（3）尽量避免长时间放置不使用，如已放置管片粘贴防水材料后放置时间较久，须对管片上防水材料现场抽取进行见证送检，并对粘贴质量全数进行检查；

（4）督促承包商加强管片拼装过程质量技术交底，可采取多级确认办法，保证止水圈放置到位。

5. 工程实例图片（图 1.3-10）

图 1.3-10　缓冲垫紧贴完好

1.3.6　通病名称：洞门预埋环板埋设质量差

1. 通病现象（图 1.3-11）

图 1.3-11　洞门预埋环板埋设偏位

2. 规范标准相关规定

（1）《地下铁道工程施工质量验收标准》GB/T 50299—2018；
（2）《地铁隧道工程盾构施工技术规程》DG/TJ 08—2041—2008；
（3）《盾构法隧道施工及验收规范》GB 50446—2017。

3. 原因分析

（1）洞门环板椭圆度不满足要求；
（2）洞门环板倾斜度不满足要求；

（3）洞门环板中心点偏移；

（4）环板进场验收不严，未严格按要求进行试拼装验收；

（5）环板安装定位焊接不牢固，焊接后测量复核不到位，或者模板安装、混凝土浇筑造成环板移位变形；

（6）洞门环板定位测量错误；

（7）A环、B环安装未按图纸施工；

（8）预埋钢筋未按设计要求安装，或安装阶段被割除。

4．防治措施

（1）严格把关环板进场验收关，进行环板的试拼装验收工作，对环板的尺寸进行测量复核。

（2）做好洞门施工的技术交底工作，保障环板定位钢筋的焊接质量，在模板安装过程中做好环板的保护严禁对环板进行挤压。

（3）混凝土施工必须在环板底部预留观察孔，保障底部混凝土密实；浇筑过程应做到环板两边同时浇筑，避免两侧压力不一致导致环板移位变形。

（4）严格测量工作，做好环板中心的放样定位，在环板安装过程进行多次复核测量，同时可以采用不同的测量方法对测量结果进行核对复核，保障测量结果符合设计要求。

（5）尽可能采用L型洞门环板，可以避免洞门变形及位移。

（6）熟悉图纸要求，按图进行A环、B环的生产加工及安装工作。

（7）做好主体结构施工安全技术交底，严禁切割环板预埋钢筋。

5．工程实例图片（图1.3-12）

图1.3-12　洞门环板精确制作

1.3.7 通病名称：盾尾注浆不能有效填充

1. 通病现象（图1.3-13）

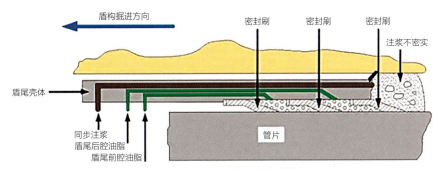

图 1.3-13　盾尾注浆不能有效填充

2. 规范标准相关规定

（1）《地下铁道工程施工质量验收标准》GB/T 50299—2018；

（2）《地铁隧道工程盾构施工技术规程》DG/TJ 08—2041—2008；

（3）《盾构法隧道施工及验收规范》GB 50446—2017。

3. 原因分析

（1）盾尾注浆液质量较差。

（2）注浆压力过大引起管片破损。

（3）注浆浆液配比不当不利于洞门密封封堵，存在洞门涌水涌砂风险。

（4）注浆不及时容易造成地面沉降。

（5）终止注浆的控制指标选择不当。

（6）盾尾注浆管堵塞。

（7）二次注浆不及时。

4. 防治措施

（1）注浆液的质量指标及控制要求，按照要求从胶凝时间、固结体强度、浆液收缩值、浆液稠度、浆液密度、浆液稳定性等方面做好浆液质量的控制。

（2）注浆应严格控制注浆压力、注浆量，浆液填充系数宜为1.3～2.5倍。

（3）注浆前应针对地层特点做好浆液配比试验确定浆液配比，浆液配比应经过报审备案，审核通过方可使用。

（4）注浆过程密切关注洞门情况，出现异常及时调整注浆参数，优先采用双液浆进行注浆。

（5）做好盾构机选型及整机验收工作。

（6）终止注浆指标，一般情况以压力准备，在特殊地段采用压力、方量双控。

（7）盾尾注浆管及时进行洗管，必须保证上部两根注浆管畅通。

（8）及时进行二次注浆，弥补同步注浆不足。

5. 工程实例图片（图 1.3-14）

图 1.3-14　盾尾管片注浆

1.3.8　通病名称：导轨施工质量差

1. 通病现象（图 1.3-15）

图 1.3-15　导轨施工质量差

2. 规范标准相关规定
（1）《地下铁道工程施工质量验收标准》GB/T 50299—2018；
（2）《地铁隧道工程盾构施工技术规程》DG/TJ 08—2041—2008；
（3）《盾构法隧道施工及验收规范》GB 50446—2017。

3. 原因分析
（1）导轨焊接不牢固；
（2）导轨位置安装不合理。

4. 防治措施
（1）根据设计图纸及现场检查导轨位置是否与设计位置一致；
（2）检查预埋件是否牢固可靠，焊接质量是否符合规范要求。

5. 工程实例图片（图 1.3-16）

图 1.3-16　导轨精准安装

1.3.9　通病名称：帘幕板安装质量差

1. 通病现象（图 1.3-17）

图 1.3-17　帘幕板脱落

2. 规范标准相关规定

（1）《地下铁道工程施工质量验收标准》GB/T 50299—2018；

（2）《地铁隧道工程盾构施工技术规程》DG/TJ 08—2041—2008；

（3）《盾构法隧道施工及验收规范》GB 50446—2017。

3. 原因分析

（1）帘幕板未折合成一整体；

（2）折板未拧紧；

(3)折板欠缺;

(4)预埋件与主体结构连接不牢靠。

4. 防治措施

(1)提高安装质量,保证帘幕板的完整性,使帘幕板能结合成一个整体。

(2)严格控制帘幕板的加工质量,定期抽查,发现问题及时更换;不符合质量要求的帘幕板应退换。

(3)加强施工管理,做好自检、互检、抽检工作,确保帘幕板拧紧的质量。

(4)确保盾构中心与洞门中心吻合,减少偏心影响密封效果。

5. 工程实例图片(图 1.3-18)

图 1.3-18 帘幕板完好

1.3.10 通病名称:帘幕板损坏

1. 通病现象(图 1.3-19)

图 1.3-19 帘幕板破损

2．规范标准相关规定

（1）《地下铁道工程施工质量验收标准》GB/T 50299—2018；

（2）《地铁隧道工程盾构施工技术规程》DG/TJ 08—2041—2008；

（3）《盾构法隧道施工及验收规范》GB 50446—2017。

3．原因分析

（1）盾构机始发及到达施工姿态控制差；

（2）底部混凝土块没有清理干净；

（3）未做好成品保护，人为损坏；

（4）刀盘过早转动损坏帘幕板。

4．防治措施

（1）同步考虑洞门实际中心坐标及隧道中心线要求，采用人工复测确保数据准确，做好盾构姿态控制；

（2）注意施工现场的文明工作，清理建筑垃圾；

（3）加强施工现场管理工作，对已建好的成品加大保护力度；

（4）加强验收，保证安装质量；

（5）在刀盘通过帘幕过程禁止转动刀盘，加强中控室与现场沟通。

5．工程实例图片（图 1.3-20）

图 1.3-20　帘幕板完好

1.3.11　通病名称：反力架位移和变形

1．通病现象（图 1.3-21）

图 1.3-21 支架变形造成工字钢焊接口脱开

2. 规范标准相关规定

（1）《地下铁道工程施工质量验收标准》GB/T 50299—2018；

（2）《地铁隧道工程盾构施工技术规程》DG/TJ 08—2041—2008；

（3）《盾构法隧道施工及验收规范》GB 50446—2017。

3. 原因分析

（1）盾构推力过大，或受出洞千斤顶编组影响，造成后靠受力不均匀、不对称，产生应力集中；

（2）盾构后靠混凝土充填不密实或填充的混凝土强度不够；

（3）组成后靠体系的部分构件的强度、刚度不够，各构件间的焊接强度不够；

（4）后靠与负环管片间的结合面不平整；

（5）正面土压力过大，未及时排土。

4. 防治措施

（1）在推进过程中合理控制盾构的总推力，且尽量使千斤顶合理编组，使之均匀受力；

（2）在车站底板预埋钢板，做好反力架与车站底板的连接；

（3）对体系的各构件必须进行强度、刚度校验，对受压构件一定要作稳定性验算；各连接点应采用合理的连接方式保证连接牢靠，各构件安装要定位精确，并确保电焊质量以及螺栓连接的强度；

（4）对反力架与负环接触面进行检查，对不平整的地方进行处理，使盾构支撑系统受力均匀。

5. 工程实例图片（图 1.3-22）

图 1.3-22 反力架完好有效

1.3.12 通病名称：盾构始发姿态偏离轴线

1. 通病现象（图 1.3-23）

图 1.3-23 盾构始发姿态偏离轴线

2. 规范标准相关规定

（1）《地下铁道工程施工质量验收标准》GB/T 50299—2018；

（2）《地铁隧道工程盾构施工技术规程》DG/TJ 08—2041—2008；

（3）《盾构法隧道施工及验收规范》GB 50446—2017；

（4）《工程测量规范》GB 50026—2007；

（5）《城市轨道交通工程测量规范》GB/T 50308—2017。

3. 原因分析

（1）基座定位出现偏差，或反力架变形，无法提供足够的反力；

（2）千斤顶推力不均匀；

（3）未安装防扭转装置，或装置不符合要求；

（4）导轨安装不符合要求；

（5）加固体质量差，至盾构机底部强度低；

（6）曲线段始发未做好盾构掘进姿态预控；

（7）始发前未进行始发洞门环中心坐标复测工作；

（8）始发前盾构机整机调试及验收不到位，导向系统数据不准确；

（9）始发托架的固定不到位，出现位移变形；

（10）反力架的变形引起姿态失控。

4. 防治措施

（1）采用半环始发时，在盾构面无负环管片处设置传力杆件，使盾构上部千斤顶能正常工作；

（2）曲线段始发出现水平姿态偏差过大时，在负环管片拼装中加楔子，减少盾构千斤顶的行程差，以便于纠偏和管片拼装；

（3）认真复测始发架与导轨，同时检查始发架与导轨的安装牢固程度；

（4）待盾构具备纠偏条件后，及时纠偏；

（5）选择合适的管片类型，保证管片与盾壳之间的间隙，给纠偏操作预留出空间；

（6）提前拟合好曲线掘进的线路，盾构没进入土体不纠偏，也不超限；

（7）按要求进行始发洞门中心坐标复测，按照复测结果调整盾构始发姿态；

（8）加强始发前人工复测盾构机姿态与显示姿态的对比，以人工复测姿态为参考进行盾构机显示姿态调整。

5. 工程实例图片（图 1.3-24）

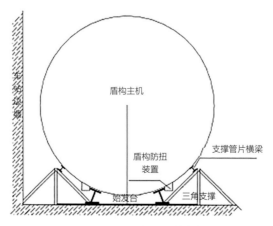

图 1.3-24　盾构正确始发姿态

1.3.13 通病名称：盾构机栽头

1. 通病现象（图1.3-25）

图 1.3-25　盾尾翘起，脱离始发架

2. 规范标准相关规定

（1）《地下铁道工程施工质量验收标准》GB/T 50299—2018；

（2）《地铁隧道工程盾构施工技术规程》DG/TJ 08—2041—2008；

（3）《盾构法隧道施工及验收规范》GB 50446—2017；

（4）《工程测量规范》GB 50026—2007；

（5）《城市轨道交通工程测量规范》GB 50308—2017。

3. 原因分析

（1）始发姿态未考虑适当上仰；

（2）始发段防栽头措施不到位；

（3）刀盘转速过快，贯入度过大；

（4）反力架、托架及负环管片问题，导致盾体始发姿态控制困难。

4. 防治措施

（1）盾体始发前应适当上仰；

（2）按要求落实好盾构机始发防栽头措施，落实延长导轨安装工作及质量控制；

（3）必须做好端头加固工作，在富水地层始发应考虑进行端头区的降水措施；

（4）始发前按照地层要求计算好掘进参数，始发过程特别是磨洞门段必须采取低转速低贯入度参数进行推进；

（5）加强反力架、始发托架及负环管片的施工验收工作，避免造成位移扭转；

（6）加强地层补勘及分析工作，刀盘接触土体后严格控制上下分组油缸压力差及行程差；

（7）做好单盘刀具选型配置工作，合理配置仿行刀及大直径滚刀。

5. 工程实例图片（图 1.3-26）

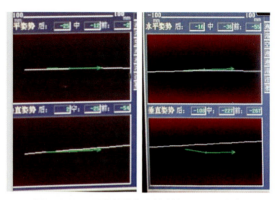

图 1.3-26　盾构掘进姿态控制在 50mm 以内

1.3.14　通病名称：曲线始发超限

1. 通病现象（图 1.3-27）

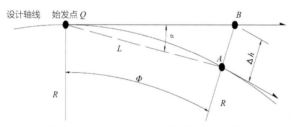

图 1.3-27　始发定位设计错误超过限差要求

2. 规范标准相关规定

（1）《地下铁道工程施工质量验收标准》GB/T 50299—2018；

（2）《地铁隧道工程盾构施工技术规程》DG/TJ 08—2041—2008；

（3）《盾构法隧道施工及验收规范》GB 50446—2017；

（4）《工程测量规范》GB 50026—2007；

（5）《城市轨道交通工程测量规范》GB/T 50308—2017。

3. 原因分析

（1）始发方向设定值不对，偏移量考虑不足；

（2）测量误差或错误，人工复测工作不到位；

（3）盾体在托架上难以调整掘进方向；

（4）洞门方向与盾体始发方向夹角过大，盾体卡洞门。

4. 防治措施

（1）始发前做好盾体始发姿态计算及测量定位，按照要求设定始发方向保证始发段不出现偏差超限；

（2）严格按照多人单独测量计算、多种方法测量计算及交叉复核方法确保测量数据及 DTA 数据导入的准确；

（3）做好盾构机的选型及改造工作，确保盾构机及台车满足转弯性能要求，保证盾体顺利通过洞门；

（4）严格按照盾构始发要求做好相关准备及验收工作，控制好始发过程掘进参数，保障盾体姿态处于计划范围内。

5. 工程实例图片（图 1.3-28）

图 1.3-28　盾构机始发

1.3.15　通病名称：分体始发引起的质量通病

1. 通病现象（图 1.3-29）

图 1.3-29　分体始发引起的质量通病

2. 规范标准相关规定

（1）《地下铁道工程施工质量验收标准》GB/T 50299—2018；

（2）《地铁隧道工程盾构施工技术规程》DG/TJ 08—2041—2008；

（3）《盾构法隧道施工及验收规范》GB 50446—2017。

3. 原因分析

（1）场地受限制，始发井空间无法满足整机始发要求；

（2）空间限制水平运输编组渣土斗无法配套，渣土排渣吊运采用小斗；

（3）后配套台车管路线路须进行多次拆除接驳，容易造成设备故障，且影响工期；

（4）延长的管线、电缆及水管在盾体推进过程容易损坏；

（5）垂直运输过程容易造成台车设备及延长管线碰撞、损坏；

（6）负环管片半环始发，盾构主推力不均匀；

（7）大分体模式，砂浆罐与盾尾相差过远。

4. 防治措施

（1）始发井设计及前期工作过程尽量考虑足够的始发空间；

（2）采用小编组、小土斗进行渣土吊运；

（3）做好分体始发的方案设计及审批工作，在始发过程中严格按照方案要求进行操作；

（4）延长的管线、电缆及水管应注意适当预留足够的长度满足盾构推进向前伸长，避免造成拉扯；

（5）接驳的延长管线应做好保护措施，采用卡箍固定在井壁上，防止垂直运输过程刮碰；

（6）负环管片半环始发，应做好主推力计算，及时进行反力架与负环管片之间的钢支撑安装保障盾构反推力均匀受力；

（7）在大分体始发时，应提前做好注浆管延长接驳工作以满足壁后注浆的及时进行。

5. 工程实例图片（图 1.3-30）

图 1.3-30　分体始发

1.3.16 通病名称：盾构推进困难

1. 通病现象（图 1.3-31）

2. 规范标准相关规定

（1）《地下铁道工程施工质量验收标准》GB/T 50299—2018；

（2）《地铁隧道工程盾构施工技术规程》DG/TJ 08—2041—2008；

（3）《盾构法隧道施工及验收规范》GB 50446—2017。

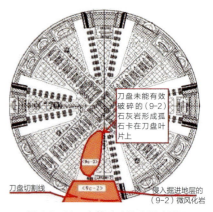

图 1.3-31　未能破碎的高强度岩石或孤石卡住刀盘，造成掘进困难

3. 原因分析

（1）盾构正面地层发生变化；

（2）盾构刀盘结泥饼，进土不顺畅及渣土改良差；

（3）推进千斤顶内泄漏，达不到其本身的最高额定油压；

（4）边缘刀具磨损严重，挖掘半径变小；

（5）土压设置太高，未及时排土；

（6）刀具磨损严重，切削土体困难；

（7）泥水盾构泥水平衡系统未能建立或泥水压力过高；

（8）孤石、花岗岩及软硬不均等不良地层中，盾构掘进困难。

4. 防治措施

（1）采取辅助技术，尽量在工作面内进行障碍物清理。在条件许可的情况下，也可采取大开挖施工法清理正面障碍物或预处理孤石、花岗岩的地层。

（2）合理设计进土孔的尺寸，保证出土畅通，采用有效的渣土改良措施。

（3）隧道轴线设计前，应对盾构穿越沿线作详细的地质勘查，摸清沿线影响盾构推进的障碍物的具体位置、深度，轴线设计时要考虑到这一状况。

（4）详细了解盾构推进断面内的土质状况，以便及时优化调整土压设定值、推进速度等施工参数：

1）对刀盘进行改造加焊耐磨网格，经常检修推进千斤顶，确保其运行良好；

2）合理设定平衡压力，加强施工动态管理，及时调整控制平衡压力值。

5. 工程实例图片（图1.3-32）

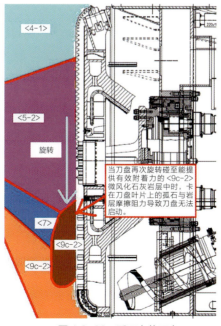

图1.3-32 孤石卡住刀盘

1.3.17 通病名称：掘进参数与地层不匹配

1. 通病现象（图1.3-33）

2. 规范标准相关规定

（1）《地下铁道工程施工质量验收标准》GB/T 50299—2018；

（2）《地铁隧道工程盾构施工技术规程》DG/TJ 08—2041—2008；

（3）《盾构法隧道施工及验收规范》GB 50446—2017。

3. 原因分析

（1）围护结构施工及基坑开挖过程中未对地层情况进行分析记录；

（2）补勘工作不到位；

（3）试掘进的掘进参数计算不合理或有误；

（4）未详细研究地质资料及进行掘进风险点排查，掘进过程渣土取样分析不到位，未及时做好地层变化点掘进参数的调整；

（5）盾构机土压传感器故障未及时处理，土压显示不正确。

图1.3-33 孤石

4. 防治措施

（1）围护结构及基坑开挖过程应注意地质情况分析记录工作，与地质勘探资料进行对比，掌握地层实际情况；

（2）在盾构始发前按要求进行补勘，特别是详勘资料中存在疑问和勘探不到位的地方；

（3）按照相关要求及具体地层情况进行试掘进参数的计算及拟定工作，试掘进参数的计算应经过审批批准；

（4）掘进过程每环进行渣样取样及分析工作，掌握刀盘实际地层情况；

（5）熟悉好图纸资料，在地层变化、裂隙、风化槽及地面建构筑物变化的点位拟定应对措施，做好施工操作人员的交底工作；

（6）及时进行盾构机维修保养工作，故障部件及时修理不带病作业；

（7）严格节点验收工作，按照节点验收要求把关始发准备工作。

5. 工程实例图片（图1.3-34）

图1.3-34 掘进参数控制

1.3.18 通病名称：渣土改良系统效果不理想

1. 通病现象（图 1.3-35）

图 1.3-35 渣土改良系统效果不理想

2. 规范标准相关规定

（1）《地下铁道工程施工质量验收标准》GB/T 50299—2018；

（2）《地铁隧道工程盾构施工技术规程》DG/TJ 08—2041—2008；

（3）《盾构法隧道施工及验收规范》GB 50446—2017。

3. 原因分析

（1）泡沫、膨润土等添加剂使用不当；

（2）未按地层实际情况采取针对性进行渣土改良措施；

（3）掘进参数影响。

4. 防治措施

（1）分析地层地质情况，按照地质进行渣土改良试验确定改良方案；

（2）合理使用相关添加剂；

（3）注意做好掘进参数的调整。

5. 工程实例图片（图 1.3-36）

图 1.3-36 渣土改良材料

1.3.19 通病名称：盾构机产生后退

1. 通病现象（图 1.3-37）

图 1.3-37 盾构机产生后退

2. 规范标准相关规定

（1）《地下铁道工程施工质量验收标准》GB/T 50299—2018；

（2）《地铁隧道工程盾构施工技术规程》DG/TJ 08—2041—2008；

（3）《盾构法隧道施工及验收规范》GB 50446—2017。

3. 原因分析

（1）盾构千斤顶自锁性能不好，千斤顶回缩；

（2）千斤顶安全溢流阀压力设定过低，使千斤顶无法顶住盾构正面的土压力；

（3）盾构拼装管片时千斤顶缩回的个数过多，并且没有控制好最小应有的防后退顶力；

（4）误操作，同时收缩全部千斤顶。

4. 防治措施

（1）加强盾构千斤顶的维修保养工作，防止产生内泄漏；

（2）安全溢流阀的压力调定到规定值；

（3）拼装时不多缩千斤顶，管片拼装到位及时伸出千斤顶到规定压力；

（4）盾构发生后退，应及时采取预防措施防止后退的情况进一步加剧，如因盾构后退而无法拼装，可进行二次推进；

（5）做好操作人员的交底教育，降低误操作。

5. 工程实例图片（图 1.3-38）

图 1.3-38

1.3.18 通病名称：渣土改良系统效果不理想

1. 通病现象（图1.3-35）

图1.3-35　渣土改良系统效果不理想

2. 规范标准相关规定

（1）《地下铁道工程施工质量验收标准》GB/T 50299—2018；

（2）《地铁隧道工程盾构施工技术规程》DG/TJ 08—2041—2008；

（3）《盾构法隧道施工及验收规范》GB 50446—2017。

3. 原因分析

（1）泡沫、膨润土等添加剂使用不当；

（2）未按地层实际情况采取针对性进行渣土改良措施；

（3）掘进参数影响。

4. 防治措施

（1）分析地层地质情况，按照地质进行渣土改良试验确定改良方案；

（2）合理使用相关添加剂；

（3）注意做好掘进参数的调整。

5. 工程实例图片（图1.3-36）

图1.3-36　渣土改良材料

1.3.19 通病名称：盾构机产生后退

1. 通病现象（图 1.3-37）

图 1.3-37　盾构机产生后退

2. 规范标准相关规定

（1）《地下铁道工程施工质量验收标准》GB/T 50299—2018；

（2）《地铁隧道工程盾构施工技术规程》DG/TJ 08—2041—2008；

（3）《盾构法隧道施工及验收规范》GB 50446—2017。

3. 原因分析

（1）盾构千斤顶自锁性能不好，千斤顶回缩；

（2）千斤顶安全溢流阀压力设定过低，使千斤顶无法顶住盾构正面的土压力；

（3）盾构拼装管片时千斤顶缩回的个数过多，并且没有控制好最小应有的防后退顶力；

（4）误操作，同时收缩全部千斤顶。

4. 防治措施

（1）加强盾构千斤顶的维修保养工作，防止产生内泄漏；

（2）安全溢流阀的压力调定到规定值；

（3）拼装时不多缩千斤顶，管片拼装到位及时伸出千斤顶到规定压力；

（4）盾构发生后退，应及时采取预防措施防止后退的情况进一步加剧，如因盾构后退而无法拼装，可进行二次推进；

（5）做好操作人员的交底教育，降低误操作。

5. 工程实例图片（图 1.3-38）

图 1.3-38

1.3.20 通病名称：盾尾密封装置泄露

1. 通病现象（图1.3-39）

图 1.3-39　盾尾密封装置泄漏

2. 规范标准相关规定

（1）《地下铁道工程施工质量验收标准》GB/T 50299—2018；

（2）《地铁隧道工程盾构施工技术规程》DG/TJ 08—2041—2008；

（3）《盾构法隧道施工及验收规范》GB 50446—2017。

3. 原因分析

（1）管片与盾尾不同心，使盾尾和管片间的空隙局部过大，超过密封装置的密封功能界限；

（2）密封装置受偏心的管片过度挤压后，产生塑性变形，失去弹性，甚至损坏钢丝刷，密封性能下降；

（3）盾尾密封油脂压注不充分，盾尾钢刷内侵入了注浆的浆液并固结，盾尾刷的弹性丧失，密封性能下降；

（4）盾构后退，造成盾尾刷与管片间发生刷毛方向相反的运动，使刷毛反卷，盾尾刷变形而密封性能下降，严重影响盾尾密封寿命；

（5）盾尾密封油脂的质量不好，对盾尾钢丝刷起不到保护的作用，或因油脂中含有杂质堵塞泵，使油脂压注量达不到要求。

4. 防治措施

（1）做好管片选型、调节盾尾间隙；采用手动注入油脂，有效预防盾尾油脂不饱满；

（2）对已经产生泄漏的部位集中压注盾尾油脂，恢复密封的性能；

（3）管片拼装时在管片背面塞入海绵，将泄漏部位堵住；

（4）有多道盾尾钢丝刷的盾构，可将最里面的一道盾尾刷更换，以保证盾尾刷的密封性；

（5）从盾尾内清除密封装置钢刷内杂物；

（6）准确控制好盾构姿态，避免盾构产生后退现象。

5. 工程实例图片（图1.3-40）

图1.3-40　盾尾密封良好

1.3.21　通病名称：衬砌注浆不饱满、不密实

1. 通病现象（图1.3-41）

图1.3-41　注浆不饱满渗漏水严重

2. 规范标准相关规定

（1）《地下铁道工程施工质量验收标准》GB/T 50299—2018；

（2）《地铁隧道工程盾构施工技术规程》DG/TJ 08—2041—2008；

（3）《盾构法隧道施工及验收规范》GB 50446—2017。

3. 原因分析

（1）停止注浆的时间太长，留在浆管中的浆液结硬，引起堵塞；

（2）浆液中的砂含量太高，沉淀在浆管中，使浆管通径逐渐减小，引起堵塞；

（3）浆管的三通部位在压浆过程中有浆液积存，时间长了就沉淀凝固；

(4)未及时清通管路;

(5)二次补充注浆量不足;

(6)盾构掘进速度快,注浆量补充不足;

(7)未按压力和注浆量双挖的原则控制注浆量。

4. 防治措施

(1)将堵塞的管子拆下,将堵塞物清理干净后重新接好管路;

(2)每次注浆完成后应及时用清水冲洗注浆管,以防停止注浆期间管内的浆液凝固导致堵管,必要时注纯膨润土进行洗管;

(3)注浆所用的浆液配比应合理设定,禁止使用大颗粒的材料做注浆材料;

(4)及时进行二次注浆并且保证注浆量能满足要求;

(5)严格按双控的原则确保注浆效果。

5. 工程实例图片(图 1.3-42)

图 1.3-42 管片注浆密实,效果良好

1.3.22 通病名称:盾构机姿态异常

1. 通病现象(图 1.3-43)

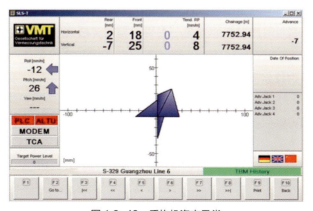

图 1.3-43 盾构机姿态异常

2. 规范标准相关规定

(1)《地下铁道工程施工质量验收标准》GB/T 50299—2018;

(2)《地铁隧道工程盾构施工技术规程》DG/TJ 08—2041—2008;

(3)《盾构法隧道施工及验收规范》GB 50446—2017;

(4)《工程测量规范》GB 50026—2007;

(5)《城市轨道交通工程测量规范》GB/T 50308—2017。

3. 原因分析

(1)掘进参数设置不合理,千斤顶行程及压力差过大、掘进速度过快;

(2)砂层、淤泥层及上软下硬等不良地质;

(3)管片选型不合理;

(4)壁后同步注浆不到位,成型管片偏移及上浮,影响盾体姿态;

(5)测量数据不准确,测量系统故障或人工复核不及时、误操作;

(6)线型变化未及时调整姿态;

(7)纠偏过猛造成线路出现蛇行;

(8)盾构长时间停机;

(9)盾构机转站不规范。

4. 防治措施

(1)合理选择掘进参数,注意千斤顶行程差及压力差变化,及时进行调整,合理控制掘进速度,避免速度过快造成姿态控制困难。

(2)做好地质资料分析及补勘工作,提前拟定应对措施,掘进过程中同步进行渣土分析,掌握实际地层情况,及时调整盾构掘进参数。

(3)严格按照要求每环进行盾尾间隙测量,综合考虑间隙、行程差及隧道线型情况进行管片选型。

(4)按照掘进及地层情况合理选择注浆配比,压力、方量及时间三控制,减少管片移位及上浮。

(5)及时进行管片姿态复测,进行数据对比分析;按照掘进进度及时进行搬站。

(6)熟悉设计图纸,加强技术交底,合理设置缓和曲线,提前做好进入转弯段调整准备。

(7)盾构姿态出现偏差后不能强行纠偏或纠偏过猛,应制定合理的纠偏方案,避免线路蛇行。

(8)做好盾构停机保压工作,密切关注停机土压及姿态变化。

(9)严格按照隧道内转站要求执行,转站必须从业主测量队复核的控制点出发,严禁直接从吊篮上直接转站,并用第三个测量控制点加以复核。

5. 工程实例图片（图 1.3-44）

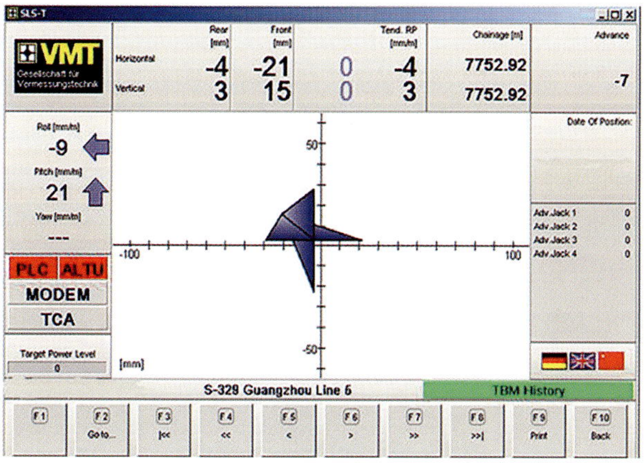

图 1.3-44　盾构机姿态正常

1.3.23　通病名称：盾构隧道管片错台

1. 通病现象（图 1.3-45）

2. 规范标准相关规定

（1）《地下铁道工程施工质量验收标准》GB/T 50299—2018；

（2）《地铁隧道工程盾构施工技术规程》DG/TJ 08—2041—2008；

（3）《盾构法隧道施工及验收规范》GB 50446—2017。

3. 原因分析

（1）管片选型有误；

（2）拼装时前后两环管片间夹有杂物；

（3）千斤顶的顶力不均匀，使环缝间的止水条压缩量不相同；

（4）纠偏楔子的粘贴部位、厚度不符合要求；

（5）止水条粘贴不牢，拼装时翻到槽外，导致与前一环的环面不密贴，引起该块管片凸出；

（6）成环管片的环、纵向螺栓没有及时拧紧及复紧；

（7）纠偏过急，盾尾间隙小，管片拖出盾尾后错台；

（8）注浆填充效果差，管片下沉变形。

图 1.3-45　管片环面错台较大

4. 防治措施

（1）拼装前应检查前一环管片的环面情况，以决定本环拼装时的纠偏量及纠偏措施；应清除环面内和盾尾内的各种杂物；控制好千斤顶确保顶力均匀；提高纠偏楔子的粘贴质量；确保止水条粘贴可靠；盾构推进时，骑缝千斤顶应开启以保证环面平整。

（2）对于已形成环面不平的管片，在下一环及时加贴楔子纠正环面，使环面平整。

（3）控制掘进姿态，纠偏量不宜过大。

（4）做好管片选型、控制行程查，减少折角，同时控制盾尾间隙。

（5）有效延长盾尾刷寿命，提高注浆填充效果。

5. 工程实例图片（图 1.3-46）

图 1.3-46　管片环面无错台

1.3.24　通病名称：纵缝偏差大

1. 通病现象（图 1.3-47）

图 1.3-47　纵缝错台

2. 规范标准相关规定

（1）《地下铁道工程施工质量验收标准》GB/T 50299—2018；

（2）《地铁隧道工程盾构施工技术规程》DG/TJ 08—2041—2008；

（3）《盾构法隧道施工及验收规范》GB 50446—2017。

3. 原因分析

（1）拼装时管片没有放正，盾壳内有杂物，使落底块管片放不到位或产生上翘、下翻，环面有杂物夹入环缝，也会使纵缝产生前后喇叭；

（2）拼装时管片未能形成正圆，造成内外张角；

（3）前一环管片的基准不准，造成新拼装的管片位置亦不准；

（4）隧道轴线与盾构的实际中心线不一致，使管片与盾壳相碰，无法拼成正圆，只能拼成椭圆，纵缝质量也就无法保证；

（5）注浆不饱满，导致隧道管片下沉变形。

4. 防治措施

（1）用整圆器进行整圆，通过整圆来改善纵缝的偏差；

（2）管片出盾尾，环向螺栓再进行一次复紧，可改善纵缝的变形；

（3）管片被周围土体包裹住以后，椭圆度会相应地减小，纵缝压密程度提高，此时将螺栓进行复紧可取得较好的效果；

（4）采用局部加贴楔子的办法，作纵缝质量的纠正；

（5）严格控制注浆质量，做好止水环预防喷涌产生塌方等次生质量问题。

5. 工程实例图片（图 1.3-48）

图 1.3-48　管片无错台

1.3.25 通病名称：螺栓未拧紧

1. 通病现象（图1.3-49）

2. 规范标准相关规定

（1）《地下铁道工程施工质量验收标准》GB/T 50299—2018；

（2）《地铁隧道工程盾构施工技术规程》DG/TJ 08—2041—2008；

（3）《盾构法隧道施工及验收规范》GB 50446—2017。

图1.3-49 螺栓未拧紧

3. 原因分析

（1）拼装质量不好，导致相邻管片之间错位严重，有的螺栓无法穿进。

（2）螺栓加工质量不好，螺纹的尺寸超差，造成螺母松动或无法拧紧。

（3）施工过程中只注意进度，忽视了拧紧螺栓的工作。有时甚至出现螺栓上未套螺母的情况。

（4）未及时进行复紧，尤其是底部、两肩部位的螺栓，复紧难度大，往往漏拧。

4. 防治措施

（1）未穿入螺栓的管片，可采用特殊工具对螺栓孔进行扩孔，使螺栓可以穿过；

（2）对不能穿过的孔换用小直径、等强度的螺栓；

（3）加工专用平台，对隧道的所有连接螺栓进行检查和复紧；

（4）采用力矩扳手，仔细检查每根套丝是否拧紧。

5. 工程实例图片（图1.3-50）

图1.3-50 对螺栓复紧

1.3.26　通病名称：管片环面与隧道轴线不垂直

1. 通病现象（图 1.3-51）

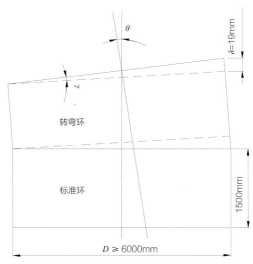

图 1.3-51　管片环面与隧道轴线不垂直

2. 规范标准相关规定

（1）《地下铁道工程施工质量验收标准》GB/T 50299—2018；

（2）《地铁隧道工程盾构施工技术规程》DG/TJ 08—2041—2008；

（3）《盾构法隧道施工及验收规范》GB 50446—2017。

3. 原因分析

（1）拼装时前后两环管片间夹有杂物，导致相邻管片间的环缝张开量不均匀；

（2）千斤顶的顶力不均匀，导致止水条压缩量不相同，累积后使环面与轴线不垂直；

（3）纠偏楔子的粘贴部位和厚度不符合要求；

（4）前一面的环线与设计轴线不垂直；

（5）盾构掘进单向纠偏过多，使管片环缝压密量不均匀，导致环面出现竖直度偏差；

（6）管片选型不恰当，行程差大，管片与设计轴线折角就大。

4. 防治措施

（1）拼装时应防止杂物夹杂在管片环缝之间；

（2）尽量多开启千斤顶，以使盾构纠偏的力变化均匀；

（3）在施工中应经常测量管片环面的垂直度，发现问题应及早安排纠偏；

（4）提高纠偏楔子的粘贴质量；

（5）应确保防水条粘贴可靠；

（6）管片选型重点减少行程差，兼顾盾尾间隙。

5. 工程实例图片（图 1.3-52）

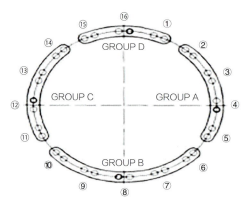

图 1.3-52　管片环面与隧道轴线垂直

1.3.27　通病名称：盾构隧道椭变

1. 通病现象（图 1.3-53）

图 1.3-53　隧道椭变错台较大

2. 规范标准相关规定
（1）《地下铁道工程施工质量验收标准》GB/T 50299—2018；
（2）《地铁隧道工程盾构施工技术规程》DG/TJ 08—2041—2008；
（3）《盾构法隧道施工及验收规范》GB 50446—2017。

3. 原因分析
（1）管片的拼装位置中心与盾尾的中心不同心，管片无法在盾尾内拼装成正圆，只能拼装成椭圆形；
（2）管片的环面与盾构轴线不垂直，使管片与盾构的中心不同心；
（3）单边注浆使管片受力不均匀；
（4）隧道管片背衬填充质量的管理。

4. 防治措施
（1）采用楔形环管片纠正隧道的轴线，使管片的拼装位置处在盾尾的中心；

（2）控制盾构纠偏，使管片能在盾尾内居中拼装；

（3）待管片脱出盾尾后，由于四周泥土的挤压力近似相等，使椭圆形管片逐渐恢复圆形，此时对管片的环向螺栓进行复紧，使各块管片的连接可靠；

（4）经常纠正盾构的轴线，使盾构沿着设计轴线前进，管片能居中拼装；

（5）经常纠正管片的环面，使环面与盾构轴线垂直，管片始终跟随着盾构的轴线，使管片与盾尾的建筑空隙保持均匀；

（6）注浆时注意注浆管的布置位置，使管片均匀受力；

（7）加强注浆填充质量的管理。

5. 工程实例图片（图 1.3-54）

图 1.3-54　盾构隧道椭变控制

1.3.28　通病名称：盾构隧道侵限

1. 通病现象（图 1.3-55）

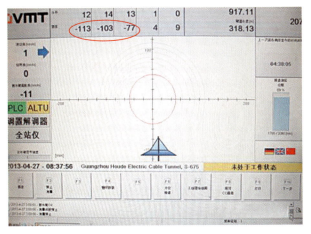

图 1.3-55　盾构机掘进姿态超限

2. 规范标准相关规定

（1）《地下铁道工程施工质量验收标准》GB/T 50299—2018；

（2）《地铁隧道工程盾构施工技术规程》DG/TJ 08—2041—2008；

（3）《盾构法隧道施工及验收规范》GB 50446—2017；

（4）《工程测量规范》GB 50026—2007；

（5）《城市轨道交通工程测量规范》GB/T 50308—2017。

3. 原因分析

（1）测量误差大，自动测量累积的误差大，人工复测不及时；

（2）盾构操作及管片选型事务，盾构姿态失控；

（3）不良地层，导致盾构栽头、上飘；

（4）设计线路计算或导入数据有误；

（5）导向系统未及时进行搬站，盾构盲推。

4. 防治措施

（1）重视测量工作，多级复核，人工及自动测量互相校队；

（2）加强管片选型及盾构操作的交底培训；

（3）对不良地层采用预处理的措施；

（4）曲线掘进要提前拟合掘进线路预控；急转弯宜选用小宽度的管片；

（5）导向系统应及时进行搬站，严禁盲推，推进过程结合管片姿态复测数据进行盾体姿态的分析，及时发现异常进行调整。

5. 工程实例图片（图1.3-56）

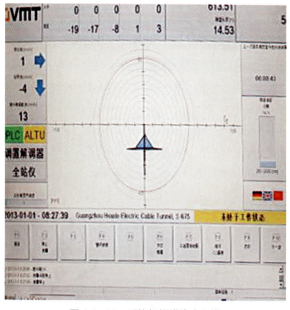

图1.3-56 盾构机掘进姿态正常

1.3.29 通病名称：管片破损

1. 通病现象（图 1.3-57）

2. 规范标准相关规定

（1）《地下铁道工程施工质量验收标准》GB/T 50299—2018；

（2）《地铁隧道工程盾构施工技术规程》DG/TJ 08—2041—2008；

（3）《盾构法隧道施工及验收规范》GB 50446—2017；

（4）《盾构隧道管片质量检测技术标准》CJJ/T 164—2011。

图 1.3-57　管片破损严重

3. 原因分析

（1）管片运输过程保护不到位，如叉车磕碰、盾体内双轨梁吊装过程磕碰、未使用喂片机情况下管片直接放在成型管片上；

（2）拼装过程操作不当，定位不准，K 块插入空间不足，K 块润滑剂涂抹不到；

（3）吊装头安装不正确，吊装头与管片间没有保护措施；

（4）管片自身强度不足；

（5）管片选型不当、造成管片受力不均匀，管片环缝断面不平整，造成受力不均；

（6）盾构姿态差，管片中心与盾体中心偏差，造成管片受力不均；

（7）问题管片修补不到位，拼装过程及拼装后挤压受力重新出现破损；

（8）盾尾间隙控制不当；

（9）设备问题，管片拼装机性能落后；采用真空吸盘，吸盘口与管片的刚性接触；

（10）靴板破损或扭转、撑靴面板磨损失效；

（11）拼装前未清洗管片，不同模具生产管片混拼。

4. 防治措施

（1）合理使用吊运设备，做好吊运过程中管片的保护工作，使用喂片机进行盾体内管片运送；

（2）加强现场拼装质量的管理，加强拼装手的技术交底教育及考核工作，建立健全的质量管理体系保障管片拼装符合规程；

（3）瓶装管片必须按照相关要求进行操作，K 块拼装前涂抹润滑剂；

（4）在吊装头与管片接触面之间增加缓冲垫，避免吊装头挤压管片导致破损；

（5）加强管片生产质量控制，管片出厂前必须进行回弹试验，强度及龄期达到要求方可出厂；

（6）严格审核承包商的管片修补方案，现场严格按照方案进行管片修补；

（7）做好掘进参数的控制及选片选型工作，避免管片受力不均造成管片破损；

（8）管片选型必须综合考虑盾尾间隙、千斤顶行程差、盾构机姿态等参数，避免间隙偏差造成盾体卡管片现象；

（9）做好盾构机选型工作，避免使用性能落后的拼装机进行拼装；

（10）拼装管片后千斤顶顶紧过程应注意做好撑靴扶正，做好撑靴板的检查及维修保养工作；

（11）管片拼装前必须按要求进行清洗，把管片上的泥污清洗干净；

（12）做好管片成环配对工作，按照同一模具同一批号管片进行配环，避免不同模具的管片混拼。

5. 工程实例图片（图 1.3-58）

图 1.3-58　成型管片无破损

1.3.30　通病名称：管片裂缝

1. 通病现象（图 1.3-59）

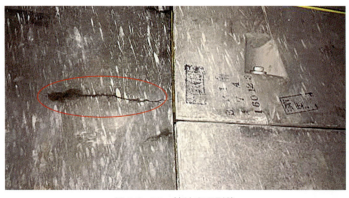

图 1.3-59　管片出现裂缝

2. 规范标准相关规定

（1）《地下铁道工程施工质量验收标准》GB/T 50299—2018；
（2）《地铁隧道工程盾构施工技术规程》DG/TJ 08—2041—2008；
（3）《盾构法隧道施工及验收规范》GB 50446—2017；
（4）《盾构隧道管片质量检测技术标准》CJJ/T 164—2011。

3. 原因分析

（1）管片生产质量控制及验收不严，自身裂缝；
（2）千斤顶分组油缸压力差大，造成管片受力不均；
（3）管片椭变；
（4）管片错台。

4. 防治措施

（1）严格做好管片生产、出厂及到达施工现场的进场验收工作，仔细检查管片表观质量，存在裂缝的管片禁止出厂、使用；
（2）做好盾构机掘进参数的控制，避免推力过大；
（3）做好管片选型工作，避免分组千斤顶行程差过大，造成管片受力不均；
（4）严格做好管片安装质量管理，及时进行管片螺栓的紧固及复紧工作；
（5）按照相关要求及时进行管片姿态的复测及管片椭变监测，形成报表；
（6）严格审核承包商的管片修补方案，现场严格按照方案进行管片修补。

5. 工程实例图片（图 1.3-60）

图 1.3-60　管片无裂缝

1.3.31　通病名称：管片接缝渗漏

1. 通病现象（图 1.3-61）

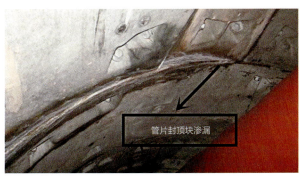

图 1.3-61　管片封顶块渗漏

2. 规范标准相关规定

（1）《地下铁道工程施工质量验收标准》GB/T 50299—2018；

（2）《地铁隧道工程盾构施工技术规程》DG/TJ 08—2041—2008；

（3）《盾构法隧道施工及验收规范》GB 50446—2017；

（4）《盾构隧道管片质量检测技术标准》CJJ/T 164—2011；

（5）《地下工程防水技术规范》GB 50108—2008。

3. 原因分析

（1）管片拼装的质量不好，接缝中有杂物，管片纵缝有内外张角、前后喇叭等，管片之间的缝隙不均匀，局部缝隙太大，使止水条无法满足密封的要求，周围的地下水就会渗漏进隧道；

（2）管片碎裂，破损范围达到粘贴止水条的止水槽时，尤其是管片角部碎裂，止水条与管片间不能密贴，水就从破损处渗漏进隧道；

（3）纠偏量太大，所贴的楔子垫块厚度超过止水条的有效作用范围；

（4）止水条粘贴质量不好，粘贴不牢固，使止水条在拼装时松脱或变形，无法起到止水作用；

（5）止水条质量不符合质量标准，强度、遇水膨胀倍率等参数不符合要求，而使止水能力下降；

（6）对已贴好止水条的管片保护不好，止水条在拼装前已遇水膨胀，管片拼装困难且止水能力下降；

（7）管片外弧角混凝土破损，止水条防水失效；

（8）管片错台大，管片之间的止水条没法挤压，失效。

4. 防治措施

（1）对渗漏部分的管片接缝进行注浆。

（2）利用水硬性材料在渗漏点附近进行壁后注浆。

（3）对管片的纵缝和环缝进行嵌缝，嵌缝一般采用遇水膨胀材料嵌入管片内侧预留的槽中，外面封上水泥砂浆以达到堵漏的目的。

（4）提高管片的拼装质量，及时纠正环面，拼装时保证管片的整圆度和止水条的正常工况，提高纵缝的拼装质量。

（5）对破损的管片及时进行修补，运输过程中造成的损坏应在贴止水条以前修补好；对于因为管片与盾壳相碰而在推进或拼装过程中被挤坏的管片，也应原地进行修补，以对止水条起保护作用。

（6）控制衬垫的厚度，在贴过较厚衬垫处的止水条上应按规定加贴一层遇水膨胀橡胶条。

（7）应严格按照粘贴止水条的规程进行操作，清理止水槽，胶水不流淌以后才能粘贴止水条。

（8）采购质量好的止水条产品，在施工过程中定期抽检止水条的质量，产品须检验合格方能使用。

（9）在施工现场加防雨棚等防护设施，加强对管片的保护；根据情况也可对膨胀性止水条涂缓膨胀剂，确保施工的质量。

（10）避免纠偏过急、下沉等产生大错台的事件。

1.3.32 通病名称：管片压浆孔渗漏

1. 通病现象（图1.3-62）

2. 规范标准相关规定

（1）《地下铁道工程施工质量验收标准》GB/T 50299—2018；

（2）《地铁隧道工程盾构施工技术规程》DG/TJ 08—2041—2008；

（3）《盾构法隧道施工及验收规范》GB 50446—2017；

（4）《盾构隧道管片质量检测技术标准》CJJ/T 164—2011；

（5）《地下工程防水技术规范》GB 50108—2008。

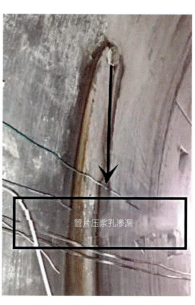

图1.3-62 管片压浆孔渗漏

3. 原因分析

（1）压浆孔的闷头未拧紧；

（2）压浆孔的闷头螺纹与预埋螺母的间隙大；

（3）利用吊装孔注浆后，未有效封堵。

4. 防治措施

（1）将闷头拧出，重新按要求拧紧；

（2）在压浆孔内注少量水泥浆堵漏，然后再用闷头闷住。

（3）要用扳手拧紧压浆孔的闷头；

（4）在闷头的丝口上缠生料带，以起到止水的作用；

（5）用堵漏材料把注浆口封住。

5. 工程实例图片（图1.3-63）

图1.3-63 管片压浆孔压浆后无渗漏

1.3.33 通病名称：管片纵、环缝渗漏

1. 通病现象（图 1.3-64）

图 1.3-64　管片止水粘贴脱落

2. 规范标准相关规定

（1）《地下铁道工程施工质量验收标准》GB/T 50299—2018；

（2）《地铁隧道工程盾构施工技术规程》DG/TJ 08—2041—2008；

（3）《盾构法隧道施工及验收规范》GB 50446—2017；

（4）《盾构隧道管片质量检测技术标准》CJJ/T 164—2011；

（5）《地下工程防水技术规范》GB 50108—2008；

（6）《高分子防水材料 第 4 部分：盾构法隧道管片用橡胶密封垫》GB 18173.4—2010。

3. 原因分析

（1）防水材料未经抽样检验或技术指标不符合规范要求；

（2）管片嵌缝防水材料粘贴时槽缝未经清理、不平整且在抹胶时基面未经风干，造成防水材料粘贴不牢；

（3）管片运输及装拼的过程中不注意损坏防水材料；

（4）管片拼装施工中不注意控制相邻管片的错台率造成相邻管片间防水胶条的搭接量或压缩量不足；

（5）成型后管片背后注浆不充分；

（6）隧道管片运输、拼装碰撞导致管片外弧石混凝土大面积破损。

4. 防治措施

（1）严格执行防水材料进场检查验收，使用符合设计要求且型号及尺寸与管片型号配套的防水密封材料；

（2）防水材料在运输、堆放、使用前应采取防雨防潮措施对其进行保管；

（3）粘胶时应注意对管片槽缝进行风干处理，尽量避开雨天粘胶，且对混凝土基面进行处理；

（4）严格执行管片进场及工序施工检查验收制度；

（5）及时对成型管片背后进行注浆处理；

（6）控制管片生产运输及拼装的关键质量环节。

1.3.34　通病名称：联络通道与隧道管片接缝渗漏

1. 通病现象（图1.3-65）

图 1.3-65　接缝渗水

2. 规范标准相关规定

（1）《地下铁道工程施工质量验收标准》GB/T 50299—2018；

（2）《地铁隧道工程盾构施工技术规程》DG/TJ 08—2041—2008；

（3）《盾构法隧道施工及验收规范》GB 50446—2017；

（4）《盾构隧道管片质量检测技术标准》CJJ/T 164—2011；

（5）《地下工程防水技术规范》GB 50108—2008；

（6）《高分子防水材料 第4部分：盾构法隧道管片用橡胶密封垫》GB 18173.4—2010。

3. 原因分析

（1）外贴式止水带没贴、漏贴、损坏或搭接不当；

（2）没有使用水膨性止水胶或填充不饱满、粘贴面不平没密贴；

（3）联络通道初衬及二衬连接处的混凝土质量不过关，存在孔洞、气泡及开裂等；

（4）联络通道位置附近管片衬背间隙未注浆饱满，地下水量大，局部水压过大而致使接缝防水失效出现渗漏；

（5）基面不干燥，地下水未采取集中引排、混凝土结构终凝前已击穿。

4. 防治措施

（1）保证外贴式止水带原材料质量，施工前再次检查无质量问题后方可进行粘贴；

（2）止水带需贴满，不得漏贴，搭接得当，基面要平整，保证密贴及粘贴牢靠；

（3）联络通道初衬、二衬接缝处的混凝土加强振捣，保证密实；

（4）联络通道位置附近管片需要进行二次注浆，将管片衬背间隙填充饱满，防止接缝处水压局部增大，导致防水薄弱处产生渗漏；

（5）接口基面必须引排结合，保持基面干燥，引水管宜采用带阀门的钢管。

5. 工程实例图片（图1.3-66）

图1.3-66 成型隧道管片无渗漏

1.3.35 通病名称：洞门与隧道管片接缝渗漏、不平顺

1. 通病现象（图1.3-67）

图1.3-67 接缝不平顺

2. 规范标准相关规定

（1）《地下铁道工程施工质量验收标准》GB/T 50299—2018；

（2）《地铁隧道工程盾构施工技术规程》DG/TJ 08—2041—2008；

(3)《盾构法隧道施工与验收规范》GB 50446—2017；

(4)《盾构隧道管片质量检测技术标准》CJJ/T 164—2011；

(5)《地下工程防水技术规范》GB 50108—2008。

3. 原因分析

(1)外贴式止水带没贴、漏贴、损坏或搭接不当；

(2)水膨性止水条破损或施工前已被水浸泡而失去膨胀止水作用；

(3)后浇洞门环梁在该连接处的混凝土质量不满足要求，存在孔洞气泡等；

(4)洞门隧道管片二次注浆不饱满，局部接缝地下水压过大，使得接缝防水处理薄弱处产生渗漏；

(5)钢模板变形，不能与隧道管片紧密贴合；

(6)隧道管片错台，钢模板不能与其紧密贴合；

(7)混凝土浇筑过程中或浇筑完但未凝结时，钢模板受碰撞变形，导致混凝土凝固后接口不平顺；

(8)止水条粘贴的基面不干燥或不平整。

4. 防治措施

(1)保证外贴式止水带原材料质量，施工前再次检查无质量问题后方进行粘贴；

(2)止水带需贴满，不得漏贴，搭接得当；

(3)后浇洞门环梁混凝土浇筑时需振捣密实，尤其是3点～9点位置以上部分；

(4)在拆除0环管片前，应对1～3环管片进行二次注浆，将管片衬背填充饱满，避免接缝处地下水压局部增大；

(5)钢模板安装前，对其质量进行检查，确保其弧度与隧道管片吻合；

(6)在1环管片拼装时要特别重视，保证其不发生错台；

(7)混凝土浇筑过程及之后要做好防护工作，保证模板的稳定；

(8)洞门渗漏引排干燥后方粘贴止水条，引排水宜采用带阀的钢管。

5. 工程实例图片（图1.3-68）

图1.3-68　洞门与隧道管片接缝平顺、无渗漏

1.3.36 通病名称：隧道管片修补堵漏外观质量差

1. 通病现象（图1.3-69）

图1.3-69 堵漏外观质量差

2. 规范标准相关规定

（1）《地下铁道工程施工质量验收标准》GB/T 50299—2018；

（2）《地铁隧道工程盾构施工技术规程》DG/TJ 08—2041—2008；

（3）《盾构法隧道施工与验收规范》GB 50446—2017；

（4）《盾构隧道管片质量检测技术标准》CJJ/T 164—2011；

（5）《地下工程防水技术规范》GB 50108—2008。

3. 原因分析

（1）堵漏后未及时清理；

（2）管片修补材料色差较大；

（3）修补的混凝土没养护，收缩开裂，没进行修光打磨；

（4）隧道管片修补没勾缝处理。

4. 防治措施

（1）同批管片生产时尽量选择相同场地的原材料、同一配合比，以及相同厂家相同生产方式生产的水泥，并尽量选择颜色性质相同的水泥；

（2）拆模色差会随时间的流逝而消失，表面充分洒水养护，养护用水必须进行保护，尽量使用慢水养护；

（3）堵漏后及时清理渣土，确保现场的文明施工；

（4）管片混凝土修补面要湿水养护、修光打磨处理；

（5）管片面修补后要勾缝保留原样。

5. 工程实例图片（图 1.3-70）

图 1.3-70　外观质量好

1.4　隧道防排水工程

1.4.1　防水层铺挂不当、保护不当（暗挖隧道）

1. 通病现象

防水层铺挂完成后被电焊烧伤、尖锐物刺破或爆破损伤（图 1.4-1～图 1.4-3）。

混凝土浇筑施工过程中防水层被绷紧挤破；防水层脱落或沿接缝撕裂，混凝土浆液流入防水层后方（图 1.4-4）。

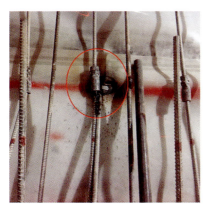

图 1.4-1　防水层被电焊烧伤

图 1.4-2　防水层被划破

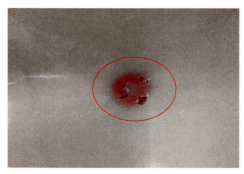
图 1.4-3 防水层焊穿

图 1.4-4 防水层未预留松弛度

2. 标准规范相关规定

（1）相关设计规范

《公路隧道设计规范》JTG D70—2004

10.2.2 隧道采用复合式衬砌时，在初期支护与二次衬砌之间设计防水层及无纺布。要求如下：

2 防水层应采用易于焊接的防水卷材，厚度不小于1.0mm，接缝搭接长度不小于100mm。

（2）相关施工规范

1）《地下工程防水技术规范》GB 50108—2008

4.3.20 铺贴聚氯乙烯防水卷材，接缝采用焊接法施工时，应符合下列规定：

1 卷材的搭接缝可采用单焊缝或双焊缝。单焊缝搭接宽度应为60mm，有效焊接宽度不应小于30mm；双焊缝搭接宽度应为80mm，中间应留设10mm～20mm的空腔，有效焊接宽度不宜小于10mm。

2 焊接缝的结合面应清理干净，焊接应严密。

2）《公路隧道施工技术规范》JTG F60—2009

11.3.6 防水层铺设应符合下列规定：

1 应减少接头。

2 搭接宽度不应小于100mm。焊缝应严密，单条焊缝的有效焊接宽度不应小于12.5mm，不得焊焦焊穿。

3 绑扎或焊接钢筋时，不应损伤防水层。

4 振捣混凝土时，振捣棒不得接触防水层。

4.5.6 塑料防水层应牢固固定在基面上，固定点间距应根据基面平整情况确定，拱部宜为0.5mm～0.8m，边墙宜为1.0mm～1.5m，底部宜为1.5mm～2.0m；局部凹凸较大时，应在凹处加密固定点。

4.5.11 塑料防水层与暗钉圈应焊接牢靠，不得漏焊、假焊和焊穿。

4.5.12 塑料防水层的铺设应平顺，不得有下垂、绷紧和破损现象。

4.5.13 塑料防水层搭接宽度的允许偏差为 −10mm。

3. 原因分析

（1）设计原因

设计未对防水层铺挂松弛度进行要求。

（2）施工原因

1）施工技术交底未对防水层铺挂松弛度、热熔温度、搭接长度等施工具体操作参数进行具体要求。

2）防水层铺挂时未预留一定的松弛度，铺挂过于紧绷。铺挂防水层前未对基面进行平整处理，基面凹凸幅度大，有钢筋头等尖锐物。

3）焊接不牢主要是防水层搭接时热熔温度过低或时间过短，导致虚焊。

4）防水层搭接焊工人操作不当，温度过高造成焊穿，形成孔洞。

5）采用无钉热合方法铺挂时，工人操作不当，焊穿、焊透，形成孔洞。

6）钢筋、模板施工不规范，刺破防水层。电焊施工未对防水层做保护，烧伤防水层。

（3）材料原因

衬垫与防水层不匹配（衬垫熔点高于防水层），造成无法焊牢或焊透两种情况。

4. 预防措施

（1）设计措施

对防水层铺挂的松弛度提出明确施工参数要求。

（2）施工措施

1）加强施工作业人员操作技能培训，确保其操作熟练，降低残品率；

2）防水层施工应作为关键工序，编写作业指导书并对作业层交底，确保一线工人掌握本工序质量控制重点及作业要点，确保施工质量；

3）选用先进的易于操作的焊接仪器；

4）防水卷材与热熔垫圈应配套采购，确保熔点匹配；

5）铺挂防水层前应检查基面是否平顺，割除钢筋头，填补空洞及局部凹陷，凿除局部突出混凝土；

6）防水层铺挂完成后，应设专人进行铺挂质量检查，发现施工质量缺陷，及时修正；

7）防水层铺挂完成后应做好成品保护措施，避免损伤防水层。

5. 治理措施

（1）对焊透、焊穿、烧伤部位进行修补焊接处理，确保防水效果；

（2）对虚焊部位进行补焊；

（3）对搭接长度不足或焊缝宽度不足情况应拆除重新按要求焊接；

（4）对松弛度过大或不足位置进行拆除重新按要求铺设，铺设应松紧适度并留有余量，实铺长度与基面弧长比值为 5∶4，确保混凝土浇筑后防水层表面与初期支护面密贴。

6. 工程实例照片（图1.4-5、图1.4-6）

图1.4-5　防水层松弛度适中　　　　图1.4-6　防水层修补

1.4.2　防水层铺挂不当、保护不当（明挖隧道）

1. 通病现象

卷材扭曲、空鼓，搭接长度不足，穿墙管、落水口等部位未做加强层，接缝连接不牢固，成品保护不当（图1.4-7～图1.4-11）。

图1.4-7　卷材与基层未有效粘贴　　图1.4-8　卷材空鼓　　图1.4-9　卷材搭接处破损

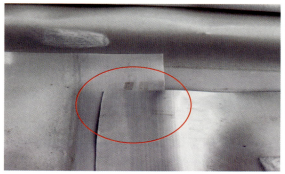

图1.4-10　卷材搭接处翘边　　　　图1.4-11　卷材基面不平

2. 标准规范相关规定

（1）相关设计规范

1)《地铁设计规范》GB 50157—2013

12.3.2 防水层的设置方式应符合下列要求：

9 卷材及其胶黏剂应具有良好的耐水性、耐久性、耐穿刺性、耐腐蚀性和耐菌性，其胶黏剂的粘结质量应符合现行国家标准《地下工程防水技术规范》GB 50108 的有关规定；

2)《地下工程防水技术规范》GB 50108—2008

4.3.7 阴阳角处应做成圆弧或45°坡角，其尺寸应根据卷材品种确定。在阴阳角等特殊部位，应增做卷材加强层，加强层宽度宜为300～500mm。

（2）相关施工规范

《地下工程防水技术规范》GB 50108—2008

4.3.12 卷材防水层的基面应坚实、平整、清洁，阴阳角处应做圆弧或折角，并应符合所用卷材的施工要求。

4.3.13 铺贴卷材严禁在雨天、雪天、五级以上大风中施工。施工过程中下雨或下雪应做好已铺卷材的防护工作。

4.3.14 不同品种防水卷材的搭接宽度，应符合表4.3.14的要求。

防水卷材搭接宽度　　　　表4.3.14

卷材品种	搭接宽度（mm）
弹性体改性沥青防水卷材	100
改性沥青聚乙烯胎防水卷材	100
自粘聚合物改性沥青防水卷材	80
三元乙丙橡胶防水卷材	100/60（胶粘剂/胶粘带）
聚氯乙烯防水卷材	60/80（单焊缝/双焊缝）
	100（胶粘剂）
聚乙烯丙纶复合防水卷材	100（粘结料）
高分子自粘胶膜防水卷材	70/80（自粘胶/胶粘带）

4.3.15 防水卷材施工前，基面应干净、干燥，并应涂刷基层处理剂；当基面潮湿时，应涂刷湿固化型胶粘剂或潮湿界面隔离剂。基层处理剂的配制与施工应符合下列要求：

1 基层处理剂应与卷材及其粘结材料的材性相容；

2 基层处理剂喷涂或刷涂应均匀一致，不应露底，表面干燥后方可铺贴卷材。

4.3.16 铺贴各类防水卷材应符合下列规定：

2 结构底板垫层混凝土部位的卷材可采用空铺法或点粘法施工，其粘结位置、点粘面积应按设计要求确定；侧墙采用外防外贴法的卷材及顶板部位的卷材应采用满粘法施工。

3 卷材与基面、卷材与卷材间的粘结应紧密、牢固；铺贴完成的卷材应平整顺直，搭接尺寸应准确，不得产生扭曲和皱折。

4 卷材搭接处和接头部位应粘贴牢固，接缝口应封严或采用材性相容的密封材料封缝。

5 铺贴立面卷材防水层时，应采取防止卷材下滑的措施。

6 铺贴双层卷材时，上下两层和相邻两幅卷材的接缝应错开1/3～1/2幅宽，且两层卷材不得相互垂直铺贴。

4.3.17 弹性体改性沥青防水卷材和改性沥青聚乙烯胎防水卷材采用热熔法施工应加热均匀，不得加热不足或烧穿卷材，搭接缝部位应溢出热熔的改性沥青。

4.3.18 铺贴自粘聚合物改性沥青防水卷材应符合下列规定：

1 基层表面应平整、干净、干燥、无尖锐突起物或孔隙；

2 排除卷材下面的空气，应辊压粘贴牢固，卷材表面不得有扭曲、皱折和起泡现象；

3 立面卷材铺贴完成后，应将卷材端头固定或嵌入墙体顶部的凹槽内，并应用密封材料封严。

3. 原因分析

（1）基层潮湿、找平层未干、含水率过大、粘结不牢，形成空鼓；

（2）未认真清理沾污的表面，立面铺贴、热作业时操作困难，而导致铺贴不实不严；

（3）转角部位、卷材接缝及收口的部位未铺贴严密、焊好密封，后浇主体结构时，此处卷材被损坏；

（4）阴阳角、转角等卷材受力较大部位未按规定增补附加增强层卷材；

（5）所选用的卷材韧性较差，转角处操作不便，未确保转角卷材铺贴严密；

（6）搭接形式以及长、短边的搭接长度不符合规范要求；

（7）接头处卷材粘结不密实，有空鼓、张嘴、翘边等现象；

（8）接头甩槎部位损坏，甚至无法搭接。

4. 预防措施

（1）卷材防水层施工前，应对基层进行含水率测试，符合要求后方可施工。

（2）地下水位较高时，应把地下水位降至垫层以下500mm，防止由于毛细水上升造成基层潮湿。

（3）铺贴卷材防水前，处理好基层，使卷材铺贴密实、严密、牢固。

（4）铺贴卷材时气温不宜低于5℃。施工过程应确保胶结材料的施工湿度。

（5）阴阳角等处应做成圆弧形，接缝、焊口、收口处施工完毕后要精心操作，认真检查。

（6）转角处应先铺附加增强层卷材，并粘贴严密，尽量选用延伸率大、韧性好的卷材。

（7）在立面与平面的转角处不应留设卷材搭接接缝，卷材搭接缝应留在平面上，距立面不应小于600mm。

（8）穿墙管道处卷材防水层铺实贴严，严禁粘结不严，出现张口、翘边现象，而导致渗漏。对穿墙管道必须认真除锈和尘垢，保持管道洁净，确保卷材防水层与管道粘结牢固。穿墙管道周边抹找平层时，应将管道根部抹成直径不小于 50mm 的圆角，卷材防水层应按转角要求铺贴。

（9）应根据铺贴面积及卷材规格，事先丈量弹出基准线，然后按线铺贴，搭接形式应符合规范要求，立面铺贴自下而上，上层卷材应盖过下层卷材不少于 150mm。平面铺贴时，卷材长短边搭接长度应不少于 100mm，上下两层卷材不得相互垂直铺贴。

（10）接头甩槎应加以保护，避免受到环境或交叉工序的污染和损坏，接头搭接应仔细施工，满涂胶粘剂，并用力压实，最后粘贴封口条，用密封材料封严，宽度不应小于 20mm。

（11）临时性保护墙应用底强度砂浆砌筑以利拆除，临时性保护墙内的卷材不可用胶粘剂粘贴，可用保护隔离层卷材包裹埋设于临时保护墙内，接头施工时，拆除临时性保护墙，拆去保护墙隔离层卷材，即可分层按规定搭接施工。

5. 治理措施

对于存在缺陷的防水层应按照规范及预防措施进行修补，无法修正的应返工重铺。

6. 工程实例照片（图 1.4-12 ~ 图 1.4-14）

图 1.4-12　卷材表面平整　　图 1.4-13　表面平整、无积水现象　　图 1.4-14　防水层铺贴规范

1.4.3　施工缝和变形缝处理不当

1. 通病现象

施工缝未做界面处理；中埋止水带混凝土浇筑时发生脱落、偏移、不居中；遇水膨胀止水条安装前发生浸水膨胀；背贴式止水带与防水层粘结不牢，不正对施工缝，不能有效阻隔渗水串流（图 1.4-15、图 1.4-16）。

 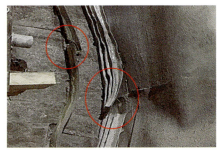

图 1.4-15　止水带被混凝土淹没　　图 1.4-16　止水带接头存在断点，无搭接长度

2. 标准规范相关规定

(1)《地下工程防水技术规范》GB 50108—2008

5.1.10 中埋式止水带施工应符合下列规定：

1 止水带埋设位置应准确，其中间空心圆环应与变形缝的中心线重合；

2 止水带应固定，顶、底板内止水带应成盆状安设；

3 中埋式止水带先施工一侧混凝土时，其端模应支撑牢固，并应严防漏浆；

4 止水带的接缝宜为一处，应设在边墙较高位置上，不得设在结构转角处，接头宜采用热压焊接。

(2)《公路隧道施工技术规范》JTG F60—2009

11.3.7 施工缝的施工应符合下列规定：

5 应采取有效措施确保止水带（条）位置准确、固定牢固。

11.3.9 遇水膨胀止水条施工应符合下列规定：

1 接头处不得留断点，搭接长度不应小于50mm；

2 止水条定位后至浇筑下一段混凝土前，应避免被水浸泡；

3 振捣混凝土时，振捣棒不得接触止水条。

11.3.10 止水带施工应符合下列规定：

1 止水带的接头每环不宜多于一处，且不得设在结构转角处；

3 不得在止水带上穿孔打洞固定止水带。止水带不得被钉子、钢筋和石子等刺破。

3. 原因分析

(1) 施工原因

1) 施工技术交底对止水带安装施工具体操作要点未进行详细要求，现场管理混乱，工人不了解操作要点，施工马虎随意；

2) 现场往往使用裁断的方法进行安装，导致止水带失效；

3) 止水带埋设位置不准确，未采用固定措施，或固定方法不当，被施工机械（振捣器）或混凝土挤偏；

4) 止水带两翼的混凝土包裹不严，混凝土振捣不严或留有空隙。

(2) 材料原因

材料保存不当，止水条施工前浸水膨胀。

4. 预防措施

(1) 加强施工作业人员操作技能培训，确保操作熟练，止水带安装定位稳固，位置准确。

(2) 防水施工应作为关键工序，编写作业指导书并对作业层交底，确保一线工人掌握本工序质量控制重点及作业要点，确保施工质量。

(3) 二衬台车堵头模应采用组合钢端模，纵向中埋止水带应采用止水带夹具安装，确保止水带安装定位准确稳固。

（4）应确保遇水膨胀止水条储存环境阴凉干燥，不得长时间露天曝晒，防止雨淋，勿与污染性强的化学物质接触，已经浸水膨胀的止水条不得应用于实体工程。

（5）混凝土浇筑过程中，止水带部位应加强振捣，确保混凝土密实性。注意振捣器不得碰撞止水带。

（6）止水带安装环向接头不得多于一处，接头处止水带应预留2倍止水带幅宽的搭接长度（或参照设计文件要求），橡胶止水带应采用热熔焊接，钢板止水带应周边满焊。

5. 治理措施

（1）止水带不居中情况：在混凝土终凝前凿除混凝土表面浮浆，局部造成凹槽，露出止水带1/2幅宽。

（2）止水带穿孔、破损、搭接长度不足等：根据情况可进行适当修补后在施工缝处加装一环遇水膨胀止水条。固定遇水膨胀止水带的混凝土界面保持平整、干燥，安装前清除界面浮渣尘土及杂物，用钢钉或胶粘剂固定止水条。

（3）对于未浇筑混凝土部位的止水带安装问题，难以纠正时，均应拆除返工重装。

6. 工程实例照片（图1.4-17、图1.4-18）

图1.4-17　二衬组合钢端模

图1.4-18　止水带居中规范安装

1.4.4　隧道主体结构漏水

1. 通病现象

地下工程结构物（裂缝、施工缝、沉降缝）渗漏水，混凝土面潮湿、流水，隧底翻浆冒泥（图1.4-19、图1.4-20）。

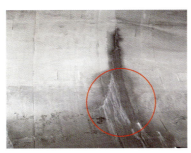
图1.4-19　暗挖隧道二衬漏水

图1.4-20　明挖区间隧道结构漏水

2. 规范标准相关规定

（1）相关设计规范

《地下工程防水技术规范》GB 50108—2008

4.1.1 防水混凝土可通过调整配合比，或掺加外加剂、掺合料等措施配制而成，其抗渗等级不得小于 P6。

4.1.2 防水混凝土的施工配合比应通过试验确定，试配混凝土的抗渗等级应比设计要求提高 0.2MPa。

4.1.3 防水混凝土应满足抗渗等级要求，并应根据地下工程所处的环境和工作条件，满足抗压、抗冻和抗侵蚀等耐久性要求。

（2）相关施工规定

《地下防水工程质量验收规范》GB 50208—2011

4.1.1 防水混凝土适用于抗渗等级不低于 P6 的地下混凝土结构。不适用与环境温度高于 80℃ 的地下工程。处于侵蚀性介质中，防水混凝土的耐侵蚀性要求应符合现行国家标准《工业建筑防腐蚀设计标准》GB 50046—2018 和《混凝土结构耐久性设计规范》GB/T 50476—2008 的有关规定。

4.1.2 水泥的选择应符合下列规定：

1 宜采用普通硅酸盐水泥或硅酸盐水泥，采用其他品种水泥时应经试验确定；

2 在受侵蚀性介质作用时，应按介质的性质选用相应的水泥品种；

3 不得使用过期或受潮结块的水泥，并不得将不同品种或强度等级的水泥混合使用。

4.1.3 砂、石的选择应符合下列规定：

1 砂宜选用中粗砂，含泥量不应大于 3.0%，泥块含量不宜大于 1.0%；

2 不宜使用海砂；在没有使用河砂的条件时，应对海砂进行处理后才能使用，且控制氯离子含量不得大于 0.06%；

3 碎石或卵石的粒径宜为 5mm～40mm，含泥量不应大于 1.0%，泥块含量不宜大于 0.5%；

4 对长期处于潮湿环境的重要结构混凝土用砂、石，应进行碱活性检验。

3. 原因分析

（1）设计原因

设计对地质环境误判，设计混凝土抗渗等级不足，防排水措施不足。

（2）施工原因

1）结构浇筑隐蔽时施工缝未做界面处理，有杂物、垃圾等未清理干净；

2）衬砌纵向、环向、斜向、月牙形裂缝处渗漏水；

3）混凝土振捣不良、模板漏浆、背后空洞、三缝处理不良。

（3）材料原因

骨料污染、拌合不良、水灰比控制不良。

4．预防措施

（1）设计措施

充分做好地质环境勘察工作，为设计施工提供准确的基础参数。

（2）施工措施

1）做好结构防排水、施工缝和变形缝防水、洞口防排水，严格控制施工工艺及质量，确保盲沟、排水管（沟）排水畅通；

2）防水层铺设之前，严格检查初支表面渗漏水点，在渗漏水点处增设环向盲管和纵向盲管；

3）处理好三缝，防水层铺设好，严格止水带安装工艺，遇水膨胀止水带（胶）按设计要求做好；

4）提高混凝土施工质量，避免施工裂缝、蜂窝麻面等病害发生。

（3）材料措施

砂、石、水泥选用合格材料，确保混凝土和易性。

5．治理措施

（1）当漏水水量较小，水流分散时可采用衬砌内注浆，封闭水流通道及衬砌裂缝，或使水流相对集中便于引排。注浆引排如图 1.4-21、图 1.4-22 所示。

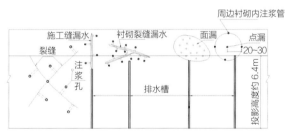

图 1.4-21　注浆引排示意图

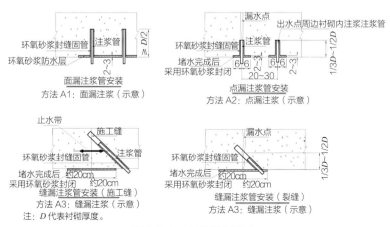

图 1.4-22　注浆孔布置图

（2）当结构物表面具有单一线流、股流、射流、水量较大，不易采用注浆、抹面、嵌缝等堵水措施时，进行引排（图1.4-23、图1.4-24）。

（3）环向裂缝、施工缝有少量滴水、渗水时，采用嵌入式复合式膨胀橡胶条，结合凿槽埋管，引排至侧沟（图1.4-25）。

（4）裂缝潮湿、浸水时采用嵌入自粘型橡胶膨胀止水条，进行封堵（图1.4-26）。

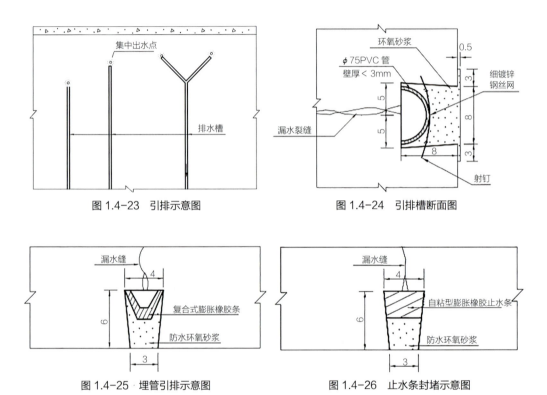

图1.4-23　引排示意图　　　　　　图1.4-24　引排槽断面图

图1.4-25　埋管引排示意图　　　　图1.4-26　止水条封堵示意图

6. 工程实例图片（图1.4-27、图1.4-28）

图1.4-27　混凝土结构无渗漏水　　　图1.4-28　混凝土结构渗漏水处理

1.5 沉管法隧道工程

1.5.1 直螺纹钢筋丝头加工、安装不合格，保护不规范

1. 通病现象

钢筋丝头加工长度不合格、丝头未磨平、丝头保护不到位、钢筋连接丝头外露超出设计要求（图 1.5-1、图 1.5-2）。

图 1.5-1　丝头未磨平、部分丝头保护不到位　　图 1.5-2　钢筋连接丝头外露超出设计要求

2. 规范标准相关规定

（1）《钢筋机械连接技术规程》JGJ 107—2016

6.2.1　直螺纹钢筋丝头加工应符合下列规定：

1　钢筋末端部应采用带锯、砂轮锯可带圆弧形的专用钢筋切割机切平。

2　镦粗头不应有与钢筋垂直的横向裂纹。

3　钢筋丝头长度应满足产品设计要求，极限偏差应为 $0 \sim 2.0p$。

4　钢筋丝头宜满足 6f 级精度要求，应采用专用直螺纹量规检验，通规能顺利地旋入并达到要求拧入的长度，子规旋入不得超过 $3p$。各规格丝头的自检数量不应少于 10%，检验合格率不应小于 95%。

（2）《钢筋机械连接用套筒》JG/T 163—2013

5.2.1　螺纹套筒

螺纹套筒的外观应符合以下要求：

a）套筒外表面可谓加工表面或无缝钢管、圆钢的自然表面。

b）应无肉眼可见裂纹或其他缺陷。

c）套筒表面允许有锈斑或浮锈，不应有锈皮。

d）套筒外圆及内孔应有倒角。

5.3.1　直螺纹套筒

直螺纹套筒的尺寸及偏差应符合以下要求：

a）直螺纹套筒尺寸应根据被连接钢筋的牌号、直径及套筒原材料的力学性能，按 5.4 的规定由设计确定。

b）圆柱形直螺纹套筒的尺寸偏差应符合表 5.3.1 的规定，螺纹精度应符合相应的设计规定。

圆柱形直螺纹套筒的尺寸允许偏差　　　　表5.3.1

外径（D）允许偏差		螺纹公差	长度（L）允许偏差
加工表面	非加工表面	应符合 GB/T 197 中 6H 的测定	±1.0
±0.50	20<D≤30，±0.5； 30<D≤50，±0.6； D>50，±0.8		

c）当圆柱形套筒原材料采用 45 号钢时，实测套筒尺寸不应小于附录 A 所规定的最小值。

d）非圆柱形套筒的尺寸偏差应符合相应的设计规定。

3．原因分析

（1）机械保养不到位，对丝头、钢筋造成损伤。

（2）丝头加工操作不规范，丝头未磨平、内凹。

（3）丝头保护未按规范及方案执行。

（4）钢筋连接未拧紧，特别是侧墙、顶板、钢筋密集区。

（5）自检和抽检频率低不能及时发现问题，导致检验合格率低。

4．预防措施

（1）工艺流程

预接：钢筋端面平头→剥肋滚压螺纹→丝头质量检验→利用套筒连接→接头检验。

现场连接：钢筋就位→拧下钢筋保护帽和套筒保护帽→接头拧紧→作标记→施工质量检验。

（2）钢筋丝头加工

1）按钢筋规格所需的调整试棒调整好滚丝头内孔最小尺寸。

2）按钢筋规格更换涨刀环，并按规定的丝头加工尺寸调整好剥肋直径尺寸。

3）调整剥肋挡块及滚压行程形状位置，保证剥肋及滚压螺纹的长度符合丝头加工尺寸的规定。

（3）钢筋丝头加工完成，检验合格后，要用专用的钢筋丝头保护帽或连接套筒对钢筋丝头进行保护，以防螺纹在钢筋搬动或运输过程中被损坏或污染。

（4）使用扳手或管钳对钢筋接头拧紧时，达到力矩反手调定的力矩值即可。

1）钢筋端部平头最好使用台式砂轮片切割机进行切割。

2）连接钢筋注意事项：

① 钢筋丝头经检验合格后应保持干净无损伤。

② 所连钢筋规格必须与连接套规格一致。

③ 连接水平钢筋时，必须从一头往另一头依次连接，不得从两头往中间或中间往两端连接。

④ 连接钢筋时，一定要先将待连接钢筋丝头拧入同规格的连接套之后，再用力矩扳手拧钢筋接头，连接成型后用红油漆作出标记，以防遗漏。

⑤ 力矩扳手不使用时，将其力矩值调为零，以保证其精度。

3）检查钢筋连接质量：

① 检查接头外观质量应无完整丝扣外露，钢筋与连接套之间无间隙，如发现有一个完整丝扣外露，应重新拧紧，然后用检查用的扭矩扳手对接头质量进行抽检。

② 用质检力矩扳手检查接头拧紧程度。

4）直螺纹接头试验：

① 同一施工条件下，采用同一批材料的同等级、同型式、同规格接头，以 500 个为一验收批进行检验和验收，不足 500 个也为一验收批。每一批取 3 个试件做单向拉伸试验。

② 当 3 个试件抗拉强度均不小于该级别钢筋抗拉强度的标准值时，该验收批定为合格，如有一个试件的抗拉强度不符合要求，应取 6 个试件进行复检。

③ 复检时若仍有试件不符合要求，则该验收批判定为不合格。

5）成品保护：

① 成型钢筋应按总平面布置图指定地点摆放，用垫木垫放整齐，防止钢筋变形，锈蚀、油污。

② 安装电线管、暖卫管线或其他设施时不得任意切断和移动钢筋。如有相碰，则与土建技术人员现场协商解决。

③ 浇筑楼板混凝土时，混凝土输送泵管要用铁马凳架高 300mm，防止由于过重的泵管压塌板上部筋。去往操作面的主要通道也需设马凳，上铺钢跳板，边浇边撤。

5. 治理措施

（1）复试检测不合格的丝头钢筋，立即清理出场；

（2）加工完成验收后的钢筋，丝头未保护，要求施工单位整改，并检查落实；

（3）加大自检、抽检力度，及时发现问题，及时整改；

（4）组织相关人员对异常情况或近段时间丝头加工合格率偏低的情况，应及时分析或组织召开专项会议，分析原因，进行总结、整改及工艺优化。

6. 工程实例图片（图 1.5-3、图 1.5-4）

图 1.5-3　钢筋丝头磨平处理　　　　图 1.5-4　成品保护

1.5.2 通病名称：扎丝头、钢筋、预埋件等伸入钢筋土保护层

1. 通病现象

扎丝头、钢筋、预埋件等伸入钢筋保护层，容易导致氯离子渗入，影响钢筋混凝土结构的使用寿命（图1.5-5、图1.5-6）。

图1.5-5 扎丝头外露伸入钢筋保护　　图1.5-6 钢筋弯曲不符合要求，伸入模板

2. 规范标准相关规定

（1）《地下工程防水技术规范》GB 50108—2008

4.1.28 防水混凝土结构内部设置的各种钢筋或绑扎铁丝，不得接触模板。

（2）《混凝土结构工程施工质量验收规范》GB 50204—2015

5.3.1 钢筋弯折的弯弧内直径应符合下列规定：

1　光圆钢筋，不应小于钢筋直径的2.5倍；

2　335MPa级、400MPa级带肋钢筋，不应小于钢筋直径的4倍；

3　400MPa级带肋钢筋，当直径为28mm以下时不应小于钢筋直径的6倍，当直径为28mm及以上时不应小于钢筋直径的7倍；

4　箍筋弯折处尚不应小于纵向受力钢筋的直径。

检查数量：同一设备加工的同一类型钢筋，每工作班抽查不应少于3件。

检验方法：尺量检查

3. 原因分析

（1）绑扎钢筋的钢丝过长，钢丝头未向里按倒或剪短，属于习惯性违章。

（2）钢筋弯曲机造型不符合要求或操作不规范。

（3）钢筋下料尺寸不对。

（4）施工过程中，钢筋受外力碰撞，导致钢筋移位，未能及时修复。

（5）施工质量控制不严，过程控制不到位。

4. 预防措施

（1）合理确定扎丝长度。

（2）特别是弯曲粗钢筋是对钢筋弯曲机选型一定要合理。

(3)钢筋加工大样图仔细审核。

(4)加强过程检查,钢筋、预埋件移位应及时修复。

(5)加强对质检、技术人员质量意识,加强对作业队伍技术交底。

5. 治理措施

(1)钢筋绑扎钢丝扣尽量设在钢筋的侧面,并逐个按倒,钢丝头的长度超过10mm时,均用剪刀剪除,落地的钢丝头用磁铁吸除。

(2)钢筋笼入模前,对倒角位置的钢筋仔细检查,弯曲不合格的钢筋用辅助工具及时纠正。

(3)混凝土施工前,沿模板边缘仔细检查,确保无钢筋、预埋件伸入结构保护层内。

6. 工程实例图片(图1.5-7)

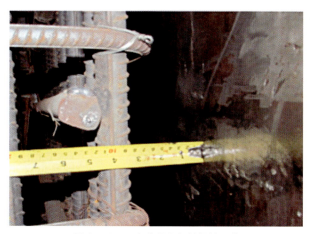

图1.5-7 无杂物侵入钢筋保护层内

1.5.3 通病名称:保护层垫块质量差

1. 通病现象

(1)忽视混凝土垫块制作质量、保护层垫块制作工艺落后、质量差(图1.5-8)。

(2)制作垫块随意,外形尺寸偏差过大,垫块质量没有保证,内部松散,外形尺寸偏差大,强度低。

(3)垫块开裂、变形。垫块的强度和密实性达不到要求时,极易形成氯离子渗透的

图1.5-8 制作工艺落后的保护层垫块不容易固定

通道，加快氯离子的渗透，影响钢筋混凝土结构的使用寿命。

2．规范标准相关规定

《海港工程混凝土结构防腐蚀技术规范》JTJ 275—2000

5.4 混凝土保护层垫块

5.4.1 混凝土保护层垫块宜为工字形或锥形，其强度和密实性应高于构件本体混凝土。垫块宜采用水灰比不大于 0.40 的砂浆、细石混凝土或耐碱和抗老化性能好抗压强度不小于 50MPa 的工程塑料制作。

5.4.2 混凝土保护层垫块厚度尺寸不应出现负偏差，正偏差不得大于 5mm。

钢筋保护层厚度是影响沉管混凝土耐久性的一个重要因素，混凝土垫块的质量越来越受到重视。

3．原因分析

（1）缺少保护层垫块对现浇混凝土结构质量影响的认识。

（2）没有采用模具制作垫块，垫块制作随意、马虎。

（3）配合比随意、没有配合比或没有严格按设计配合比施工；称量不准，强度不能保证。

（4）养护不充分。

4．预防措施

（1）总体要求

混凝土垫块抗腐蚀能力和抗压强度不小于梁体混凝土相对应的技术指标，水胶比不大于 0.4。垫块材料应与梁体混凝土材料相同，保证具有相同的膨胀系数，以确保温度变化时垫块混凝土与梁体混凝土之间仍具有紧密的粘结强度而不"脱骨"。

（2）外形及布置要求

1）保护层垫块的尺寸应保证钢筋混凝土保护层厚度的准确性，且绑扎钢丝的尾段不得伸入保护层内。

2）垫块形状（锥形）应有利于钢筋定位，与模板接触采用点接触方式，能确保混凝土表面不露垫块痕迹，以保证梁体表面外观质量。

3）垫块与钢筋结合处应设限位槽，使其定位准确，以保证绑扎紧固度和稳定性。表面设有锚固沟槽（或肋），以确保与梁体混凝土的握裹面和粘结强度。

4）保护层垫块应呈梅花形均匀布置。

5）为确保沉管变截面处保护层厚度，在变截面位置增设垫块。

（3）质量检验与控制

1）抗压强度：混凝土垫块应高于沉管混凝土强度。

2）混凝土耐久性：应不低于沉管混凝土耐久性能指标。垫块应与沉管同等寿命，其抗腐能力应高于构件本体混凝土，且保证梁体的耐久性。

3）保护层垫块尺寸偏差：有效厚度允许误差 0 ~ +5mm。

① 采用模具制作垫块,砂浆搅拌机拌合振动台振实成型。

② 垫块必须按配合比通知单进行配料;对垫块进行强度、密实性和外形尺寸的检查;严禁使用不合格的垫块。

4)养护:采用养护池或覆盖保湿充分养护,养护时间应满足规范要求,确保垫块后期强度提高。

5. 治理措施

(1)考察先进的预制垫块生产厂家,或引进先进的垫块生产工艺,把垫块施工质量管理纳入设计、施工、监理的工作范围。

(2)日常检查中,注重垫块是否有效保证钢筋保护层的质量,以及底板垫块破损情况,侧墙垫块牢固情况。通过不断的工艺改进,达到垫块形状、尺寸最优,强度符合要求。

6. 工程实例图片(图 1.5-9)

图 1.5-9 工艺较优的混凝土垫块

1.5.4 通病名称:混凝土构件外观质量差

1. 通病现象

混凝土构件存在露筋、孔洞、蜂窝、麻面、气泡等局部缺陷。影响混凝土结构的观感质量,影响其结构安全(图 1.5-10、图 1.5-11)。

图 1.5-10 混凝土构件外观质量差　　图 1.5-11 止水带周围混凝土不密实

2. 规范标准相关规定

(1)《水运工程质量检验标准》JTS 257—2008

2.1.6.1 混凝土构件表面不应有严重缺陷。混凝土构件表面缺陷的程度分级应按表2.1.6.1的规定确定。对严重缺陷应提出技术处理方案,并经监理工程师批准后进行处理。

检验数量:施工单位、监理单位全部检查。

检验方法:观察检查,并检查处理记录。

混凝土构件表面缺陷的程度分级　　　表2.1.6.1

名称	现象	严重缺陷	一般缺陷
裂缝	由表面延伸至混凝土内部的缝隙	主要受力部位有影响结构性能和使用功能的裂缝	其他部位有少量不影响结构性能、使用功能和耐久性的裂缝
露筋	钢筋未被混凝土包裹而外露	受力钢筋有露筋	其他钢筋有少量露筋
空洞	混凝土中空穴的深度超过保护层的缺陷	构件主要受力部位有空洞	其他部位有少量空洞
蜂窝	混凝土表面缺失水泥砂浆,局部有蜂窝状缺陷或成片粗骨料外露	构件主要受力部位有蜂窝	其他部位有少量蜂窝,总面积不超过所在面的2‰且一处面积不大于0.04m²
夹渣	混凝土中夹有杂物或有明显空隙	构件主要受力部位有夹渣	其他部位有少量夹渣,深度未超保护层的厚度
松顶	构件顶部混凝土缺料,出现明显砂浆层或不密实层	梁、板等构件有超过保护层厚度的松顶	高大构件有少量松顶,但其厚度未超过100mm
麻面	包括构件侧面出现的气泡密集、表面漏浆和粘皮等	—	水位变动区、浪溅区和外露部位总面积未超过所在面的5‰;其他部位未超过所在面积的10‰
砂斑	表面细骨料未被水泥浆充分胶结,出现砂纸样缺陷;宽度大于10mm为砂斑,宽度小于10mm的为砂线	—	水位变动区、浪溅区和外露部位总面积未超过所在面的5‰;其他部位未超过所在面积的10‰
砂线		—	水位变动区、浪溅区、大气区及陆上结构外露部位每10m²累积长度不大于3000mm
外形缺陷	包括缺棱掉角、棱角不直和飞边凸肋等	对使用功能和观感质量有严重影响的缺陷	对使用功能和观感质量有轻微影响的缺陷

注:混凝土构件的表面缺陷程度应由施工单位和监理单位现场共同确定。

(2)《混凝土结构工程施工质量验收规范》GB 50204—2015

8.2.1 现浇结构的外观质量不应有严重缺陷。

对已经出现的严重缺陷,应由施工单位提出技术处理方案,并经监理(建设)单位认可后进行处理;对裂缝或连接部位的严重缺陷及其他影响结构安全的严重缺陷,技术处理方案尚应经设计单位认可。对经处理的部位应重新验收。

检查数量:全数检查。

检验方法:观察,检查技术处理方案。

8.2.2 现浇结构的外观质量不宜有一般缺陷。

对已经出现的一般缺陷,应由施工单位按技术处理方案进行处理。对经处理的部位应重样验收。

检查数量:全数检查。

检验方法:观察,检查技术处理方案。

3. 原因分析

(1)露筋原因:混凝土不能充盈底板加腋部位;垫块移位或垫块数量太少,钢筋紧贴模板;结构断面小,钢筋密集或大石子卡在钢筋间,砂浆不能充满钢筋周围;配合比不当,产生离析,浇筑部位缺浆或模板接缝不严造成漏浆;振捣棒撞击钢筋,造成钢筋位移;保护层振捣不密实或拆模过早等,拆模时混凝土缺棱掉角。

(2)在钢筋密集处或预留孔和预埋件处,混凝土浇筑不畅通,不能充满模板及钢筋四周而形成孔洞。

(3)混凝土的运输时间过长,产生离析,砂浆分离,和易性差,振捣不密实、漏振。

(4)模板脱模剂使用不当造成麻面:

1)模板清理不干净、脱模剂涂刷不均匀;

2)混凝土振捣不规范;没有快插慢拔的意识,钢筋密集区,存在"赶料现象"或振动钢筋笼下料;

3)布料不均匀浇筑布料时间搭接不精细。

4. 预防措施

(1)严格按配合比施工,严格控制混凝土各项性能指标:混凝土拌合物应在满是施工要求的前提下,尽可能采用较小的坍落度;混凝土拌合物的坍落度经时损失不应影响混凝土的正常施工。混凝土拌合物应具有良好的和易性,并不得离析或泌水。混凝土拌合物的凝结时间应满足施工要求和混凝土性能要求。

(2)在运输过程中,应控制混凝土不离析、不分层,并应控制混凝土拌合物性能满足施工要求。

(3)浇筑混凝土前,应清除模板内以及垫层上的杂物;表面干燥的地基土、垫层、木模板应浇水湿润。

(4)混凝土浇筑前,应检查钢筋位置和保护层厚度,注意垫好钢筋垫块和钢筋撑棍。在浇筑过程中,应有效控制混凝土的均匀性、密实性和整体性当混凝土自由倾落高度大于2.0m时,宜采用串筒、溜管或振动溜管等辅助设备。浇筑竖向尺寸较大的结构物时,应分层浇筑,每层浇筑厚度宜控制在20~350mm;大体积混凝土宜采用分层浇筑方法,可利用自然流淌形成斜坡沿高度均匀上升,分层厚度不应大于500mm;混凝土振捣宜采用机械振捣。当施工无特殊振捣要求时,可采用振捣棒进行捣实,插入间距不应大于振捣棒振动作用半径的一倍,连续多层浇筑时,振捣棒应插入下层拌合物约50mm进行振捣。

(5)当浇筑厚度不大于20.0mm的表面积较大的平面结构或构件时,宜采用表面振动成型；当采用干硬性混凝土拌合物浇筑成型混凝土制品时，宜采用振动台或表面加压振动成型。特殊部位模板设置振捣孔，确保混凝土充盈；在钢筋密集处使用直径 50mm 或选择更小的 30 mm 振捣棒进行振捣，对预留孔应加强看模，防治漏振。振捣时间宜按拌合物稠度和振捣部位等不同情况，控制在 10～30s 内，当混凝土拌合物表面出现泛浆，基本无气泡逸出，可视为捣实。

（6）特殊部位振捣：对于预留孔洞位置混凝土的振捣，采用在预埋木盒上开孔并埋入 PVC 管，振捣棒穿过预埋木盒对下方混凝土进行振捣。底板、侧墙和中隔墙的剪力键为凸出结构，在该处模板的顶面设有振捣孔，方便振捣器插入振捣；吊点、系缆柱等特殊位置，在其预埋钢板上留有振捣孔，方便振捣器的插入振捣，对剪力键下方或内模倒角处混凝土采用斜插导向管，使振捣棒覆盖全部位置，确保混凝土的振捣密实；剪力键位置钢筋较密，采用 30 型或 50 型振捣棒振捣。钢端壳、预埋件、锚具及波纹管道等附近混凝土振捣时，应加密振捣间距，保证混凝土密实，同时防止碰撞埋件或管道，造成埋件移位或管道破坏。为了防止预应力管道连接不好或振捣造成管道变形（破裂），混凝土浇筑前在管道内穿衬管，浇筑完成后及时取出；振捣过程中应防止对管道造成破坏。

（7）拆模时间要根据混凝土试件试验结果正确掌握，防止过早拆模。拆模后必须清除模板上遗留的混凝土残浆，再涂刷脱模剂。严禁用废机油作脱模剂。

（8）混凝土施工可采用浇水、覆盖保湿、喷涂养护剂、冬季蓄热养护等方法进行养护；混凝土构件或制品厂生产可采用蒸汽养护、湿热养护或潮湿自然养护等方法进行养护。选择的养护方法应满足施工养护方案或生产养护制度的要求。

5. 治理措施

（1）编制《混凝土缺陷修补方案》，出现缺陷的部位按方案修补并重新验收。

（2）对重复出现的质量缺陷，找出共性，分析是否由系统误差造成，进行工艺研究，从而达到工艺优化。

（3）加强施工人员交底培训，努力消灭偶然误差带来的质量缺陷。

针对沉管隧道结构倒角、剪力键位置钢筋密集、振捣困难情况，介绍质量控制措施：

1）由于沉管侧墙底部区域迎水侧布置多层钢筋，而人员无法进入底部进行振捣，难以确保该处振捣质量，因此在该位置增加振捣串筒（图 1.5-12）。

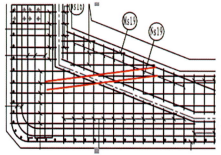

图 1.5-12 振捣困难总阀增加振捣串筒

2）对于预留孔洞位置混凝土的振捣，采用在预埋木盒上开孔并埋入 PVC 管，振捣棒穿过预埋木盒对下方混凝土进行振捣（图 1.5-13）。

3）对端钢壳、OMEGA 止水带预埋件、中埋式止水带等位置，采用插入斜导向振捣方式进行振捣（图 1.5-14）。

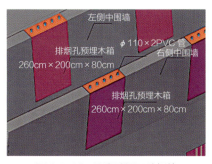
图 1.5-13　预留孔洞开孔振捣

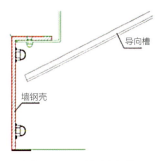
图 1.5-14　斜导向振捣

4）剪力键、模板边角采用二次振捣工艺。

5）预埋管道、预埋件等附近混凝土振捣时，应加密振捣间距，保证混凝土密实。但混凝土振捣时不能对其造成破坏，需要在相应位置进行标示，提醒振捣操作人员注意。

6. 工程实例图片（图 1.5-15）

图 1.5-15　小构件预制外观质量好

1.5.5　通病名称：大体积混凝土开裂

1. 通病现象

出现温度裂缝和约束裂缝（图 1.5-16）。

（1）影响工程结构的抗渗性、耐久性。

（2）影响工程结构观感质量和整体性。

图 1.5-16 大体积混凝土开裂

2. 规范标准相关规定

《大体积混凝土施工标准》GB 50496—2018

4.1.1 大体积混凝土配合比的设计除应满足强度等级、耐久性、抗渗性、体积稳定性等设计要求外，尚应满足大体积混凝土施工工艺要求，并应合理使用材料、降低混凝土绝热温升值。

5.1.1 大体积混凝土施工组织设计，应包括下列主要内容：

1 大体积混凝土浇筑体温度应力和收缩应力计算结果；
2 施工阶段主要抗裂构造措施和温控指标的确定；
3 原材料优选、配合比设计、制备与运输计划；
4 主要施工设备和现场总平面布置；
5 温控监测设备和测试布置图；
6 浇筑顺序和施工进度计划；
7 保温和保湿养护方法；
8 应急预案和应急保障措施；
9 特殊部位和特殊气候条件下的施工措施。

5.1.3 保温覆盖层的厚度，可根据温控指标的要求按本标准附录 C 确定。

5.1.4 大体积混凝土施工宜采用整体分层或推移式连续浇筑施工。

5.1.6 超长大体积混凝土施工，结构有害裂缝控制应符合下列规定：

1 当采用跳仓法时：跳仓的最大分块尺寸不宜大于 40m，跳仓间隔施工的时间不宜小于 7d，跳仓接缝处应按施工缝的要求设置和处理。

2 当采用变形缝或后浇带时：变形缝或后浇带设置和施工应符合现行国家有关标准的规定。

5.4.2 当采取分层间歇浇筑混凝土时，水平施工缝的处理应符合下列规定：

1 在已硬化的混凝土表面，应清除表面的浮浆、松动的石子及软弱混凝土层；

2 在上层混凝土浇筑前，应采用清水冲洗混凝土表面的污染物，并应充分润湿，但不得有积水；

3 新浇筑混凝土应振捣密实，并应与先期浇筑的混凝土紧密结合。

3．原因分析

（1）配合比、原材料不符合要求；

（2）混凝土在生产、运输温控措施不到位；

（3）施工缝处理凹凸不平，两层浇筑间隔时间长，约束力增大；

（4）覆盖保温和养护不到位，混凝土内外温度超出规范。

4．预防措施

（1）设计措施

1）调整构件结构面积和长度；

2）优化构造钢筋用于控制混凝土自身体积变形；

3）减少结构截面突变处和拐角数量。

（2）施工措施

1）大体积混凝土配合比设计在满足强度和耐久性的条件下：尽可能提高混凝土体积稳定性，宜最大限度减少胶凝材料单位放热量和胶凝材料，即尽可能降低硅酸盐水泥用量，使用大掺量符合要求的粉煤灰、粒化高炉矿渣等矿物掺合物；宜通过使用级配良好的集料来降低混凝土中浆体比率；宜通过掺入与胶凝材料匹配的优质缓凝型高性能减水剂来降低混凝土升温速率及单位用水量；宜通过适量引气剂来提高混凝土施工性能及体积稳定性。

2）大体积混凝土施工应根据具体条件采用相应的控裂措施：

① 高温季节施工原材料应降温，必要时加入碎冰、冷却水。

② 应根据实际情况选择合适的浇筑工艺。

③ 原材料及施工设备应满足大体积混凝土连续生产浇筑的需求。

④ 应合理安排混凝土浇筑顺序及振捣工艺，确保硬化混凝土的密实性及均匀性。

⑤ 宜根据现场实际情况确定是否附加控裂措施，如通冷却管、掺加抗裂材料等。

⑥ 应选用合适的、行之有效的养护方法，控制环境温度、湿度，确保内外温差、升温速率等温度指标满足要求。

3）混凝土生产过程：

① 可采用碎冰、冷水拌制混凝土，必要时还可以采取风冷、水冷集料，液氮冷却混凝土拌合物等措施。

② 混凝土性能、出机温度、浇筑温度，每工作班最少检测两次，当混凝土性能变化较大时，可加密检测频率。

③ 混凝土浇筑过程中，可根据需要检测同条件混凝土的凝结时间、重塑时间及泌水率。

4）混凝土运输：

① 混凝土运输能力应与混凝土的坍落度损失、凝结时间及浇筑速度相适应，应使混凝土运输连续不间断，且混凝土输送入模后仍能保持其均匀性和相应的工作性。

② 混凝土搅拌车运输车罐体及管道应有保温、降温措施。

③ 混凝土入泵前发生离析、泌水或坍落度不合格，当重新取样检测仍不合格，混凝土不能使用。

5）大体积混凝土施工：

① 采用合理的分层和浇筑顺序，分层浇筑间隔不宜超过一个月。

② 混凝土浇筑应连续进行，上下层混凝土布料间歇不宜过长，避免形成冷缝。间隔时间可以通过现场重塑时间试验确定，必须在下层混凝土失去重塑性能前，浇筑上层混凝土，混凝土浇筑厚度宜控制在 30～50cm 范围。

③ 使用每分钟不低于 4500 脉冲的高频振捣器。

④ 采用 70 型插入式振捣棒振捣，特殊部位采用 50 或 30 型振捣棒，按梅花形顺序振捣。

⑤ 高温季节，可在浇筑区采取喷冷水雾、吹冷风等措施，降低浇筑区环境温度。

⑥ 混凝土由高处落下的高度不得超过 2m，超过 2m 时应采用导管或溜槽，超过 10m 时应采用减速装置。

⑦ 振捣器要垂直地插入混凝土内，且插至前一层混凝土，以保证新浇混凝土与先浇混凝土结合良好，插进深度一般为 50～100mm。

⑧ 每个振捣点的振捣时间宜控制在 15～30s，快插慢拔，以振捣至混凝土表面基本均匀并呈现泛浆为止。

⑨ 振捣过程中需防止过分振捣导致混凝土出现泌水、离析等现象，不得在模板内利用振捣器使混凝土长距离流动。

⑩ 顶面混凝土浇筑完毕后，初凝前必须进行二次振捣及收面。

⑪ 混凝土养护是大体积混凝土施工阶段控裂的关键环节，应考虑以下方案：

a. 混凝土浇筑完毕后即进入养护阶段，采取保温、保湿措施进行保护。

b. 混凝土养护过程中需根据现场情况采取喷洒养护水，覆盖土工布、薄膜，喷涂养护剂等措施。

c. 混凝土养护期间应保证混凝土温度控制指标满足要求，并保持混凝土表面处于潮湿状态，混凝土潮湿养护时间应不低于 15d。

d. 养护过程应监测混凝土内部及养护环境温度变化，混凝土内部温度达到最高值并开始降温之后方可拆除模板。

e. 养护过程中，遇到气温突降天气，应及时加强保温。

f. 保湿覆盖层的拆除应分层逐步进行，当混凝土构件表面温度与环境温度之差小于 20℃时，方可全部拆除。

⑫ 预制沉管隧道大体积混凝土施工混凝土控裂事项：

a. 预制沉管混凝土温度不高于以下温控指标：混凝土浇筑温度不高于 25℃，混凝土内表温差不大于 22℃，混凝土内部最高温度不应大于 70℃，混凝土块体降温速率不大于 3℃/d。

b. 预制沉管隧道大体积混凝土施工宜采取以下措施：

（a）采用碎冰与冷却水搅拌控制混凝土温度，碎冰的厚度不超过 3mm，替代拌合物的数量由原材料温度及混凝土出机温度决定，其最大数量不超过拌合水用量的 80%。

（b）沉管混凝土采用搅拌运输联合地泵方式进行输送。

（c）沉管混凝土应连续进行，上下层混凝土布料浇筑间歇不宜超过 4h，避免形成冷缝。

（d）建议采取厂房式移动养护棚通过喷淋水雾进行养护。

c. 沉管混凝土早期强度满足设计要求后，方可进行模板拆除、顶推等后续工作。

⑬ 现浇沉管隧道大体积混凝土控制注意事项：

a. 预制沉管混凝土温度不高于以下温控指标：混凝土浇筑温度不高于 28℃，混凝土内表温差不大于 25℃，混凝土内部最高温度不应大于 70℃，混凝土块体降温速率不大于 4℃/d。

b. 现浇混凝土沉管控裂宜采取以下措施：

（a）现浇混凝土生产浇筑尽量避开高温季节施工；

（b）在现浇沉管结构内埋设水管通冷却水进行控温；

（c）现浇沉管分层的新旧界面应通过计算确定配筋量并加强构造处理；

（d）应尽量缩短现浇沉管分层、分块的新旧混凝土浇筑间隔，以降低旧混凝土结构对新混凝土的约束；

（e）现浇沉管混凝土采用覆盖土工布与塑料薄膜，并定时洒水的方式进行养护；

（f）混凝土强度及温度满足要求时方可拆模，气温骤降时应延长拆模时间，并采取保温措施；

（g）通水管完成后，进行封闭。

5. 治理措施

（1）预制沉管混凝土内部最高温度控制是沉管控裂的核心，而混凝土的最高温度取决于混凝土浇筑温度和绝热温升。因此，重点需要从混凝土配合比优化和浇筑混凝土入模温度两方面进行控制。根据生产工艺，影响混凝土入模温度的因素主要有两个环节：生产混凝土的原材料温度；混凝土输送过程中的升温。针对这两个环节，以控制原材料温度来控制混凝土出机温度为主导思想，降低运输环节的温升为辅导措施，从而达到混凝土入模温度要求。建议的思路如下：

1）料仓喷雾、罐体淋水——控制原材料温升；

2）原料入库、冰冷为主——控制混凝土入模温度；

3）泵送浇筑、设备降温——控制运输、泵送混凝土温升。

（2）在施工过程中加强温控监测，了解管节各个部位升温情况，合理制定下一步方案（图 1.5-17）。

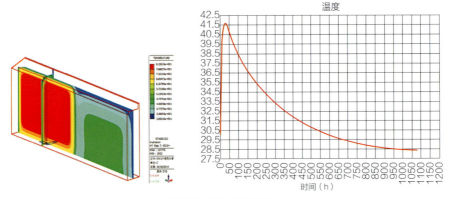

图 1.5-17　温控监测

（3）出现混凝土裂缝，需制定修补方案。
（4）当大体积混凝土构件在施工期间出现裂缝时，应从开裂部位以及裂缝宽度、深度、长度等进行检测确定开裂的原因，确定裂缝危害程度，据此进行相应的修补处理。

6. 工程实例图片（图 1.5-18）

图 1.5-18　大体积沉管无开裂

1.5.6　通病名称：混凝土缺陷修补工艺不合理，修补随意

1. 通病现象

出现缺陷不报告、不分析，随意用砂浆、水泥浆修补，补修质量差。不仅影响工程观感质量，且对工程的结构安全和耐久性有一定的影响（图 1.5-19）。

图 1.5-19 混凝土剪力破损部位随意用砂浆修补

2. 规范标准相关规定

（1）《港口水工建筑物修补加固技术规范》JTS 311—2011

3.0.1 港口水工建筑物经检测评估确认结构有破损以及因破损而影响建筑物安全使用时，应根据评估结论和使用要求进行结构破损修补和加固。

3.0.2 港口水工建筑物的安全性、使用性、耐久性评估分级标准及处理要求，应按现行行业标准《港口水工建筑物检测与评估技术规范》JTJ 302 的有关规定执行。

3.0.3 修补加固后建筑物的目标使用年限、使用条件，应结合建筑物检测、评估报告经综合论证确定。

3.0.4 修补、加固技术方案应根据结构物的检测及评估结果，综合考虑目标使用年限、使用条件和环境条件确定。

（2）《水运工程混凝土施工规范》JTS 202—2011

8.7 施工缺陷修补

8.7.1 混凝土施工缺陷的修补应符合下列规定：

8.7.1.1 混凝土施工结构性能应有影响的施工缺陷应会同设计单位研究确定修补方案。

8.7.1.2 修补应选用粘结强度高、稳定性好，不收缩或微膨胀颜色与混凝土基本一致的材料。

8.7.1.3 修补完成后应防止烈日暴晒或雨淋；水泥基修补材料应养护。

8.7.2 混凝土表面缺陷的修补应符合下列规定：

8.7.2.1 影响外观的严重麻面、砂斑，应采用钢丝刷和压力水冲刷干净，可用水泥浆或 1:2 水泥砂浆抹平，并用薄膜覆盖养护。

8.7.2.2 蜂窝、孔洞、局部缺陷应将松散薄弱部位全部凿除，冲刷干净，宜在结合面上涂刷一层环氧树脂粘结剂，并应采用比原混凝土强度高一级的无收缩水泥砂浆或细石混凝土堵塞修补；体积较小的蜂窝、孔洞、局部缺陷，可直接采用丙乳砂浆、环氧砂浆修补，大面积缺陷可采用喷射混凝土或砂浆修补。

8.7.2.3 露筋缺陷应将钢筋周围疏松部分全部凿除，修补方法应符合第8.7.2.2款的规定。

8.7.2.4 预应力混凝土面有缺陷，宜在混凝土施工预应力前修补。

8.7.3 混凝土裂缝的修补应符合下列规定：

8.7.3.1 修补前应对裂缝生产的性质和原因进行调查分析，确定修补方案。

8.7.3.2 缝宽随温度变化的裂缝，宜在低温季节裂缝宽度较大时修补。

8.7.3.3 宽度为0.2mm～0.5mm纵深或贯穿裂缝，应采用环氧树脂，甲凝等灌浆材料进行压力灌浆修补。宽度大于0.5mm时也可采用水泥灌浆。

8.7.3.4 宽度在0.2mm以下，深度不大，且已停止发展的表面裂缝，应清洁表面后，用环氧树脂浆液或胶泥封闭，可采用沿裂缝U形凿槽，用环氧树脂浆液或胶泥封闭，必要时再用玻璃纤维布。

3. 原因分析

（1）质量意识差，思想不重视，责任心不强。

（2）避免承担责任。

（3）处罚力度不够。

4. 预防措施

（1）少修复、不修复、尽量保持表面清水混凝土的原则进行，不得人为扩大修饰面。

（2）沉管模板拆除后，对沉管外观进行查验，视管体混凝土的缺陷情况，选取相应的修复处理方法，并经现场监理确认后进行修复。根据修复面的大小及部位，用于沉管混凝土修复材料主要有以下几种：

水泥浆：PⅡ42.5水泥+白水泥。

水泥砂浆：PⅡ42.5水泥+中砂+白水泥+107胶水。

环氧砂浆：环氧树脂+PⅡ42.5水泥+白水泥+乙二胺+二丁酯+干中砂。

（3）各种修复材料在进行修前需在试验室进行以下几项试验：

强度试验：主要针对水泥砂浆及环氧砂浆进行试验，要求其强度不低于管节混凝土设计强度。

色彩试验：主要通过调整各种修复材料中的水泥及白水泥的不同掺量，使其修复后的色泽与混凝土本色相近。

（4）裂缝修补方法及技术要求（表1.5-1）：

裂缝修补方法及技术要求　　　　　表1.5-1

修补方法	适用范围	技术要求
环氧树脂注射	宽度在0.05mm左右的窄裂缝	①清洁裂缝。通过抽真空、水洗或者其他特别有效的清洗剂清洁含有污染物的裂缝。②密封表面。将表面裂缝密封，防止环氧树脂在凝固前渗漏出来。③安设入口和出气口。④拌合环氧树脂。⑤注入环氧树脂。⑥拆除表面密封。当注入的环氧树脂养护好后，通过打磨或其他适当的方式除去表面的封层

续表

修补方法	适用范围	技术要求
开槽密封	小范围细裂纹和大的独立裂纹	沿裂缝在表面开一道深度为 6mm～25mm 的凹槽，经过干燥后灌入密封材料。采用的密封剂可以是环氧树脂、聚氨酯橡胶、硅橡胶、聚硫橡胶、沥青材料或聚合物砂浆
缝合	拉应力会重分布的裂缝	裂缝两侧钻孔，用短脚U形金属钉进行锚固，搭接在裂缝两侧的形式进行缝合。将U形钉脚采用无收缩的胶或环氧树脂锚固在孔洞中
重力填充	表面宽度在 0.03mm～2mm 之间的裂缝	采用甲基丙烯酸、聚氨酯橡胶以及环氧树脂等低黏度材料，靠重力注入来填充表面裂缝。典型工序为首先采用吹气或用水冲刷清理裂缝表面，待表面干燥后将单体或树脂浇在裂缝表面，然后用刷子铺开，最后清除多余材料进行养护
化学灌浆	宽度大于 0.5mm 的裂缝或贯穿裂缝	包含两种或两种以上的化学物质复合形成凝胶体、固体沉淀物或泡沫，可以在湿度较大的潮湿环境中使用，并且凝胶时间的范围宽，可以对不同宽度的裂缝进行修补
聚脲包覆层	与海水接触的沉管管段外侧	混凝土结构出现的数量较多、宽度较大、深度也较大的裂缝，在采取上述合适的方式进行修补后，在外侧喷涂聚脲弹性体作为水下包覆层

（5）每一处混凝土缺陷修补完成后，技术员组织试验室、操作工人一同对修补质量进行检查验收，并总结好的经验，分析不足，以提高操作工人的修补技巧，从而使修复质量不断提高。

5. 治理措施

（1）修补完工后，可目测或用放大镜进行外观检验。

（2）对修补质量有怀疑时，可采用金属敲击法或超声波进行检验。

6. 工程实例图片（图 1.5-20）

图 1.5-20 混凝土构件缺陷补修前后照片

1.5.7 通病名称：混凝土养护不到位

1. 通病现象

（1）混凝土养护不到位，混凝土表面出现干缩裂纹或温度裂缝（图 1.5-21）。

（2）混凝土强度无法保证结构的耐久性，影响工程结构功能、安全和外观质量。

图 1.5-21 混凝土养护不到位

2. 规范标准相关规定

《大体积混凝土施工标准》GB 50496—2018

5.5.1 大体积混凝土应采取保温保湿养护。在每次混凝土浇筑完毕后，除应按普通混凝土进行常规养护外，保温养护应符合下列规定：

1 应专人负责保温养护工作，并应进行测试记录：

2 保湿养护的持续时间不宜少于14d，应经常检查塑料薄膜或养护剂涂层的完整情况，并应保持混凝土表面湿润。

3 保温覆盖层的拆除应分层逐步进行，当混凝土的表面温度与环境最大温差小于20℃时，可全部拆除。

5.5.2 混凝土浇筑完毕后，在初凝前宜立即进行覆盖或喷雾养护工作。

5.5.3 混凝土保温材料可采用塑料薄膜、土工布、麻袋、阻燃保温被等，必要时，可搭设挡风保温棚或遮阳降温棚。在保温养护中，应现场监测混凝土浇筑体的里表温差和降温速率，当实测结果不满足温控指标要求时，应及时调整保温养护措施。

3. 原因分析

（1）现场缺少养护用水，出现无水养护局面。

（2）混凝土养护时间、次数和浇水量不足，造成混凝土外漏面保湿不均匀，表面出现龟裂现象。

（3）未采取覆盖养护措施，混凝土表面失水过快，出现干缩裂纹。

（4）缺乏有效的养护措施。

（5）气温低时保温措施不当。

4. 预防措施

（1）开工前根据工程环境确定养护用水的运输渠道，保证施工过程中水源的充足供应；根据施工进度提前采购混凝土养护覆盖材料，确保养护工作的顺利进行。

（2）设养护班；混凝土拆模后，及时用土工布覆盖，保湿养护。

（3）制定混凝土具体养护措施：

1）在浇筑完毕后的12h内对混凝土加以覆盖和浇水。

2）浇水次数以混凝土保持湿润为准，养护用水应与拌合用水相同。

3）混凝土浇水养护时间不得少于14d。

4）采用塑料布覆盖养护，混凝土敞露的表面全部覆盖严密，保持塑料布内有凝结水。

（4）平均气温低于5℃时采取保温养护，底层覆盖一层塑料薄膜，上铺双层土工布，必要时加棉被保温。

（5）注意养护时间，若淋于混凝土表面的养护水温度低于混凝土表面温度时，二者间温差不得大于15℃。

拆模时间：混凝土温峰过后方可拆模。

内表温差控制：降温阶段最大内表温差≤15℃。

（6）养护时每2h测一次混凝土表面温度、环境温度、湿度以及养护水温度，并做好记录，防止混凝土裂纹产生。

1）养护用的管路和设备应经常检修，电路管理应符合用电规范要求。

2）养护用的支架要有足够的强度和刚度、移动养护篷要专业设计，规范合理。

3）不同施工季节选取有代表性的管段，在其内部温度最高、温度变化最快、温差最大及应力最集中的位置埋设温度、应变传感器，监测沉管管节内部的实际温度、应力分布及其变化情况，并绘出混凝土芯部的时间-温度变化曲线，以指导后续管段养护。

高温季节：在混凝土拆模后采用移动式养护棚对沉管进行遮阳和防风，并喷水养护，使混凝土全表面始终保持湿润，控制养护棚内环境温度不低于30℃，控制环境相对湿度为85%~90%，保湿养护时间不少于14d。

低温季节：在混凝土拆模后覆盖土工布，两端孔口处用土工布挂帘法封盖，并采用移动式养护棚对沉管进行保温、保湿。混凝土表面温度不低于25℃，采用喷雾方式保持环境相对湿度为85%~90%，保湿养护时间不少于14d。

5. 治理措施

（1）建立有效的奖罚制度，加大施工现场的巡视力度，对养护工作形成有效监控，重奖重罚。

（2）针对沉管不同部位采用多种养护方式相结合。

（3）对于养护龄期小于28d的节段，如氯离子扩散系数未达到28d设计指标，混凝土外露面应喷涂异丁烯三乙氧基硅烷涂层，其性能指标与施工工艺应满足《海港工程混凝土结构防腐蚀技术规范》JTJ 275的要求。

6. 工程实例图片（图1.5-22、图1.5-23）

图 1.5-22 管节内腔智能化喷雾养护系统

图 1.5-23 管节顶面覆盖+淋水养护

1.5.8 通病名称：预埋铁件防腐修复达不到出厂验收合格时要求

1. 通病现象

（1）预埋铁件表面锈蚀严重，混凝土表面出现黄色锈斑（图 1.5-24、图 1.5-25）；

图 1.5-24 预埋件防腐涂层破损

图 1.5-25 螺栓孔没有防腐和保护措施

（2）修复处理的面积不够，很多情况只是点涂，达不到修复的效果；
（3）修复时没有对基层按规范打磨、清理干净；
（4）修复的涂层厚度达不到要求；
（5）对临时连墙预埋件的切割和修复不当，只做表层的切割，未能有效地涂补。

2. 规范标准相关规定

（1）《沉管法隧道施工与质量验收规范》GB 51201—2016

7.4.1 管节预制应根据设计和水上施工特点，安装必要的金属构件及预埋件，且金属构件及预埋件应满足防腐要求。

7.4.7 预留预埋应符合下列规定：

1 各种预埋件和预留孔洞应分类、编号、标识，中心位置及标高应符合设计规定；

2 各类预埋件的防腐措施应符合设计要求，并应进行耐久性控制和对螺栓、螺牙、螺孔保护。

（2）《海港工程钢结构防腐蚀技术规范》JTS 153—3—2007

4.2.3 钢结构在除锈处理前，应清除焊渣、毛刺和飞溅等附着物，并清除基体金属表面可见的油脂和其他污物。

7.0.3.3 修补涂料宜采用原涂装配套或能相容的防腐涂料，并应能满足现场的施工环境条件，修补涂料的存储和使用应符合产品使用说明书的要求。

（3）《钢结构工程施工质量验收规范》GB 50205—2001

10.3 安装和校正Ⅰ主控项目

10.3.1 钢构件应符合设计要求和本规范的规定。运输、堆放和吊装等造成的钢构件变形及涂层脱落，应进行矫正和修补。

3. 原因分析

（1）钢结构预制件未编制《吊装、转动、存放、安装方案》，或没有按运输方案对钢结构预制件防腐涂层进行有效的保护。

（2）预埋铁件表面未作防锈处理或处理不到位、预埋铁件四周或内部混凝土不密实，产生空鼓，造成预埋件里面开始腐蚀。

（3）临时预埋件的切割只作表面切割或浅层割除，切除深度不够。

（4）技术交底未交到操作层，对防腐修复质量意识不强，修补随意。

4. 预防措施

（1）预埋铁件制作完成后对铁件表面进行敲除焊渣及除锈处理，根据设计施工要求涂刷底层防锈漆及面漆。

（2）预埋铁件与结构件主筋固定牢固，保证混凝土浇筑过程中铁件无松动、移位。

（3）加强混凝土振捣控制，对下料困难的部位采用细石混凝土浇筑，确保预埋铁件四周混凝土密实无空洞或缝隙。

（4）支模螺栓采用圆台螺母工艺，对拉螺杆距混凝土表面深度不小于3cm。

（5）混凝土表面修补采用1:2水泥砂浆或环氧砂浆修补。

（6）混凝土预埋铁件做热镀锌处理。

（7）分项工程开工前做好技术交底工作，并交到具体操作层。

5. 治理措施

（1）要求施工单位制定《吊装、转动、存放、安装方案》《预埋件防腐修补方案》。

（2）对于防腐修补工作，监理单位制定相关验收程序、验收表格。验收表格主要内容有：防腐修补数量统计、防腐修补面积、基层处理情况、相关检测结果及修补原料证明文件。

6. 工程实例图片（图1.5-26）

图1.5-26 OMEGA止水带预埋件防腐修补效果好

1.5.9 通病名称：端钢壳平整度、倾斜度达不到要求不符合要求

1. 通病现象

端钢壳平整度、倾斜度达不到要求不符合要求，在施工过程中出变形。端钢壳主要用于 GINA 以及 OMEGA 止水带的安装，是沉管结构重要的永久性构件。为使止水带完全均匀地压缩，以达到两管节完全紧密结合的水密效果，和适应各管节沉放后的坡度变化，因此，对端钢壳的制作平整度和安装倾斜度要求极高。

2. 规范标准相关规定

（1）《钢结构工程施工质量验收规范》GB 50205—2001

10.3.3 钢屋（托）架、桁架、梁及受压杆件的垂直度和侧向弯曲矢高的允许偏差应符合表 10.3.3 的规定。

检查数量：按同类构件数抽查 10%，且不应少于 3 个。

检验方法：用吊线、拉线、经纬仪和钢尺现场实测。

（2）《沉管法隧道施工与质量验收规范》GB 51201—2016

7.5.2 混凝土管节制作中的钢筋、模板、混凝土质量检验应符合下列规定：

主控项目 3 端钢壳端面板加工焊接及焊条必须符合设计或施工规范要求，制作及安装检验标准应符合表 7.5.2-1 的规定。

端钢壳面板制作及安装检验标准　　表 7.5.2-1

序号	主控项目	允许偏差	检查数量	检验方法
1	外包宽度（mm）	±10	每个端钢壳	全站仪
2	外包高度（mm）	±10	每个端钢壳	全站仪
3	面板整体平整度（mm）	≤3	每个端钢壳	2m 靠尺和楔形塞尺
4	接触面平整度（mm）	≤1	每个端钢壳，沿长度方向每 1m 测一点	GINA 止水带接触面每延米，2m 靠尺和楔形塞尺
5	接触面平整度（mm）	≤2	每个端钢壳，沿长度方向每 2m 测一点	OMEGA 止水带接触面每延米，2m 靠尺和楔形塞尺
6	横向垂直度（‰）	≤3	每个端钢壳，测两端、中间共 3 点	拟合面与设计面在管节左右外缘之差，全站仪和直尺
7	竖向倾斜度（‰）	≤3	每个端钢壳，测两端、中间共 8 点	拟合面与设计面在管节上下边缘之差，全站仪和直尺
8	端面倾角（mm）	按设计要求	每个端钢壳	全站仪

注：测点原则沿 GINA 止水带安装轴线不大于 2m 一个点。

3. 原因分析

（1）端钢壳加工制作安装焊接时，容易变形，锚筋的连接，面板的安装，再次施焊，极易造成钢端壳施工误差超标。

(2)混凝土时对端钢壳产生较大的,完工后的收缩对端钢壳带来变形。

(3)大面积的钢构件加工及测量控制难度大。

4.预防措施

(1)设计措施

1)一次成型端钢壳是指管节端钢壳采用整体式设计,在管节混凝土浇筑时安装就位并调整到设计要求的精度,管节预制完成后即可具备使用要求,无须进行面板安装、灌浆及防腐等二次施工。一次成型端钢壳施工工艺流程如图1.5-27所示。

图1.5-27 一次成型端钢壳施工工艺流程

适用于工厂化、流水施工管节,通过施工过程中高精度测量仪器监测,边施工边调节从而达到各项设计指标。

2)二次成型端钢壳指的是在管节混凝土浇筑时先安装端钢壳主体结构,等管节预制完成后再整体安装端钢壳面板,最后需在端钢壳主体与面板之间灌注高强砂浆。端钢壳的现场安装分三次进行:第一次在浇筑混凝土底板前安装下段,第二次在浇筑上层结构前安装上段,第三次是待混凝土充分固化后装端钢壳面板,二次成型端钢壳施工工艺流程如图1.5-28所示。

图1.5-28 二次成型端钢壳施工工艺流程

适用于分段施工的干坞预制,通过二次打磨处理达到各项设计指标。

(2)施工措施

1)端钢壳尽量由专业厂家工厂内分块制作,同时完成锚筋和止水带压件的焊接。施工工艺要求:

① 合理放样、经济切割。根据设计图纸的形状及尺寸,考虑加工制作过程中的误差、装配需要的公差、间隙及反变形值,以及焊接、火焰矫正等过程中的收缩量,经过计算得出精确尺寸后进行合理放样分块。

② 预拼装检验。在端钢壳各分块预制完成后,对构件尺寸严格检验,在现场进行自由状态下预拼装,符合设计要求和技术规范的要求后,方能吊装。

2)焊接质量控制:

① 厂内加工制作时,可采用增设平台与工件之间的临时支撑,或加压板来固定工件以及改进施焊工艺来严格限制焊接构件的变形。

② 钢结构焊接应根据母材及结构特点选用焊接方法、焊接材料和制定焊接工艺。焊

接工艺评定按现行国家标准《钢结构工程施工质量验收规范》GB 50205 进行。

③ 主要结构采用埋弧自动焊或二氧化碳气体保护焊，对接及坡口熔透焊缝；辅助结构或施工困难部分可采用手工焊，但必须保证焊接质量，焊缝质量等级为二级。

④ 采用埋弧焊、二氧化碳气体保护焊及低氢型焊条手工焊方法焊接的接头，组装前必须彻底清除待焊区域的铁锈、氧化铁皮、油污、水分等有害物，使表面露出金属光泽。焊接时严禁在母材的非焊接部位引弧，焊后应清理焊缝表面的熔渣及两侧的飞溅。

（3）端钢壳运输及卸船和卸车应注意的事项有：

1）端钢壳运输过程中应采取有效措施防止构件变形。

2）吊装的吊点必须为经过计算取值所规定的吊点位置，禁止随意布置吊点，减小吊装造成的变形，施工中可利用吊架多点受力吊装，以减小吊装变形影响。卸船和卸车必须轻起轻落，严禁碰撞，在平板车上和临时堆存区应铺设橡胶垫层，减少缓冲。

3）端钢壳构件在平板车上应采用方木将端钢壳隔开顶紧，并捆好，不得在运输过程中摇晃撞击。

4）分块的端钢壳不宜重叠堆放，应平放整齐。面板平整部分朝下，锚筋部分朝上，堆放场地应平整，支垫应稳固。

（4）现场预拼装过程中，按设计要求严格控制焊缝质量。端钢壳焊接过程中，应采用可靠的技术措施，严格控制焊接变形。并在管段制作过程中，设置适当的临时支撑，确保端钢壳不变形。

1）端钢壳安装后要仔细检查其所有内表面，不得有杂物或油污附着。

2）端钢壳面板焊接前应做好清洁工作，防止杂物留在隔腔内。

3）所有钢板防锈处理，螺栓螺母要上防锈油。

4）GINA 带、OMEGA 带安装预埋螺母焊接好后，用一般级别的螺栓拧上，保护螺纹。面板焊接后应用软木塞临时封住灌注孔和排气孔，防止杂物进入或堵塞孔口。

5）端钢壳腔内有积水时不得灌注细石混凝土。

6）端钢壳所有与 GINA 橡胶止水带相接触的面，焊缝均必须打磨平整。

7）端钢壳制作安装完成后，应及时进行防锈、防腐蚀处理，防腐涂层应包括端钢壳面板施工完成后所有的外露表面。第一次防锈、防腐蚀处理在工厂制作预拼装后进行，第二次防锈、防腐蚀处理在沉管预制完成、下水寄放前进行。

（5）安装及浇筑混凝土时需采取措施防止和矫正变形。

由于对管节端钢壳的外形尺寸和面板的平整度及制作精度要求高，管节端部的模板定位系统必须拥有足够的刚度以及足够的稳定安全储备，必要时可对端钢壳的变形进行适当的纠偏，避免管节端钢壳的变形出现不可接受的偏差。由于端钢壳的本身构造，在节段浇筑中会产生一定变形，因此浇筑过程中需要跟踪测量、动态调整，监测工艺如图 1.5-29 所示。

（6）端钢壳分块制作完成后应及时进行防锈、防腐蚀处理，防腐涂层包括端钢壳面板施工完成后所有的外露表面。防腐蚀涂层施工前，应对钢结构表面进行彻底清理，打

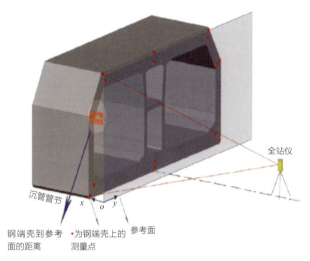

图 1.5-29 端钢壳测工艺图

磨平整,包括铁锈、油污、毛刺、焊渣等附着物。端钢壳在管节预制厂整体拼装焊接后,也需对焊缝外露表面进行打磨除锈,然后施工防腐蚀涂层。

5. 治理措施

(1)情况不严重的,进行打磨、防腐修补处理,可以达到设计要求。

(2)超出设计要求规范较大,但通过软件拟合,可以在下一节沉管可以纠正的,也不影响沉管安装质量,由设计单位出具文字说明的,可以不用处理。

(3)超出设计要求规范较大,影响后续管接安装质量,返工处理。

6. 工程实例图片(图 1.5-30)

图 1.5-30 端钢壳安装

1.5.10 通病名称:防水构造施工细节处理不好,存在违规施工

1. 通病现象

(1)预埋件未除锈(混凝土接触面)。

(2)注浆管安装的位置不正确;注浆管被电焊火花烧伤;注浆口、排气口不注重保护,经常受到堵塞或损害,成活率不高(图 1.5-31)。

(3)预埋件锚筋、止水钢板为方便安装而随意被切割(图 1.5-32)。

图 1.5-31 注浆管安装和保护不规范

图 1.5-32 防水构造随意切割

（4）防水胶不遇水膨胀、橡胶不连续、空鼓，基层界面处理不好安装不密贴，遇水膨胀橡胶已遇水膨胀，达不到止水效果（图 1.5-33、图 1.5-34）。

图 1.5-33 遇水膨胀橡胶产生脱落

图 1.5-34 止水胶不连续

上述大部分在隐蔽处工程部位，不仔细检查很难发觉或修补困难，给管节防水带来极大的质量隐患。

2. 规范标准相关规定

《地下防水工程质量验收规范》GB 50208—2011

4.6.2 金属板防水层所采用的金属材料和保护材料应符合设计要求。金属板及其焊接材料的规格、外观质量和主要物理性能，应符合国家现行有关标准的规定。

4.6.3 金属板的拼接及金属板与工程结构的锚固件连接应采用焊接。金属板的拼接焊缝应进行外观检查和无损检验。

4.6.4 金属板表面有锈蚀、麻点或划痕等缺陷时，其深度不得大于该板材厚度的负偏差值。

4.6.8 金属板表面不得有明显凹面和损伤。

5.1.1 施工缝用止水带、遇水膨胀止水条或止水胶、水泥基渗透结晶型防水涂料和预埋注浆管必须符合设计要求。

5.1.8 遇水膨胀止水带应具有缓膨胀性能；止水条与施工缝基面应密贴，中间不得有空鼓、脱离等现象；止水条应牢固地安装在缝表面或预埋凹槽内；止水条采用搭接连接时，搭接宽度不得小于30mm。

5.1.9 遇水膨胀止水胶应采用专用注胶器挤出粘结在施工缝表面,并做到连续、均匀、饱满、无气泡和孔洞,挤出宽度及厚度应符合设计要求;止水胶挤出成型后,固化期内应采取临时保护措施;止水胶固化前不得浇筑混凝土。

5.1.10 预埋式注浆管应设置在施工缝断面中部,注浆管与施工缝基面应密贴并固定牢靠,固定间距宜为200mm～300mm;注浆导管与注浆管的连接应牢固、严密,导管埋入混凝土内的部分应与结构钢筋绑扎牢固,导管的末端应临时封堵严密。

3. 原因分析

(1)野蛮施工:对止水钢板、预埋件锚筋随意切割,严重影响沉管隧道防水要求和结构受力。这种现象主要存在于不同班组之间。

(2)对沉管隧道耐久性、防水要求质量意识不强,不注重施工细节,同时自检不到位。

(3)交叉施工时,不注重成品保护。施工动火时烧伤塑料、橡胶制品。喷淋水、雨水使遇水膨胀止水胶发生质量变化。混凝土施工、预埋件安装拆模板时,无专人值守,对防水构造造成损坏。

4. 预防措施

(1)做好全员技术交底,制定严格的奖罚制度。对于随意切割、随意动火对止水构件造成损坏者和检查不力现场人员及班组,一定要重罚,把人为的因素降到最低。

(2)预埋件安装前,使用除锈机进行除锈。

(3)注浆管安装在预埋件倒角位置,才能达到最佳的止水效果,可以在预埋件倒角处加焊固定环,防止注浆管移位。

(4)注浆管采用金属固定件固定于预埋钢板内表面,注浆导管及其端部配套的封口盒采用钢丝固定于同向的钢筋上,封口盒应尽量贴近模板基面。

(5)预埋件与混凝土之间预设遇水膨胀止水胶和预埋式注浆管。遇水膨胀止水胶施作后,应采取必要的措施,保证其在混凝土浇筑前处于无水环境中。

(6)遇水膨胀止水胶安装前必须先处理好基面,安装时采用有效措施保证与基面密贴。

(7)为加强OMEGA预埋件、端钢壳与混凝土的密贴性,降低因预埋件锈蚀层引起的渗水风险,安装前对预埋件进行喷砂除锈工作。

(8)预埋管道外壁增设注浆管,以降低外壁渗漏风险。

5. 治理措施

(1)判断防水构件是否失效,在OMEGA水密性试验时可以验证,但很难找出具体部位、具体工序存在问题,只能沿OMEGA预埋钢板周围进行修补注浆。

(2)在沉管安装完成后,随着管内压重层、管顶回填层施工,沉管荷载增大,局部施工质量不好,止水构件处出现渗水,也只能采取修补注浆。

(3)上述措施必须由施工单位编制相关的施工方案。

6. 工程实例图片(图1.5-35)

图 1.5-35 注浆管安装规范，混凝土振捣增加导向管

1.5.11 通病名称：中埋式止水带渗漏风险

1. 通病现象

中埋式止水带安装位置不居中、不顺直，止水带或钢边破损，止水带周围有混凝土渣或杂物（图 1.5-36、图 1.5-37）。

图 1.5-36 中埋式止水带安装形状不符合要求　图 1.5-37 中埋式止水带受污染、破损

2. 规范标准相关规定

《地下防水工程质量验收规范》GB 50208—2011

5.2.3 中埋式止水带埋设位置应准确，其中间空心圆环与变形缝的中心线应重合。

5.2.5 中埋式止水带在转角处应做成圆弧形；顶板、底板内止水带应安装成盆状，并宜采用专用钢筋套或扁钢固定。

5.1.10 中埋式止水带施工应符合下列规定：

1 止水带埋设位置应准确，其中间位置圆环应与变形缝的中心线重合；

2 止水带应固定，顶、底板内止水带应成盆状安设；

3 中埋式止水带先施工一侧混凝土时，其端模应支撑牢固，并应严防漏浆；

4 止水带的接缝宜为一处，应设在边墙较高的位置上，不得设置在转角处，接头宜采用热压焊接；

5 中埋式止水带转弯处应做成圆弧形，（钢边）橡胶止水带的转角半径不应小于 200mm，转角半径应随止水带的宽度增大而相应增大。

3. 原因分析

（1）中埋式止水带安装位置不准确，其中间位置圆环应与变形缝的中心线重合。

（2）中埋式止水带安装形状不规范，应呈盆状安设。

（3）中埋式止水带橡胶或钢边破损。

（4）中埋式止水带施工过程中受到污染而清理，影响止水效果。

（5）中埋式止水带注浆管成活率不高（针对可注浆式中埋止水带）。

（6）中埋式止水带周边混凝土不密实。

4. 预防措施

（1）中埋式止水带的材料性能指标、断面构造尺寸、长度应符合设计图纸的要求。止水带供应商应提供第三方权威机构出具的中埋式可注浆止水带质量的证明文件。

（2）中埋式止水带橡胶接头连接质量应通过检测手段予以验证。

（3）中埋式止水带低温下搬运止水带的过程中应避免其扭曲，温度低于 −25℃时禁止搬运止水带。止水带应避免阳光照射或带有紫外线的人工光线照射。止水带应置于气密性良好的地方，避免暴露于流通的空气中。

（4）中埋式止水带不得接触有机溶剂、油脂等材料。止水带表面若有污物，严禁采用砂纸、尖锐物、有机溶剂清理表面，可采用清水结合软刷或硬刷清理橡胶表面。

（5）中埋式止水带不应受到张拉、压缩或其他外力导致变形。

（6）中埋式止水带安装时，应采用钢丝向上拉或其他措施，使之达到设计要求的仰角（形成盆状）。

（7）反复检查模板牢固程度，防止中埋式止水带偏位。

（8）中埋式止水带安装完成后要有专项保护措施，不得受外力的碰撞。

（9）预埋件施工、混凝土浇筑时有要专人检查是否对中埋式止水带注浆管造成破坏。

5. 治理措施

（1）主动增加注浆，提高管节防渗效果（图 1.5-38）。

（2）对中埋式止水带周边混凝土施工质量进行检查和检测，出现混凝土质量缺陷部位应按专项修补方案进行修补。

6. 工程实例图片（图 1.5-39）

图 1.5-38　中埋式止水带增加注浆管　　　图 1.5-39　中埋式止水带安装规范

1.5.12 通病名称：OMEGA 止水带水密性试验不合格。

1. 通病现象

OMEGA 安装螺栓扭力值达不到设计要求，管节接头漏水等，水密试验不能保持压力（图 1.5-40）。

图 1.5-40　受到污染的 OMEGA 止水带

2. 规范标准相关规定

《沉管法隧道施工与质量验收规范》GB 51201—2016。

3. 原因分析

（1）安装 OMEGA 止水带时，止水带及接头容易受污染，这将直接影响到接头接驳的质量。

（2）OMEGA 止水带、钢剪力键预埋件由于外露时间长，同时管内压舱混凝土的浇筑正在进行，有部分混凝土残渣；预埋螺栓孔由于经常外露和压舱混凝土的浇筑，导致部分螺栓孔堵塞。

（3）OMEGA 止水带安装时，由于自身重量大，同时压板自重大，导致安装不能一个人独立完成。螺母紧固分时间段实施，经历时间长，螺母数量多，容易漏拧等。

（4）管节接头处混凝土质量差。

4. 预防措施

（1）安装前检查预埋件重涂装防腐蚀涂层的厚度，沟槽内杂物、积水的清理情况。防止与 OMEGA 止水带接触的金属表面出现不平整或尖锐物。

（2）接驳前检查 OMEGA 止水带周边清理情况，防止 OMEGA 止水带及接头受污染，影响接驳质量。接头加热硫化时间约为 5h，在加热过程中，必须不断收紧模具的螺栓，使 OMEGA 止水带压紧，模具加热到一定温度并持续约 1h 后才能开始降温，但必须等降温完成后方可进行拆模。接头硫化施工过程涉及化学品及有毒有害气体，需要加强通风及现场监管。

（3）扭力检查第一次紧固所有螺栓 24h 后，再以 594N·m 的力度拧紧所有螺栓一次；第二次紧固后一个星期，再以 594N·m 的力度对所有螺栓进行一次紧固。由于每个管节接头 OMEGA 止水带安装检漏时，检漏的水压值不同，需逐级加压。

（4）OMEGA 止水带安装完成、检漏合格后必须对止水带进行保护，禁止在周边进行明火作业或者电焊作业，进行上述作业必须有安全人员在现场监控，并做好 OMEGA 止水带的防护措施，可以采用 30 号槽钢进行保护。

5. 治理措施

（1）预埋件表面防腐涂层如破损，则需根据端钢壳油漆修补工艺进行修复，同时应进行预埋件表面平整度复测。如有超差，应根据处理方案处理至符合设计要求后方可进行止水带的安装。

（2）预埋件表面全部清理完成后，逐个对预埋套筒进行全面检查，并用标准长度螺栓进行试拧，如发现堵塞情况应立即进行清理，确保螺栓能够顺利拧入套筒内。否则需重新开孔。

（3）管节接头混凝土质量差，需要进行注浆修补，否则 OMEGA 水密试验无法保压。

6. 工程实例图片（图 1.5-41、图 1.5-42）

图 1.5-41　安装前清洁保护

图 1.5-42　安装规范

1.5.13　通病名称：GINA 止水带吊装、保护不规范，GINA 损坏、变形等重大风险

1. 通病现象

GINA 止水带安装运输和吊装时不注重对鼻尖的保护。安装完成后不注意对 GINA 止水带成品的保护（图 1.5-43、图 1.5-44）。

图 1.5-43　吊装时没有对鼻尖保护

图 1.5-44　动火作业没有对 GINA 保护

2. 规范标准相关规定

国内无相关规范，由荷兰 TRELLEBORG（特瑞堡）生产厂家提供的《GINA 安装指导手册》摘录如下：

（1）严禁以钢索吊运 GINA 带，须以尼龙带或帆布带处理。特别提醒，GINA 带的鼻尖最易受损，吊运过程中应在 GINA 带的鼻尖部分用木壳加以保护，谨防其碰伤、割伤、被拖曳等。

（2）不恰当的储存环境（如氧化、臭氧、光和热力）可能令产品受损，例如过度硬化、软化、龟裂或其他表面的退化。

（3）采用足够数量的尼龙吊带使 GINA 带的重量得以平均分配及承托。

（4）所有压件必须依照图纸上的规格制造，每一条边和角须磨去锋利处并加防锈油漆保护，规格不符的压件不能用于安装 GINA 带及 OMEGA 带。

（5）严禁使 GINA 带接触火种，若有相应情况出现，则 GINA 带必须被覆盖隔离。

（6）安装 GINA 带后，需要将金属制的保护罩盖上，以免 GINA 带损坏。

3. 原因分析

（1）设计、施工交底不足，对 GINA 止水带的性能和原理认识不充分。

（2）质量意识不强。

（3）吊装方案没有对 GINA 受力进行计算。

4. 预防措施

（1）详细解释安装 GINA 带的工序、所需的机械设备、需注意事项及安全要求。

（2）检查压件、螺栓、GINA 带的质量证书，压件、螺栓的镀锌质量证书等，根据图纸要求检定各压件及螺栓等尺寸及误差等。

（3）检定木盒子（或其他保护鼻尖装置）、尼龙吊带及吊具质量，吊运机械负重证书等。

（4）采用尼龙吊带连接金属杆及 GINA 带的上下部，GINA 带的尖嘴部分必须以木盒子隔开以免破损。

（5）采用足够数量的尼龙吊带将使 GINA 带的重量得以平均分配及承托。

5. 治理措施

（1）GINA 止水带吊装需采用布吊具，严禁使用钢丝绳；

（2）在加工、运输、展开的过程中，严禁折叠、大力拉伸、损伤 GINA 止水带，严禁近火近油或长时间在阳光下暴晒。

6. 工程实例图片（图 1.5-5、图 1.5-6）

图 1.5-45　规范的吊装方式　　　图 1.5-46　安装完成后的保护措施

1.5.14 通病名称：聚脲层喷涂施工不规范

1. 通病现象

（1）基层没有按规范要求处理，基层不平整；

（2）局部有气泡、流坠、鼓包、破损等（图1.5-47）；

（3）聚脲层厚度未达到设计要求、基层与混凝土粘结力不够（图1.5-48）；

（4）完工后聚脲面层堆放杂物，没有成品保护措施。

图1.5-47 局部有气泡、流坠、鼓包　　图1.5-48 基层与混凝土粘结力不够

2. 规范标准相关规定

（1）《喷涂聚脲防水工程技术规程》JGJ/T 200—2010

7.2.2 喷涂聚脲涂层的主控项目质量要求应符合表7.2.2的规定。

喷涂聚脲涂层的主控项目质量要求　　　　表7.2.2

项目	质量要求	检测频率	检测方法
正拉粘结强度（MPa）	≥ 2.0 且正常破坏	每500m²检测一次	本规程附录B
涂层厚度（mm）	平均厚度应符合设计要求，检测的最小厚度值不应小于设计厚度值的80%	每500m²检测一次	在进行涂层正拉粘结强检测并破坏的部位用刀片垂直于基层割取20mm×20mm涂层试样。将试样表面清理干净用卡尺测量涂层厚度

7.2.5 喷涂聚脲涂层颜色应均匀，涂层应连续、无漏涂和流坠，无气泡、无针孔、无剥落、无划伤、无龟裂。

（2）《地下防水工程质量验收规范》GB 50208—2011

4.4.10 涂料防水层应与基层粘结牢固、涂刷均匀，不得流淌、鼓泡、露槎。

4.4.11 涂层间夹铺胎体增强材料时，应使防水涂料浸透胎体覆盖完全，不得有胎体外露现象。

4.4.12 侧墙涂料防水层的保护层与防水层应结合紧密，保护层厚度应符合设计要求。

3. 原因分析

（1）出现流坠主要原因是两次喷涂间隔时间短于规范规定的复涂时间，导致第一次喷涂的涂料未凝固的情况下又进行了第二次的喷涂施工。

（2）出现鼓包主要原因是环境条件及天气因素影响，其次对底漆涂刷不均匀也会导致出现鼓包现象。

（3）混凝土粘结力不够，混凝土面打磨不到位、基层不平整，两次喷涂时间间隔超出生产厂家要求等。

4. 预防措施

（1）喷涂作业前，应根据使用的材料和作业环境制定施工参数和预调方案，作业过程中，应进行控制和质量检验。

（2）每批进场材料在作业前应送检取样，并提交检测报告。

（3）喷涂聚脲防水工程应由有相应资质的专业施工队伍，操作人员应持证上岗。

（4）喷涂聚脲防水施工前应通过图纸会审，施工单位应掌握工程主体及细部构造的防水技术要求，并应编制施工方案。

（5）喷涂聚脲作业应在互不干涉、不大于5℃、相对湿度小于85%，且基层表面温度比露点温度至少高3℃的条件进行。在4级及以上大风的露天环境条件下，不宜实施喷涂作业。严禁在雨天、雪天实施露天喷涂作业。

5. 治理措施

（1）由于喷涂聚脲施工受风速等天气条件影响较大，若操作不慎会引起材料飞散，造成环境污染。由于聚脲涂层的粘结强度很高，沾污物很难清除，故在喷涂作业前应对作业面外易受飞散物污染的部位采取遮挡措施。

1）平面施工。对于平面施工，除注意压枪和喷涂方向外，还要注意及时清理喷涂过程中落到基层上的杂物。在每一道喷涂完毕后，马上进行检查，发现缺陷及时进行修补处理。

2）垂直面施工。垂直面施工除进行以上步骤外，还要注意每道喷涂不要太厚，这既可以通过喷枪、混合室、喷嘴的不同组合来控制，也可以通过控制枪的移动速度来进行。

（2）基层表面不得有浮浆、孔洞、裂缝、灰尘、油污等。当基层不满足要求时，应进行打磨、除尘和修补。基层表面孔洞和裂缝等缺陷应采用聚合物砂浆进行修复。

（3）底层涂料完成后，必须进行验收，符合设计要求后方可进入下道工序施工。底层涂料完成并干燥后，方可将基层表面不平整部位用腻子进行找平。腻子采用人工刮涂、要求涂布均匀，无漏涂、无堆积。腻子表面剩余的少量针眼用修补腻子人工补平，待修补腻子固化后，才能进行下一道工序施工。

（4）底层经验收合格后，宜在喷涂聚脲生产厂家规定的间隔时间内进行喷涂作业，超出时间应返工重来。

（5）涂层有漏涂、针孔、鼓泡及损伤等缺陷时，应进行补修。

（6）喷涂型聚脲防水涂料施工完毕后，应采取临时性遮盖措施，勿使涂层直接暴露于阳光下。

6. 工程实例图片（图 1.5-49）

图 1.5-49　喷涂聚脲涂层颜色均匀、涂层连续

1.5.15　通病名称：阴极保护系统提前失效

1. 通病现象

常见的质量通病有：

（1）沉管法隧道建设周期长，阴极保护系统已提前失效。

（2）阴极保护系统焊接（或螺栓连接）质量差，阳极块电缆与本体脱落。

（3）阴极保护系统焊接时破坏周围预埋件防腐涂层，而没有及时修复。

随着工序隐蔽后，阴极保护系统极有可能在某些部位已经失效，而不容易被发现，对沉管隧道后期的运营与维护带来极大的质量隐患（图 1.5-50）。

图 1.5-50　阴极保护系统与管节接头已脱开

2. 规范标准相关规定

（1）《港工设施牺牲阳极保护设计和安装》GJB 156A—2008

6　牺牲阳极安装方法

6.1 牺牲阳极可采用焊接固定法或螺栓固定法安装。

6.2 牺牲阳极的安装应确保使用期内不脱薄、不松动。

6.3 采用螺栓固定法安装牺牲阳极时，牺牲阳极与港工设施的接触电阻应不大于 0.005Ω。

6.4 当牺牲阳极与港工设施的距离小于10cm时，牺牲阳极非工作表面应加屏蔽层。

6.5 牺牲阳极工作表面不允许沾染油漆、油污。

7 保护效果检

7.1 牺牲阳极安装后，应定期测量保护电位。保护电位的测量频度，在初期（安装后 1a～2a）和末期（接近设计寿命 2a～3a）至少每 0.5a 测量一次，在保护期其余时间每 1a 测量一次。

（2）《埋地钢质管道阴极保护技术规范》GB/T 21448—2017

4.1.3 阴极保护工程应与主体工程同时勘察、设计、施工和投运，当阴极保护系统在管理埋地三个月内不能投运时，应采取临时阴极保护措施；在强腐蚀土壤环境中，应在管道埋地时施加临时阴极保护措施；临时阴极保护措施应维持至永久阴极保护系统投运；对于受直流杂散电流干扰影响的管道，阴极保护系统及排流保护措施应在三个月内投运。

（3）《海港工程钢结构防腐蚀技术规范》JTS 153—3—2007

4.5.8 采用阴极保护的钢结构必须确保每一个设计单元或整体其有良好的通电连续性，连接方式可采用直接焊接、焊接钢筋连接或电缆连接，连接点面积应大于连接用钢筋或电缆的截面积，连接电阻不应大于 0.01Ω。

4.5.24 阳极体和阳极电缆应根据使用条件和安装方式进行适当保护。

3. 原因分析

（1）沉管法隧道建设周期长、工序转换快、交叉施工多，施工过程中，不注意对阴极保护进行保护和检查。

（2）施工对设计意图不理解，施工人员不专业，施工总承包单位对配合、协作单位无交底说明，造成阴极保护系统被破坏。

（3）针对长周期工程，设计单位没有对阴极保护系统有保护或临时备用设计。

4. 预防措施

（1）阴极保护工程应在勘察设计时详细规划。

（2）ERE20 参比电极、钛参比电极采购周期较长，需尽早进入采购程序。

（3）阴极接头、电导通接头不锈钢套筒应采用塑料盖扣紧，避免混凝土浇筑时浆液渗入，并严格控制其位置，避免对管节模板定位有影响。

（4）腐蚀电池及参比电极等健康监测设备应根据交通工程健康监测施工图设计进行预埋。

（5）做好设计交底，施工过程中不同工种作业单位之间办理工序移交。

5. 治理措施

（1）沉管本体与牺牲阳极块之间如用焊接方式相连，焊接点应涂刷环氧重型防腐涂料封闭。

（2）施工完成后，应保持牺牲阳极金属表面清洁，不得涂刷油漆或有油污。

（3）长工期沉管隧道工程，建议提前电连通。

（4）建立定期巡查机制。

6. 工程实例图片（图 1.5-51）

图 1.5-51　阴极保护连接牢固，防腐涂层修复效果好

1.6　顶管法隧道工程

1.6.1　通病名称：洞口漏水

1. 通病现象

顶管过程中，进出洞口发生渗水、漏浆现象（图 1.6-1）

图 1.6-1　顶管入洞口漏水

2. 规范标准相关规定

（1）《顶管技术规程》DBJ/T 15—106—2015

6.7.1 穿墙止水结构宜由钢套环、止水橡胶环、可调压板、洞口加固桩或砖砌孔口等组成，如图 6.7.1 所示，止水橡胶环由可调压板固定在预埋钢环上。

6.7.2 深度超过 10m，地层为透水层时，应设置井壁预埋钢环，宜采用双层止水橡胶板。橡胶压板可加工成铰接（图 6.7.2）。深度超过 15m 时宜采用钢刷止水装置。

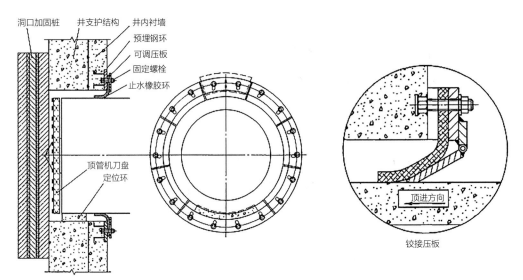

图 6.7.1 穿墙止水装置　　　　　　　　图 6.7.2 双层止水橡胶板

6.7.3 预埋钢环应预埋在工作井内衬墙上，钢环安装时中心点与管道中心线的允许偏差应为 10mm。

6.7.4 井内衬墙洞口和预埋钢环的内直径应大于管道外直径 150mm 以上。

6.7.5 橡胶止水圈的拉伸量不宜小于 400%，邵氏硬度 60°±10°，厚度不宜小于 12mm，内径小于管道外径 100mm。

6.7.6 洞口加固宜符合顶管进出洞的稳定、止水的要求。加固方法宜采用高压旋喷桩或搅拌桩，桩间的搭接宽度不宜小于 150mm，也可采用素混凝土墙，且墙体的混凝土强度等级宜为 C5。洞口加固范围应超出管外径 D 且不少于 2m。

6.7.7 可调压板的调整范围应能使顶管机顺利通过，无铰接可调压板内边与管道外表面的最小间隙不宜大于 20mm，有铰接的压板与管道外表面夹角宜为 45°。

（2）相关施工规定

1)《顶管工程施工规程》DG/TJ 08—2049—2016

4.0.6 工作井的穿墙孔应设置止水装置。止水装置可采用盘根止水或橡胶止水，也可采用组合形式止水。止水装置的设置应符合下列规定：

1　砂土、粉土等土层宜采用盘根止水。

2 黏性土土层宜采用橡胶止水。

3 在长距离顶管或承压水土层中宜采用多道或组合形式止水。

4 顶管结束后，管道与穿墙孔的间隙应及时进行封堵。

3. 原因分析

（1）设计原因

洞口止水装置未按设计规范要求设置。

（2）施工原因

1）管节和密封材料质量不符合技术标准或运输、装卸、安装过程中管节被损坏。

2）管道轴线偏差过大，造成接口错位，间隙不均匀填充材料不密实。

3）接口或止水装置选型不当。

（3）材料原因

洞口止水装置的钢套环、止水橡胶环、可调压板等配件未按国家相关标准进行验收。

4. 预防措施

（1）设计措施

设计前应对施工现场进行详细的地质勘探和水文资料调查，根据现场的地质和水文资料设计出符合规范的止水装置。

（2）施工措施

1）出洞口安装止水圈，洞口止水圈主要由预埋钢环、压板、橡胶圈和安装钢环组成。安装位置要根据出洞轴心位置进行调整，允许偏差不超过 2cm。

2）对穿墙管前方土体采用素混凝土墙、旋喷桩或搅拌桩加固。

3）进出洞口止水装置与管道的同心度要好，误差要小，应采用精加工制作，采用双道橡胶法兰结构。

（3）材料措施

特别重视管材的加工精度，从钢模制作、样品管验收到橡胶止水带质量检验，都要从严把头，确保压缩过盈量。

5. 治理措施

检查加固止水圈，穿墙管前方土体采用素混凝土墙、旋喷桩或搅拌桩加固。

6. 工程实例图片（图 1.6-2、图 1.6-3）

图 1.6-2 橡胶止水　　图 1.6-3 顶管入洞口密封良好

1.6.2　通病名称：顶管隧道轴线偏差过大

1. 通病现象

顶进过程中，机头偏离设计轴线，发生左偏、右偏、磕头现象。

2. 规范标准相关规定

（1）相关设计规定

《顶管技术规程》DBJ/T 15—106—2015

9.7.1　顶管放线测量应符合下列要求：

1　顶进的方向和坡度应以设计轴线为基础，并根据顶管井的洞口中心坐标和高程确定；

2　直线顶进时应采用通视法投放测量顶管控制点；

3　不能通视时，采用前方交汇法，并不少于3个测回。

9.7.2　顶进检测应符合下列要求：

1　顶进期间，应每天检查测量仪器及其位置，并对引测点进行复测。发现工作井位移、沉降、变形时应及时对引测点进行复核；

2　直线顶进施工应采用激光经纬仪或其他具有激光发射功能的测量仪器，实时测量监控。激光发射的有效距离应大于顶进的长度；

3　初始顶进阶段每顶进500mm记录一次，正常顶进时每顶进一节管节记录不应少于一次；

4　顶进过程中宜绘制顶管机水平与高程轨迹图、顶力变化曲线图。

9.7.3　纠偏应符合下列要求：

1　起始纠偏位置和纠偏量应根据土质、管材以及顶管机的特点设定，纠偏角度不宜大于0.5°；

2　当偏差稳定在±3mm/m时，应停止纠偏。

（2）相关施工规定

《顶管工程施工规程》DG/TJ 08—2049—2016

7.3.1　顶管测量应包括地面控制点复测和地面控制网的布设、联系测量、地下平面、高程测量和贯通、竣工测量。首级控制点的复测和地面控制网的测量应符合精密导线测量的技术要求。

7.3.2　首级精密地面平面控制点不应少于3个，高程控制点不应少于2个。地面平面控制网应附合在首级精密导线上，通视良好，并使定向具有最有利的位置。地面控制点的选点和测量应符合精密导线和二等水准测量的相关要求。

7.3.3　联系测量应包括地面导线测量、地面水准测量、定向测量和高程传递测量。联系测量应符合现行国家标准《工程测量规范》GB 50026的规定。

7.3.4　井上和井下定向的平面测量应采用固定观测墩的形式。

7.3.5　定向和导入高程测量应在顶管每掘进100m复核一次，在距进洞前50m时应增加复核，数量不应少于3次。

7.3.6 顶进的首级控制点和复测贯通洞门的控制点应为相同点。

7.3.7 管道贯通后应按设计要求进行竣工测量，并提交竣工测量成果表、竣工图和竣工测量报告。

7.3.8 长距离顶管和曲线顶管宜采用自动测量系统。

7.3.9 自动测量系统的施工应符合下列规定：

1 自动测量系统应由软件系统和硬件系统组成，软件系统应具备控制及测量数据处理功能，硬件系统应包括测量仪器、通信线缆及接头等。

2 全站仪站点数量和位置应根据顶管线路及施工进度进行合理布置，并应进行软件预模拟。

3 测量初期应根据实际情况进行人工辅助，调整测量仪器和站点布置。

7.7.2 管道顶进中的顶管机防磕头可采取如下措施：

1 调整后座主顶千斤顶的合力中心，用后座千斤顶进行纠偏。

2 土体承载力低于100kPa时，对于钢筋混凝土管、预应力钢筒混凝土管、玻璃纤维增强塑料夹砂管顶管，应将顶管机后的3～5节管节用拉杆连成一体。

3 顶管始发时，洞口外侧土体应进行加固，土体承载力低于60kPa或处于含承压水的砂性土层中时加固长度宜大于顶管机长度。

4 洞口的止水装置密封应可靠，止水装置失效时应及时封堵处置。

3．原因分析

（1）设计原因

地质勘探资料不详细或不完整，造成管道轴线的坡度和高程设计不合理。

（2）施工原因

1）由于工作井位和设计井位发生较大偏差原因造成。

2）由于测量仪器误差过大所引起的。

3）由于顶管机的开挖面不稳定、水土压力不平衡所致。产生正面水土压力不平衡的原因又有：

① 顶管机没有正面平衡机理，开挖面的地层又是流砂等不稳定条件。

② 虽然顶管机具有平衡手段，但是操作不当导致开挖面没能处于平衡状态。

③ 在顶进过程中出现不良的地质，或者地质条件发生突变，导致开挖面的稳定无法正常控制，纠偏无效。

④ 顶管机纠偏液压系统工作不可靠或者发生故障。

（3）材料原因

管材未按国家相关标准进行验收，顶进过程存在破裂等损坏情况。

4．预防措施

（1）设计措施

设计管道顶进轴线的坡度和高程前，应对现场进行详细的地质勘探，根据现场地质情况设计出符合规范的顶进轴线。

（2）施工措施

1）加强顶管后背施工质量的控制，确保后背不发生位移，并使后背平整，以保证顶进设备安装精度。

2）勤测勤纠：即每顶进一段距离，测量一次工具头轴线及标高偏差情况。通知工具头纠偏人员，纠偏人员再将工具头现在纠偏角度、各方向上千斤顶的油压值、轴线的偏差等报给中控室，输入微机。微机将显示出纠偏方法、数据，再按此进行纠偏。

3）小角度纠偏：每次纠偏角度要小，微机每次指出的纠偏角度变化值一般都不大于0.5°，当累计纠偏角度过大时应与值班工程师联系，决定如何纠偏。

4）纠偏操作不能大起大落，如果在某处已经出现了较大的偏差，这时也要保持管道轴线以适当的曲率半径逐步地返回到轴线上来，避免相邻两段间形成过大夹角。

（3）材料措施

顶管工程所用的管材、构配件和主要原材料等产品进场应按照国家有关标准的规定进行验收。

5. 治理措施

（1）重新调整千斤顶行程、顶力、顶速，或重新调整千斤顶的安装精度；

（2）对顶管后背进行加固，防止位移进行发展，并确保后背平整；

（3）纠偏前认真分析顶进曲线的发展趋势，采取适当的纠偏量，循序渐进。

6. 工程实例图片（图1.6-4）

图1.6-4 激光测量，勤测勤纠

1.6.3 通病名称：地面或建构筑物沉降

1. 通病现象

在顶管机顶进过程中或顶管施工完成以后，在管道中心线上方或左右两侧的地面、建筑物产生沉降（图1.6-5）。

图 1.6-5 顶管沿线的地面沉降

2. 规范标准相关规定

（1）相关设计规定

《顶管技术规程》DBJ/T 15—106—2015

3.0.1 顶管方案确定前，应查明顶管沿线建（构）筑物、地下管线和地下障碍物等情况，对采用顶管引起的地表变形和对周围环境的影响，应事先做出充分的预测。当预计难以确保地面建（构）筑物、道路交通和地下管线的正常使用时，应制定有效的监测和保护措施。

3.0.2 顶管场地的选择应符合下列要求：

1 避开地下障碍物、离开地上及地下建（构）筑物；

2 顶管穿越河道时，管道应布置在河床冲刷深度以下；

3 管线位置宜预留顶管施工发生故障或碰到障碍时必要的处置空间。

（2）相关施工规定

《顶管工程施工规程》DG/TJ 08—2049—2016

3.0.1 施工前应进行现场调查研究，并应对工程沿线有关工程地质、水文地质、地上与地下管线、建（构）筑物、障碍物及其他设施等周边环境情况的详细资料进行核实确认。

3.0.4 顶管施工应根据设计要求、工程特点及有关规定，对顶管沿线影响范围内的地表、邻近建（构）筑物及地下管线设置观测点进行监测。监测信息应及时反馈，发现问题应及时处理。

3.0.7 顶管施工中的测量应建立地面与地下测量控制系统，控制点应设在不易扰动、视线清楚、方便校核和易于保护的地方。

3. 原因分析

（1）设计原因

顶管方案确定前，未查明顶管沿线的建（构）筑物、地下管线、地下障碍物等情况，造成轴线设置不合理。

（2）施工原因

1）泥水浓度过低，造成超挖塌方所造成的；

2）顶管过程中对土的扰动而产生的沉降；

3）由于润滑浆套内的浆液流失所造成的沉降；

4）由于采取了辅助的降水施工所造成的沉降。

（3）材料原因

管材未按国家相关标准进行验收，顶进过程存在被损坏情况。

4. 预防措施

（1）设计措施

顶管方案确定前，应查明顶管沿线的建（构）筑物、地下管线、地下障碍物等情况，设计合理的顶进轴线。

（2）施工措施

1）进行地面沉降控制监测。

2）根据工具头前方设置的测力装置，掌握顶进压力，保持顶进压力与前端土体压力的平衡。

3）顶管时在顶入管与土体之间存在一定的空隙，顶进过程必须及时压注减阻泥浆于空隙中，并且边顶进边压浆，更需要在中间补浆，施工结束及时注入水泥浆置换减阻泥浆。

4）严格控制管道接口的密封质量，防止渗漏。避免因渗漏引起的土层流失，并最终导致地面沉降。

5）严格控制排浆或出土速度，避免掘进面坍塌。

（3）材料措施

顶管工程所用的管材、构配件和主要原材料等产品进场应按照国家有关标准的规定进行验收。

5. 治理措施

（1）顶管施工前认识阅读地质勘察报告，土质对顶管施工有影响的地段进行加固注浆处理。

（2）减慢出土速度或者增加顶进速度，避免超挖。

6. 工程实例图片（图 1.6-6）

图 1.6-6　控制得当，顶管沿线无沉降

1.6.4 通病名称：顶力增大

1. 通病现象
管道顶进过程中出现顶力突然变大的情况。

2. 规范标准相关规定
（1）相关设计规定

《顶管技术规程》DBJ/T 15—106—2015

3.0.1 顶管方案确定前，应查明顶管沿线建（构）筑物、地下管线和地下障碍物等情况，对采用顶管引起的地表变形和对周围环境的影响，应事先做出充分的预测。当预计难以确保地面建（构）筑物、道路交通和地下管线的正常使用时，应制定有效的监测和保护措施。

6.8.1 顶管顶进长度应综合考虑土层特性、管道材质、管道直径、注浆减阻、中继环的设置等因素。

6.8.2 顶管顶进阻力应按下式计算：

$$F=F_1+F_2 \tag{6.8.2-1}$$

$$F_1=\pi D^2(P+20)/4 \tag{6.8.2-2}$$

$$F_2=\pi f_K DL \tag{6.8.2-3}$$

式中：F——顶进阻力（kN）；

F_1——顶管机前端正面阻力（kN）；

F_2——管道的侧壁摩阻力（kN）；

D——管道的外径（m）；

L——管道顶进施工长度（m）；

f_K——管道外壁与土的单位面积平均摩阻力（kN/m^2）；

P——顶管机截面中部的压力（kN/m^2）。对于泥水平衡顶管取顶管机截面中部的地下水压力，对于土压平衡顶管取顶管机截面中部的主动土压力和水压力，对于人工顶管为零。

宜通过试验确定 f_K 值，对于采用触变泥浆减阻技术正常顶进时宜按表6.8.2选用；对长时间停止顶进时，该系数应按土层情况增加到原来的1.5～3倍。

管外壁单位面积平均摩擦阻力 f_K（kN/m^2） 表6.8.2

管材＼土类	黏性土	粉土	粉、细砂土	中、粗砂土
混凝土管	3.0～5.0	5.0～8.0	8.0～11.0	11.0～16.0
钢管	3.0～4.0	4.0～7.0	7.0～10.0	10.0～13.0
玻璃纤维增强塑料管	1.5～2.0	2.0～3.0	4.0～5.0	5.0～7.0

（2）相关施工规定

《顶管工程施工规程》DG/TJ 08—2049—2016

7.4.5 顶管顶进过程宜采取下列措施维持迎土面的稳定

1 顶进过程中应检查排泥流量、送泥流量及掘进排土量,并应结合监测数据分析迎土面压力的变化情况,保持迎土面的稳定。

2 顶进过程中应控制顶进速率、泥浆性能等施工参数。

3 在管节拼装或维修期间应对顶管机压力舱进行补浆加压。

3．原因分析

（1）设计原因

1）顶管方案确定前,未查明顶管沿线的建(构)筑物、地下管线、地下障碍物等情况,造成轴线设置不合理。

2）地质勘探资料不详细或不完整,造成顶管方案不合理。

（2）施工原因

1）土层塌方,或机头前端遇障碍物,使摩阻力增大。

2）管道轴线偏差形成弯曲,使摩阻力增大。

3）膨润泥浆配比不当或注入不及时,或注入量不足,减阻效果降低,使摩阻力增大。

4）顶进设备油泵、油缸、油路发生故障。

5）顶进施工中,因故停顶时间过久,润滑泥浆失水后,使减阻效果降低。

4．预防措施

（1）设计措施

1）顶管方案确定前,应查明顶管沿线的建(构)筑物、地下管线、地下障碍物等情况,设计合理的顶进轴线。

2）对现场进行详细的地质勘探,设计合理的顶管方案。

（2）施工措施

1）设计初期就要做好详细的地质调查,避免暗桩等因素。

2）避免浆套破坏方法如下：

① 仔细检查膨润土泥浆是否原料过粗,或配料过稀,保证泥浆的质量。

② 对各沉降测点图线进行分析沉降大处常是浆套损坏而造成顶力过大的地方。

③ 启动各中继间,先分析哪一个区域顶力大是局部还是全部。

④ 逐一卸下压浆系统的总管和分管,开启每一个浆孔球阀进行检查。目的是防止浆套偏侧高压,如果有一侧高压同时对侧无浆的情况,就可一面卸放高压浆并同时向对侧补浆,以逐步重新建立不偏压的完整浆套。应正确认识到的是,浆液偏压比没有压浆还要严重。

⑤ 检查地面特别是相邻的管道,是否有地方存在漏浆现象。

⑥ 加强浆套管理。

3）作出顶力曲线图,起始段就是机头部分的基本顶力,后续顶力的增长速度就是曲线斜率,曲线突然变陡就是顶力在异常上升,须查明原因,采取应对措施。

4）顶力一旦过大,应立即停止作业,否则可能导致管节破裂等工程事故。

5）如果有安装中继间的应及时地启动中继间,首先分析阻力变化原因,并配合补浆,逐段使顶力降低。

5. 治理措施

发生顶力过大的情况时，立即停止顶进，泥浆循环系统保证正常，查找原因，判明情况后采取相应措施进行处理。

6. 工程实例图片（图 1.6-7）

图 1.6-7 压注触变泥浆

1.6.5 通病名称：接口渗漏

1. 通病现象

混凝土管道接口处发生渗水、漏浆现象（图 1.6-8）

2. 规范标准相关规定

（1）相关设计规定

《顶管技术规程》DBJ/T 15—106—2015

5.1.3 管材所用的制作原材料、管材产品、密封圈及木垫板的质量应符合国家相关产品技术标准的要求。新型管材和接口形式应进行试验并取得可靠数据后方可采用。

5.2.4 管材接头钢圈所用钢板的材料等级不应小于Q235，钢板厚度和宽度宜符合表5.2.4的规定。

5.2.5 接头钢圈必须有良好的防腐措施。防腐材料宜采用环氧煤沥青，防腐层厚度不宜小于0.2mm。在有腐蚀性介质的环境中使用时应适当加大钢圈的厚度。

图 1.6-8 混凝土管接口渗水

钢板最小厚度、宽度要求（mm） 表5.2.4

混凝土管公称直径 DN	最小厚度	宽度
800～1200	6	
1350～1800	8	≥250
2000～3500	10	

（2）相关施工规定

《顶管工程施工规程》DG/TJ 08—2049—2016

6.3.3 钢筋混凝土管宜采用双道橡胶密封圈的钢承插接口形式。

6.3.4 顶进前应对钢筋混凝土管、钢套环、橡胶密封圈及衬垫材料作检测和验收。

6.3.5 钢套环应按设计要求进行防腐处理，端部刃口应无疵点，焊接处应平整。

6.3.6 木衬垫板粘贴时应位置准确，粘贴牢固，表面平整。

6.3.7 管节承插前，应用粘结剂将橡胶密封圈正确固定在槽内，并应涂抹对橡胶无腐蚀作用的润滑剂，承插时外力必须均匀，承插后橡胶密封圈不应移位且不应反转。承插后，应对双道橡胶密封圈进行单口打压试验，合格后方可进行顶进作业。

6.3.8 顶管施工完成后，应先将管节接缝清洗、干燥，再采用弹性密封填料或硅藻泥对管节接缝进行嵌缝。

3. 原因分析

（1）设计原因

设计前未对施工现场进行详细的地质勘探和水文资料调查，或管材选用和接口密封设计不满足现场使用条件。

（2）施工原因

1）管节和密封材料质量不符合技术标准或运输、装卸、安装过程中管节被损坏。

2）管道轴线偏差过大，造成接口错位，间隙不均匀，填充材料不密实。

3）接口或止水装置施工不当。

（3）材料原因

管材和防水材料进场未按国家相关标准进行验收，或运输、装卸、安装过程中管节被损坏。

4. 预防措施

（1）设计措施

设计前应对施工现场进行详细的地质勘探和水文资料调查，选用符合现场使用和规范的管材，同时接口密封方案满足现场使用条件。

（2）施工措施

1）严格执行管节和接口密封材料的验收制度。

2）严格控制管道轴线，按技术标准和操作规程进行施工。

3）在管节的运输、装卸、码放、安装过程中，做到吊（支）点正确，轻装轻卸，保护措施得当。

4）认真进行接口和止水装置的选型。

（3）材料措施

顶管工程所用的管材、构配件和主要原材料等产品进场应按照国家有关标准的规定进行验收。

5. 治理措施

可采用环氧水泥砂浆或化学注浆的方法进行处理。

1.7 隧道附属工程

1.7.1 通病名称：隧道超欠挖

1. 通病现象

开挖面凹凸起伏明显，隧道断面轮廓平整度差（图1.7-1）。

图1.7-1 隧道开挖面起伏明显

2. 规范标准相关规定

《地下铁道工程施工质量验收标准》GB/T 50299—2018

7.5.5 开挖断面超挖允许值应符合表7.5.5规定。

开挖断面超挖允许值　　　　表7.5.5

隧道开挖部位	岩层分类							
	爆破岩层						土层和不需要爆破的岩层	
	硬岩		中硬岩		软岩		平均	最大
	平均	最大	平均	最大	平均	最大		
拱部（mm）	100	200	150	250	150	250	100	150
边墙及仰拱（mm）	100	150	100	150	100	150	100	150

检验数量：每开挖一循环检查一次。

检验方法：采用激光断面仪、全站仪、经纬仪量测周边轮廓断面，绘断面图与设计文件规定的断面核对。

3. 原因分析

（1）设计原因

水文、地质勘查资料不准确，未能根据地质条件、水文条件等采取针对性工艺措施。

（2）施工原因

1）周边眼间距控制不当，钻孔精度低。

2）装药量控制不当，没有采用控制爆破技术。

3）开挖时直接开挖到设计预留的开挖轮廓边缘。

4）开挖轮廓线测设精度控制不好。

5）没有根据围岩情况及时调整爆破参数。

4. 防治措施

（1）设计措施

提供准确的水文、地质勘查资料，根据地质条件、水文条件等采取针对性工艺措施。

（2）施工措施

1）提高钻孔技术水平，控制周边炮孔的外插角、开口位置误差和钻孔深度。

2）爆破技术参数的合理匹配，尽量采用控制爆破技术，对不同围岩段都要做光爆试验，取得最佳爆破参数，减少超挖。

3）提高中线和标高的精度，提高轮廓线放线精度，在开挖过程中控制好开挖断面，做到精确测量。

4）在施工中，紧跟开挖面对围岩进行观测描述，并对围岩节理裂隙状态进行预测，据此调整爆破参数和施工方法或采取局部内移炮眼、局部空孔不装药、加密炮眼、局部调整起爆顺序等措施。

5）开挖过程中还需根据实际情况确定预留变形量，应将施工中可能发生的围岩变化情况进行考虑；开挖过程中采用人机配合，避免机械开挖造成超、欠挖现象。

5. 工程实例图片（图1.7-2）

图1.7-2　隧道开挖轮廓面平整

1.7.2 通病名称：初支喷射混凝土平整性差，喷射质量不合格

1. 通病现象

初期支护喷射混凝土面平整度不够，喷射厚度不符合设计要求，漏喷，混凝土脱落（图 1.7-3、图 1.7-4）。

 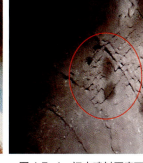

图 1.7-3 初支混凝土漏喷、脱落　　图 1.7-4 初支喷射厚度不足、不均匀

2. 规范标准相关规定

《地下铁道工程施工质量验收标准》GB/T 50299—2018

7.7.5 水泥进场应按批对其品种、级别、包装或散装仓号、出厂日期等进行验收，并应对其强度、凝结时间、安定性进行试验，其质量应符合现行国家标准（通用硅酸盐水泥）GB 175 的规定。

检验数量：同一生产厂家、同一等级、同一品种、同一批号且连续进场的水泥，散装水泥每 500t 为一批，袋装水泥每 200t 为一批，当不足上述数量时，也按一批计。每批抽样不应少于 1 次。

检验方法：检查产品合格证、出厂检验报告，并进行强度、凝结时间、安定性试验。

7.7.6 喷射混凝土所用的细骨料，应按批进行检验，其颗粒级配、坚固性、氯离子含量指标应符合现行行业标准《普通混凝土用砂、石质量及检验方法标准》JGJ 52 的规定，细度模数应大于 2.5，含水率应为 5%～7%。

检验数量：同一产地、同一品种、同一规格且连续进场的细骨料，每 400m^3 或 600t 为一批，不足 400m^3 或 600t 按一批计，每批抽检一次。

检验方法：检查出厂检验报告和取样送检。

7.7.7 喷射混凝土所用的粗骨料宜用卵石或碎石，历经不应大于 15mm 且不小于 5mm，含泥量不应大于 1%。按批进行检验。

检验数量：同一产地、同一品种、同一规格且连续进场的粗骨料，每 400m^3 或 600t 为一批，不足 400m^3 或 600t 按一批计，每批抽检一次。

检验方法：检查出厂检验报告和取样送检。

7.7.8 喷射混凝土中掺用外加剂进场时验收应符合下列规定：

1 质量应符合现行国家标准《混凝土外加剂》GB 8076 和《混凝土外加剂应用技术规范》GB 50119 的规定；

2 速凝剂应进行水泥相容性试验及水泥净浆凝结效果试验，初凝时间不应超过 5min，终凝时间不应超过 10min；

3 当使用碱性速凝剂时，不应使用活性二氧化硅石料。

检验数量：同一产地、同一品种、同一批号、同一出厂日期且连续进场的外加剂，每 50t 为一批，不足 50t 按一批计，每批抽检一次。

检验方法：检查产品合格证、出厂检验报告进行试验。

7.7.9 喷射混凝土拌合用水应符合现行行业标准《混凝土用水标准》JGJ 63 的规定。

检验数量：同水源的试验检查不应少于 1 次。

检验方法：做水质分析试验。

7.7.10 喷射混凝土的配合比应符合设计文件要求。

检验数量：对同强度等级、同性能混凝土检查一次。

检验方法：检查配合比试验报告。

7.7.11 喷射混凝土的强度应符合设计文件要求。用于检查喷射混凝土强度的试件，可采用喷大板切割制取。

检验数量：对同一配合比，区间或小于其断面的结构，每 20m 拱和墙各取一组抗压试件，车站各取两组。

检验方法：检查混凝土强度试验报告。

7.7.12 当设计文件要求为抗渗混凝土时，应留置抗渗压力试件。

检验数量：区间结构，每 40m 取 1 组。

检验方法：检查混凝土抗渗压力试验报告。

7.7.13 喷射混凝土的厚度应符合下列规定：

1 大于和等于设计文件要求厚度的测点应在 80% 以上；

2 最小值不应小于设计文件要求厚度的 80%；

3 厚度总平均值不应小于设计文件要求的厚度。

检验数量：车站每 10m、区间每 20m 检查一个断面，从拱顶中线起，每 2m 检查一个点。

检验方法：检查控制喷层厚度的标志或凿孔检查。

7.7.16 喷射混凝土应密实、平整，应无裂缝、脱落、漏喷、漏筋、空鼓、渗漏水等现象。平整度允许偏差为 30mm，且矢弦比不应大于 1/6。

检验数量：全部检查。

检验方法：观察检查，2m 靠尺检查。

3. 原因分析

（1）施工原因

1）测量放样开挖边线控制不准确。

2）光爆效果不理想，超、欠挖严重。

3）欠挖处未及时补炮，超挖较深处未挂网喷射，也没进行多次补喷。

4）喷射混凝土施工工艺差，原材料差和未进行复喷。

5）施工、管理人员质量、安全意识差，盲目省工抢进度。

6）喷射混凝土时未设立厚底标尺。

（2）材料原因

原材料质量差，水泥、砂石和外加剂等原材料进场控制不严，未严格按照施工配合比拌料。

4．防治措施

（1）施工措施

1）加强导线点复测和开挖边线控制。

2）根据围岩变化情况，合理布置炮眼和用药量，提高光爆效果。

3）对欠挖部位及时补炮、清理修整，保证洞身开挖断面尺寸。

4）对超挖部分先挂网补喷，在整体喷射，必须按照要求进行复喷，以保证喷射厚度和平整度。

5）隧道环向每 2m 布设一个厚度标尺。

6）改变施工工艺，提高喷射效果，喷射移动时采用 S 形往返移动前进，喷嘴垂直于受喷面，倾斜角度不应大于 10°，距离 0.8~1.2m；根据设计厚度，分层喷射，一般分 2~3 层，分层间隔时间不得太短，应在喷射混凝土初凝后复喷。喷射混凝土回弹物不得重复利用。

7）认真做好喷射混凝土的养护工作。

（2）材料措施

选用质量合格的原材料，按配合比要求拌料，原材料进场前按照《混凝土结构工程施工质量验收规范》GB 50204—2015 要求进行检测，各项指标合格后方可使用。

5．工程实例照片（图 1.7-5、图 1.7-6）

图 1.7-5　初支混凝土喷射后养护　　图 1.7-6　初支混凝土喷射后效果图

1.7.3 通病名称：初支混凝土背后空洞

1. 通病现象

钢拱架和钢筋网背后、拱顶喷射混凝土不密实，存在空洞（图1.7-7）。

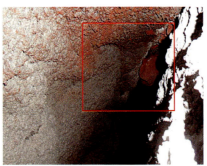

图1.7-7 初支混凝土背部空洞

2. 规范标准相关规定

《地下铁道工程施工质量验收标准》GB/T 50299—2018

7.7.16 喷射混凝土应密实、平整，应无裂缝、脱落、漏喷、漏筋、空鼓、渗漏水等现象。平整度允许偏差为30mm，且矢弦比不应大于1/6。

检验数量：全数检查。

检验方法：观察检查，2m靠尺检查。

3. 原因分析

（1）超挖或开挖后未及时进行支护导致局部的坍落，而施作喷射混凝土前又未按要求用同级混凝土进行回填密实。

（2）架设的拱架及钢筋网也阻挡喷射混凝土与围岩大面积接触，在其上形成混凝土壳体，因而造成空洞。

（3）多层钢筋网一次性挂完，再喷射混凝土造成过大的反弹，使内层混凝土未喷饱，外层钢筋网网眼已封闭。

（4）第一层钢筋网未紧贴岩面。

（5）拱顶喷混凝土由于是垂直作业，在自重作用下喷混凝土混合料易与接触面出现较大空隙，造成空洞。

（6）施工班组工作不认真或偷工减料。

4. 防治措施

（1）首先要在开挖前加强超前小导管施工，开挖后尽快封闭掌子面，喷射混凝土前对超挖或坍落部位进行同级混凝土回填，再进行喷混凝土施工。

（2）喷混凝土作业时要严格按照施工工艺施作喷射混凝土。

（3）钢筋网应在开挖面清理、封闭后进行铺挂，第一层钢筋网必须紧贴岩面。

（4）多层钢筋网必须挂一层网喷一层混凝土，禁止多层钢筋网一次性挂完，一次性喷射混凝土。

（5）钢筋网应与锚杆或其他固定装置连接牢固。

（6）喷射中如有脱落的石块或混凝土块被钢筋网卡住时，应及时清理。

（7）立拱架要保证落到牢固的基础上，严格控制拱架间距及垂直度，拱架与围岩间采用喷射混凝土充填，严禁回填片石。

（8）对喷射混凝土的质量（包括厚度、密实程度、是否有空洞）可通过探地雷达来检测，有问题的采取压浆等补救措施。

5. 工程实例图片（图 1.7-8）

图 1.7-8　初支效果图

1.7.4　通病名称：初支钢拱架、格栅等安装不规范

1. 通病现象

钢拱架、格栅等与围岩间脱空（图 1.7-9）。

图 1.7-9　钢拱架悬空

2. 规范标准相关规定

《地下铁道工程施工质量验收标准》GB/T 50299—2018

7.10.8 钢架安装允许偏差和检验数量应符合表 7.10.8 规定。

钢架安装允许偏差和检验数量　　　　表7.10.8

检验项目	允许偏差	检验数量	
		范围	点数
钢架纵向	±50mm	每榀钢架	3
钢架横向	±30mm		3
高程偏差	±30mm		2
垂直度	1°		3
钢架保护层厚度	−5mm		

3. 原因分析

（1）施工原因

1）钢拱架安装不准确，间距偏差大。

2）钢拱架连接松动、刚度不够。

3）洞身超挖严重，钢拱架与围岩间距较大，喷射混凝土量随之增大，施工人员恶意偷工减料，架空喷射。

4）施工管理人员质量安全意识差，没能及时检查、发现和改正。

（2）材料原因

1）钢拱架加工尺寸不准确。

2）钢拱架扭曲变形严重。

4. 防治措施

（1）施工措施

1）加强测量放样管理，准确控制开挖边线。

2）提高光爆效果，尽量减少超挖量；当超挖不可避免时，超挖部位要及时采取补平，随后再喷射混凝土，严禁干砌填充。

3）安装钢架时定位要精确，应确保拱脚置于牢固的基础上。安装前应将脚底处的虚渣或其他杂物清除干净；脚底超挖、拱脚标高不足时，应用混凝土垫块填充。

4）钢架立起后，根据中线、水平将其校准到正确位置，用定位筋固定并控制钢拱架间距，用纵向连接钢筋将其与相邻钢架连接牢靠。

5）钢架安装后应尽快焊接连接筋，规范施作系统锚杆或缩脚锚杆，喷射混凝土形成整体受力体系。

6）钢架安装应严格按照设计要求，项目部要加强自检，提高质量意识，保证质量。

（2）材料措施

不同规格的首榀钢架加工完成后，应放在模具上试拼，拼装允许偏差为 ±30mm，平面翘曲应小于 20mm，保证钢架架立垂直度。当各部尺寸经检验满足设计要求时，方可批量生产。

5. 工程实例图片（图 1.7-10）

图 1.7-10　拱架安装效果图

1.7.5　通病名称：防水施工不规范，质量不合格

1. 通病现象

防水板或防水卷材破损、折曲现象；止水带（止水条）未按要求安装或破损坏；纵环向盲管堵塞、破损，排水不畅（图 1.7-11 ~ 图 1.7-13）。

 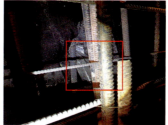 

图 1.7-11　止水钢板未连接　　图 1.7-12　钢筋紧贴防水板　　图 1.7-13　防水板粘贴不牢

2. 规范标准相关规定

《地下铁道工程施工标准》GB/T 51310—2018

16.3.4　基层面应符合下列规定：

1　基层面应密实、洁净、无油渍；

2　基层表面平整度应根据材料的种类，符合 $D/L \leq 1/8 \sim 1/30$ 的规定（其中 D 为基面两凸出部位间凹进去的深度，L 为相邻两凸面间的距离）；

3　阴、阳角处应做成半径为 100mm 的圆弧或 50×50mm 的钝角；

4　除潮湿基面可施工的卷材外，基层面应干燥，含水率不宜大于 9%；

6　基面不应有明水。

16.3.13 预铺式防水卷材施工应符合下列规定:

1 预铺式防水卷材适用于外防内贴法施工;

2 卷材在立面短边应采用机械固定法施工,卷材端头 10mm～20mm 范围应用金属压条固定,钉孔间距宜为 400mm～600mm,卷材搭接时应盖住金属压条,卷材与卷材有效搭接宽度不应小于 80mm;沥青基聚酯胎防水卷材自重较大,立墙施工时应有防止滑落措施;

3 预铺式高分子防水卷材长边搭接应采用自粘边粘结;低温或隧道施工时可采用高分子基材热焊机焊接;短边应采用配套粘结带粘结;自粘法粘结强度不应小于 1.0MPa;

4 底板防水层施作完成后应及时施工细石混凝土保护层;反应自粘层面有减粘措施的高分子自粘胶膜类卷材不宜施作细石混凝土保护层;

5 预铺式卷材施工时反应自粘层面应朝向待浇筑混凝土;自粘层覆膜应在浇筑混凝土前撕除,与混凝土的剥离强度不应小于 1.0MPa。

16.5.2 铺贴防水缓冲层,搭接宽度不应小于 50mm,且应留有一定松弛度。固定用采用与防水板同材质的配套暗钉圈,间距应符合下列规定:

1 拱部宜为 0.5m～0.8m,边墙宜为 1.0m～1.5m,仰拱宜为 1.5m～2.0m;

2 局部凹凸较大部位,应在凹处加密固定;

3 防水板搭接部位暗钉圈应加密。

16.5.3 防水板铺设应符合下列规定:

1 无中隔壁和临时仰拱的标准断面,仰拱纵向铺设,墙拱应环向铺设,应先拱后墙;

2 洞桩法小导洞内铺设顶、底纵梁时,应纵向铺设;

3 有中隔壁和临时仰拱时,应以减少接缝为原则选择环向或纵向铺设;

4 铺设时应留有一定的松弛度,防止混凝土浇筑时拉裂;

5 应边铺边与暗钉圈逐个焊接牢靠,不应有假焊和焊穿现象;

6 相邻幅接缝应错开,任何部位的焊接均不应超过三层;

7 上下幅卷材接缝应为底板亚侧墙,侧墙压拱顶,不应出现倒槎;甩槎应至未拆除的中隔壁、临时仰拱,或超出钢筋端头不小于 300mm;

8 甩槎固定应可靠,并应采取有效的保护措施,防止拆除中隔壁或临时仰拱时,渣土掉入或后续施工时损坏;

9 后续实施应加强对防水板的保护,破损处应及时满焊修补。

3. 原因分析

(1) 施工原因

1) 基面未清理干净,外露锚杆、钢筋头未切除或切除后未用砂浆抹平。

2) 土工布挂设采用带射钉的热塑性圆垫圈进行固定,热塑性圆垫圈与 EVA 防水板无法焊接,或焊接时烧坏。

3) 焊接二次衬砌钢筋对防水板不进行防护,造成防水板损坏。

4) 施工过程中不注意保护,机械等碰刮造成防水板破损。

5）防水板焊接不牢固，吊挂点数量不足、间距过大，松紧不适中，造成在混凝土浇筑过程中防水板焊缝开裂、破损。

6）拆除的中隔壁和临时仰拱工字钢接头没有抹平处理，容易造成防水板损坏。

7）基层面阴阳角处未按规范要求处理。

8）止水带（止水条）、纵环向盲管安装比较困难，难于控制质量，施工中容易被忽视。止水带未按要求进行连接，采用钢钉等直接固定，造成破损。

9）渗水盲管未用土工布包裹，固定不牢固，坡度控制不好，出现反坡排水现象。

10）灌注混凝土时的摩擦力，使防水板过度绷紧，结合部被拉开。

（2）材料原因

防水板质量差，防水板和热塑性圆垫圈质量达不到设计的质量要求。

4．防治措施

（1）施工措施

1）防水板铺设前必须将基面清理干净，外露锚杆、钢筋头彻底切除后用砂浆抹平。将凹凸不平的基面通过喷混凝土填平补齐。其表面平滑的大致标准是 30～40cm 间的凹陷深度最好小于 5～6cm，即原则上凹部的矢跨比要小于 1/6。

2）热塑性热熔垫圈与 EVA 防水板无法焊接时，采用射钉进行固定，射钉处再用防水板采用手持焊枪进行补焊。

3）拆除的中隔壁和临时仰拱工字钢接头处，要求采用喷射混凝土或砂浆抹平。

4）挂设防水板前，仰拱预埋钢筋采用塑料管套在钢筋头上，防止钢筋头损坏防水板，焊接钢筋时在其周围用石棉水泥板进行遮挡，以免溅出火花烧坏防水板。

5）防水层按环状铺设时应接合牢固，吊挂点间距满足设计及规范要求，松紧适度。浇筑二衬混凝土时输送泵管不得直接对着防水板，避免混凝土冲击防水板引起防水板被带滑脱，防水板下滑。

6）二次衬砌钢筋绑扎完成后，要重新对防水板进行复查，发现有损坏现象及时进行修补焊接处理，确保防水效果。

7）加强控制，施工中必须按设计要求安装止水带（止水条）、纵环向盲管。止水带必须按要求进行连接，严禁采用钢钉等直接固定；渗水盲管用土工布包裹，固定牢固，严格控制坡度，杜绝出现反坡排水现象。

8）防水层铺设长度应根据衬砌长度确定，施工中注意保护防水层，杜绝机械等碰刮防水层，仰拱开挖时与上循环交接处应预留 20～30cm 人工清理，做好对外露止水带的保护措施。

9）基层面阴阳角处应做成 100mm 圆弧或 50mm×50mm 的钝角。

（2）材料措施

要选择质量好的防水板材料，材料经检验合格后使用。

5．工程实例图片（图 1.7-14）

图 1.7-14　防水卷材铺设平整、搭接规范

1.7.6　通病名称：衬砌混凝土开裂、渗漏

1. 通病现象

衬砌混凝土表面开裂、渗漏水（图 1.7-15）。

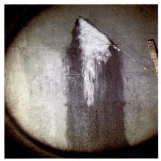

图 1.7-15　衬砌混凝土开裂渗水

2. 规范标准相关规定

《地下防水工程质量验收规范》GB 50208—2011

3.0.1　地下工程的防水等级分为 4 级，各级标准应符合表 3.0.1 的规定。

地下工程防水等级标准　　　　　　表 3.0.1

防水等级	标准
1 级	不允许渗水，结构表面无湿渍
2 级	不允许漏水，结构表面可有少量湿渍 工业与民用建筑：湿渍总面积不大于总防水面积的 1‰，单个湿渍面积不大于 0.1m²，任意 100m² 防水面积不超过 1 处 其他地下工程：湿渍总面积不大于总防水面积的 6‰，单个湿渍面积不大于 0.2m²，任意 100m²，防水面积不超过 4 处
3 级	有少量漏水点，不得有线流和漏泥砂 单个湿渍面积不大于 0.3m²，单个漏水点的漏水量不大于 2.5L/d，任意 100m² 防水面积不超过 7 处
4 级	有漏水点，不得有线流和漏泥砂 整个工程平均漏水量不大于 2L/（m²·d），任意 100m²，防水面积的平均漏水量不大于 4L/（m²·d）

4.1.11 防水混凝土表面裂缝宽度不应大于 0.2mm，并不得贯通。

4.7.4 施工缝的防水施工应符合下列规定：

1 水平施工缝浇筑混凝土前，应将其表面浮浆和杂物清除，铺水泥砂浆或徐刷混凝土界面处理剂并及时浇筑混凝土；

2 垂直施工缝浇筑混凝土前，应将其表面清理干净，涂刷混凝土界面处理剂并及时浇筑混凝土；

3 施工缝采用遇水膨胀橡胶腻子止水条时，应将止水条牢固地安装在缝表面预留槽内；

4 施工缝采用中埋止水带时，应确保止水带位置准确、固定牢靠。

3. 原因分析

（1）施工原因

1）隧道开挖控制不严格，监控量测检查不到位，个别部位衬砌厚度严重不足，造成局部应力集中而产生混凝土的开裂。

2）过早拆除模板，拆模后不进行有效的养护（特别是靠近洞口的地段），造成混凝土水化热不能有效循序散发、混凝土自身承载力不足，局部混凝土在不能有效抵抗外力的情况下，产生局部变形，进行应力的二次分布而导致开裂。

3）软弱围岩地段不能严格执行设计，基底清理不彻底，仰拱填充施工偷工减料，没有根据实际围岩情况对沉降缝的设置进行调整。

4）没有严格控制混凝土灌注速度，造成模板压力的剧变，局部变形引起初凝混凝土产生开裂。

5）防水板局部破损，焊接质量差，破损及接缝处漏水。

6）止水带施工工艺不当，施工质量不到位。

7）横向盲管出水口堵塞，环向排水盲管刚度不足，盲管被压扁失去排水功能。

8）仰拱和边墙的基础虚渣未清理干净，混凝土浇筑后，基底产生不均匀沉降造成的，模板台车或堵头板没有固定好，以及过早脱模或脱模时混凝土受到较大的外力撞击。

9）混凝土在浇筑过程中由于停电、机械故障等原因迫使混凝土浇筑作业中断，时间超过混凝土初凝时间后，继续浇筑时先施工混凝土界面未进行处理便进行后续浇筑新混凝土。

10）混凝土浇筑完成未及时养护。

（2）材料原因

水泥品种、用量及混凝土拌合物水灰比、骨料大小级配原材料选择不当，质量控制不严。

4. 防治措施

（1）施工措施

1）严格执行监控量测程序，进行科学分析后指导衬砌作业，遵守科学的二次衬砌原则。

2）及时进行断面检测，确保开挖断面符合设计，杜绝严重侵入衬砌现象的发生。

3）认真清理基底浮碴，并用清水冲洗干净，对于有仰拱填充的衬砌，严格控制和确保仰拱尺寸、厚度，拱墙衬砌时一定要对与仰拱接触面进行凿毛清理。

4）对于地质变化处和设计沉降位置不符的，一定要及时通知设计单位现场核实进行衬砌参数调整。

5）止水带（条）必须严格按规范要求，保持直顺，无损坏。每条焊缝均做充气压力检查。正确施作排水盲管，做好防排水施工。

6）精心进行疏导排水和管沟排水施工，使整个隧道排水系统畅通。

7）加强对防水板的保护，特别是钢筋焊接施工时，应防止防水板被烧伤、灼伤，防止钢筋接头扎破防水板，混凝土浇筑振捣时，尽量防止破坏防水板。

8）合理设计配比，充分振捣，使混凝土密实不裂，抗渗标号达到设计要求；使施工缝的防排水构造合理，保证整个混凝土衬砌防水可靠。

9）在混凝土接缝施工时，严格按接缝施工工艺进行混凝土施工，在保证先浇筑混凝土具有良好的重塑性时，加强接茬处混凝土的振捣。

10）控制拆模时间和拆模温度。

11）遵循动态防排水理念，进行洞身开挖后，对渗水点或渗水裂隙采取引排方法进行处治，要求在初期支护后排水通畅、不渗不漏，消除隧道外围压力水。

12）渗漏水较大的裂缝，可用速凝浆液进行衬砌内注浆堵水，渗水量不大时，可进行嵌缝或衬砌内注浆处理，表面用防水砂浆抹面或防水涂层加强；结构仍在变形、未稳定的裂缝，应待结构稳定后再进行处理。

13）变形缝、施工缝和新旧结构接头，应先注浆堵水，再采用嵌填膨润止水条、遇水膨胀止水条、密封材料或设置可卸式止水带等方法处理。

（2）材料措施

1）选择低水化热、耐腐蚀、耐久性好的原材料，原材料经检验合格后方可使用。

2）选用高效减水剂，选用合理的配合比，通过调整混凝土配合比，降低水化热，控制水灰比。

5. 工程实例图片（图 1.7-16）

图 1.7-16 隧道二衬浇筑效果良好

1.7.7 通病名称：二次衬砌混凝土厚度不足、空洞、露筋

1. 通病现象

衬砌厚度不足；二衬混凝土与初支间存在空洞；二衬钢筋锈蚀、绑扎不满足要求，露筋（图 1.7-17）。

图 1.7-17 衬砌混凝土露筋

2. 规范标准相关规定

《地下防水工程质量验收规范》GB 50208—2011

4.1.10 防水混凝土结构表面应坚实、平整、不得有露筋、蜂窝等缺陷，埋设件位置应正确。

3. 原因分析

（1）欠挖未处理，支护结构变形侵入二衬断面，挂设防水板前未进行断面复核。

（2）防水板铺挂不符合规范要求，封顶混凝土施工不到位，混凝土自重及收缩。

（3）钢筋在绑扎前未进行除锈处理，绑扎后在施作二次衬砌前未对已绑扎钢筋进行合理保护。

（4）在绑扎二次钢筋过程中垫块数量不够或位置布置不正确。

（5）钢筋绑扎工技术力量差或工作责任心不强。

（6）浇筑混凝土时，钢筋保护层垫块位移过大或垫块太少或漏放，致使钢筋紧贴模板外露。

（7）结构构件截面小，钢筋过密，石子卡在钢筋上，使水泥砂浆不能充满钢筋周围，造成露筋。

（8）混凝土配合比不当，产生离析，靠模板部位缺浆或模板漏浆。

（9）混凝土保护层太小或保护层处混凝土振捣不实；或振捣棒撞击钢筋或踩踏钢筋，使钢筋位移，造成露筋。

（10）木模板未浇水湿润，吸水粘结或脱模过早，拆模时缺棱、掉角，导致漏筋。

4. 防治措施

（1）防水板铺挂前必须进行断面复核，发现欠挖即使处理，防水卷材悬挂有富余量，松紧适度；初期支护，尤其是钢拱架等不得侵入衬砌范围内；超挖应用同级混凝土填满。

（2）严格按照规范要求的松弛度铺设防水板，并加密固定，在模板台车端部预留排气孔，加强拱顶混凝土施工监督，保证顶部混凝土饱满密实，预埋压浆管，待混凝土达到设计要求后，进行拱部压浆处理。

（3）二次衬砌钢筋下料前要把钢筋弯出角度，确保搭接焊接钢筋长度，焊工上岗前必须进行考核，必须要求持证上岗，定期对焊工进行考核确保钢筋焊接质量。

（4）钢筋原材及半成品下雨天要采用防护措施，对已经锈蚀的钢筋要采取除锈处理，锈蚀严重的钢筋必须更换处理。

（5）二次衬砌钢筋间距不符合设计及规范要求必须进行返工处理，施工中加大自检力度。

（6）浇灌混凝土，应保证钢筋位置和保护层厚度正确，并加强检验，钢筋密集时，应选用适当粒径的石子，保证混凝土配合比准确和良好的和易性；浇灌高度不得超过2m，超过2m时采用导管，以防止离析。

（7）模板应充分湿润并认真堵好缝隙，防止漏浆。

（8）混凝土振捣严禁撞击钢筋，操作时，避免踩踏钢筋，如有踩弯或脱扣等及时调整直正；保护层混凝土要振捣密实。

（9）正确掌握脱模时间，防止过早拆模，碰坏棱角。

（10）表面漏筋，刷洗净后，在表面抹1:2或1:2.5水泥砂浆，将未满漏筋部位抹平；漏筋较深的凿去薄弱混凝土和突出颗粒，洗刷干净后，用比原来高一级标号的细石混凝土填塞压实。

5. 工程实例照片（图1.7-18）

图1.7-18 衬砌混凝土浇筑效果

1.7.8 通病名称：隧道衬砌混凝土外观质量缺陷

1. 通病现象

衬砌混凝土表面出现水波纹、气泡，局部出现蜂窝、孔洞、麻面等缺陷，特别在施工缝、接缝等细部构造部位（图1.7-19）。

2. 规范标准相关规定

（1）《地下铁道工程施工标准》GB/T 51310—2018

8.8.2 混凝土浇筑部位应采取防止暴晒和雨淋措施。混凝土浇筑前应对模板、钢筋、预埋和预留件、止水带等进行检查，应清除模内杂物和积水，经验收合格后方可浇筑混凝土。

图1.7-19 混凝土蜂窝麻面

10.8.11 混凝土浇筑前应将浇筑面清理干净，并洒水湿润；模板脱模剂涂刷均匀。

10.8.12 混凝土浇筑应符合下列规定：

1 混凝土宜采用输送泵输送，塌落度应为150mm～180mm；

2 两侧墙体同时浇筑时，应分层对称浇筑，每层厚度宜为500mm；

3 拱墙一体浇筑时，混凝土浇筑至拱墙交界处，应间歇1h～1.5h方可继续浇筑拱部混凝土；

4 拱部混凝土浇筑前，输送泵宜保压3min；

5 墙体与拱部分别浇筑时，墙体浇筑宜采用插入式振捣器振捣；墙体与拱部一体浇筑时，应采用模板外挂式振捣器配合人工振捣；振捣不得触及防水层、钢筋、预埋件、封端模板。

（2）《地下防水工程质量验收规范》GB 50208—2011

5.3.8 施工缝、变形缝、穿墙管道、埋设件等设置和构造，均须符合设计要求，严禁有渗漏；

5.3.10 二衬混凝土表面应坚实、平整，不得有露筋、蜂窝等缺陷。

3. 原因分析

（1）混凝土配合比不当或砂、石子、水泥材料加水量计量不准，造成砂浆少、石子多。

（2）混凝土搅拌时间不够，未拌合均匀，和易性差，振捣不密实。

（3）混凝土未分层浇筑，振捣不实，或漏振，或振捣时间不够。

（4）模板缝隙未堵严，水泥浆流失。

（5）在钢筋较密的部位或预留孔洞和埋件处，混凝土下料被卡住，未振捣就继续浇筑上层混凝土。

（6）混凝土内掉入模具、木块、泥块等杂物，混凝土被卡住。

（7）模板表面粗糙或黏附水泥浆渣等杂物未清理干净，拆模时混凝土表面被粘坏。

（8）模板未浇水湿润或湿润不够，构件表面混凝土的水分被吸收，使混凝土失水过多出现麻面；

（9）模板隔离剂涂刷不匀，或局部漏刷或失效，混凝土表面与模板粘结造成麻面。

（10）水灰比过大模板表面因水泥浆和脱模剂在高频振动下使模板表层混凝土浆液的不均匀性，从而产生大量的水波纹。

（11）在振捣过程中，靠近模板的气体会顺模板向上排出，但由于模板表面的脱模剂和水的张力作用，一部分气体在排出过程中形成气泡吸附在模板表面而不能排出。

4. 防治措施

（1）在钢筋密集处及复杂部位，认真分层振捣密实，严防漏振，砂石中混有黏土块、模板工具等杂物掉入混凝土内，应及时清除干净。

（2）将孔洞周围的松散混凝土和软弱浆膜凿除，用压力水冲洗，湿润后用高强度等级细石混凝土仔细浇灌、振捣密实。

（3）支模时模板内表面要平整光滑模板表面清理干净，不得粘有干硬水泥砂浆等杂物，浇灌混凝土前，模板应浇水充分湿润，模板缝隙，应用油毡纸、腻子等堵严，模板隔离剂应选用长效的，涂刷均匀，不得漏刷。

（4）认真设计、严格控制混凝土配合比，经常检查，做到计量准确，混凝土拌合均匀，控制好混凝土坍落度及其他混凝土性能的稳定性；浇灌应分层下料，分层振捣，防止漏振；模板缝应堵塞严密，浇灌中，应随时检查模板支撑情况防止漏浆。

5. 工程实例图片（图 1.7-20）

图 1.7-20　混凝土外观质量良好

1.7.9　通病名称：联络通道二次衬砌背后空洞

1. 通病现象

衬砌背后存在空洞，混凝土不密实。

2. 规范标准相关规定

《地下铁道工程施工标准》GB/T 51310—2018

10.8.12　混凝土浇筑应符合下列规定：

1 混凝土宜采用输送泵输送,坍落度应为 150mm ~ 180mm;

2 两侧墙体同时浇筑时,应分层对称浇筑,每层厚度宜为 500mm;

3 拱墙一体浇筑时,混凝土浇筑至拱墙交界处,应间歇 1h ~ 1.5h 方可继续浇筑拱部混凝土;

4 拱部混凝土浇筑前,输送泵宜保压 3min;

5 墙体与拱部分别浇筑时,墙体浇筑宜采用插入式振捣器振捣;墙体与拱部一体浇筑时,应采用模板外挂式振捣器配合人工振捣;振捣不得触及防水层、钢筋、预埋件、封端模板。

3. 原因分析

(1) 初期支护喷射混凝土没有把凹凸面补平,平整度达不到规范要求。

(2) 防水板安装未预留足够的松散系数,二衬混凝土被防水板挡住未与初期支护表面密贴,导致二衬背后出现脱空现象。

(3) 施工班组主存在偷工减料行为,注浆不满,衬砌厚度不够。

(4) 现象技术人员对衬砌实际需要的混凝土数量不清,实际衬砌在未注满的情况下停止,造成二衬脱空。

(5) 在混凝土未初凝前急于拆管,造成未自稳的混凝土掉落下来形成漏斗,造成衬砌脱空。

(6) 在拱顶混凝土施工出现堵管,现场人员在未仔细分析的情况下即认为已经泵满,停止混凝土泵送造成二衬厚度不足,出现脱空现象。

(7) 混凝土施工配合比水灰比偏大、混合料坍落度大、振捣不密实,混凝土自重下沉,收缩徐变,造成留有空隙。用输送泵泵送时,拱顶面的混凝土在输送过程中把部分空气密闭在狭小的空间内无法排出,造成留有空隙。

(8) 施工衬砌混凝土时,拱腰至拱顶范围混凝土振捣不密实。

(9) 混凝土灌注至拱顶后,没有及时调整混凝土的水灰比,而且并不是控制一定泵送压力进行灌注,造成拱顶混凝土没有灌注饱满而形成空洞。

(10) 堵头模板与初期支护不密贴,同时又没有进行有效堵塞,造成混凝土灌注不饱满而形成拱顶衬砌前端空洞。

4. 防治措施

(1) 施工措施

1) 严格施工过程控制,对初支平整度不满足要求的不予验收,直至补喷合格后,才允许进入下一道工序的施工,确保初支基面平整。

2) 加强防水板铺设质量控制,特别是防水板固定后的松紧度控制,预防太紧防水板崩裂,太松形成褶皱导致空洞的出现。

3) 铺设防水材料必须由顶部逐步向墙脚进行,增加固定锚固的点位,并预留一定的余量,避免混凝土由墙脚自下而上灌注时,受防水材料限制,使拱顶形成空洞。

4）控制混凝土的灌注速度，加强振捣质量，对超挖大的位置必须由专人进入模板内进行补强振捣，以确保混凝土灌注密实。

5）加强各工序作业人员的质量意识教育，掌握每一道工序的质量标准。

（2）材料措施

选用流动剂、高效减水剂以及合理的集料粒径配制高流动性混凝土。

1.7.10　通病名称：联络通道冻结孔施工质量差

1. 通病现象

钻孔偏斜、间距过大、成孔冻结管长度不够等。

2. 规范标准相关规定

《旁通道冻结法技术规程》DG/TJ 08—902—2006

4.2.4　冻结孔布置

1　冻结孔布置参数包括冻结孔成孔控制间距、冻结孔开孔间距、冻结孔孔位、冻结孔深度和冻结孔偏斜精度要求等。冻结壁形成参数包括冻结壁交圈时间、预计冻结壁扩展厚度和冻结壁平均温度等。

2　冻结孔成孔控制间距应按设计冻结厚度、冻结壁平均温度、盐水温度和冻结工期要求确定，布置单排冻结孔时冻结孔成孔控制间距可按表4.2.4-1选取，但不宜大于冻结壁设计厚度。多排冻结孔密集布置时，内部冻结孔成孔控制间距可取边孔的1.2倍。

单排冻结孔成孔控制间距设计参考值　　　　表4.2.4-1

冻结孔类型	水平或倾斜冻结孔			竖直冻结孔	
冻结孔深度 H（m）	≤10	10～30	30～60	≤40	40～100
冻结孔成孔控制间距 S_{max}（mm）	1100～1300	1300～1600	1600～2000	1200～1400	1400～1800

3　冻结孔偏斜精度要求可按表4.2.4-2选定。

冻结孔偏斜精度要求　　　　表4.2.4-2

冻结孔类型	水平或倾斜冻结孔			竖直冻结孔	
冻结孔深度 H（m）	≤10	10～30	30～60	≤40	40～100
冻结孔最大偏斜 R_p（mm）	150	150～350	350～600	150～250	250～400

4　冻结孔开孔间距不宜大于冻结孔成孔控制间距与冻结孔最大偏斜之差。

5　当布置单排冻结孔在规定冻结工期内达不到设计冻结壁厚度和平均温度时，应布置多排冻结孔冻结。

6　冻结孔宜均匀布置并避开地层中的障碍物。在隧道管片上布置冻结孔时，开孔位置宜避开管片接缝、螺栓口，并且宜避开钢筋混凝土管片主筋和钢管片肋板。

3. 原因分析

（1）控制点偏差，孔位定位不准确。

（2）钻机定位找正后，钻孔过程中，钻机固定不牢靠，发生晃动。

（3）没有及时根据隧道测量数据调整孔深等参数，成孔后未及时进行偏斜及孔深测量。

4. 预防措施

（1）设立专门的测量放线小组，测量仪器及工具事先检查、定期校正。

（2）须复测实际中心线、实际里程，掌握左右两条线的偏差、偏向；根据轴向放样的实测长度，调整冻结孔长度。并在隧道两帮布点，采用拉线方法校验、控制冻结孔方向。

（3）先行透孔放样、开孔、孔口管安装与钻进，及时复测隧道高差、隧道线间距，相应调整钻孔、钻机参数，验证隧道管片上预留洞门的相对位置；待透孔施工结束并完成复测确定轴线准确后，然后进行其他钻孔的放样、开孔、孔口管安装与钻进。对于放样的孔位打记号笔打上标记，并用红漆圈记。

（4）钻机就位使用经纬仪（或全站仪）定位，并复测开孔角度及孔位。首先找好钻机开孔倾角并考虑钻杆因受自重的作用使钻孔产生向下的偏移，定位时较设计倾角略上仰 $0.1° \sim 0.5°$，以中和钻孔垂直方向的偏斜；其次控制钻机的水平方向误差，保持钻机主动钻杆的轴线与联络通道轴线平行。

（5）钻机就位后，应固定牢靠。在开始钻进或下冻结管时，反复检查钻杆或冻结管的方位与倾角，确保孔口段冻结管方位满足设计要求。

（6）成孔后未及时进行偏斜及孔深测量。当孔间距较大，无法通过后续钻孔调整时，应拔出重打或打补孔。偏斜不符合设计要求时，应采取调整钻孔角度及钻进参数等措施进行纠偏，如果钻孔仍然超出设计规定，则进行补孔。

（7）在施工第一个冻结孔时，应分析主要地层钻进过程的参数变化情况，并检查地质、水文情况，发现异常，应及时采取针对性措施，并根据施工情况优化冻结孔施工工艺参数。

（8）全部钻孔应经验收合格后，方可拆除钻机。

5. 工程实例图片（图 1.7-21 ～ 图 1.7-24）

图 1.7-21 冻结孔钻进

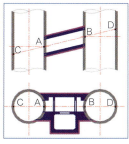
图 1.7-22 联络通道位置轴线放样

图 1.7-23 冻结孔测深

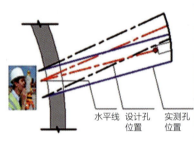

图 1.7-24 冻结孔测斜

1.7.11 通病名称：冻结效果不好

1. 通病现象

冻结胶圈厚度不够、冻结帷幕出现薄弱处、冻结壁与管片交接处、成孔冻结管长度不够等。

2. 规范标准相关规定

《旁通道冻结法技术规程》DG/TJ 08—902—2006

4.2.3 冻结壁厚度设计与强度检验

1　Ⅱ类和Ⅲ类冻结壁应按承载力要求设计冻结壁厚度。

5.2.1　冻结管材质和规格确定应符合 4.2.2 条的规定，不得采用焊接钢管。当采用跟管钻进时，冻结管管壁厚度不宜小于 8mm；当采用夯管时，冻结管管壁厚度不宜小于 8mm。管壁厚度不宜大于 10mm。

5.2.2　冻结管接头可采用螺纹连接和加内衬管对焊连接。冻结管接头强度不宜小于母管强度的 60%。跟管钻进时冻结管连接宜采用螺纹接头并用焊接补强、密封接头缝，夯管时冻结管宜采用带衬管的对焊接头。

5.2.3　当需要拔管或预计冻结壁变形大、有可能引起冻结管断裂时，冻结接头强度应不小于母管强度的 80%，并宜采用加内衬管的对焊连接接头。

5.2.4　冻结管材及接头内衬管的材质应一致，管端要留坡口，选用焊条应与管材材质相匹配，焊缝要饱满且与管壁齐平。冻结管焊接后，焊缝应冷却 5～10min 后下入地层。

5.2.5　冻结管管材及连接要顺直，不得有明显弯曲。

5.2.6 冻结管下入地层深度不得小于设计深度,每节冻结管材应有长度及顺序编号记录。冻结管管口露出孔口管不应小于 100mm。

5.2.7 严禁冻结管内有任何杂物。

5.2.8 冻结管下入地层后必须进行试压。试验压力应为冻结工作面盐水压力 1.5~2 倍。经试压 30min 压力下降不超过 0.05MPa,再延续 15min 压力保持不变为合格。

6.2.2 冷冻站采用的设备、压力容器及管道阀门必须清洗干净并经压力试验合格。浮球阀、液面指示器、安全阀等安装前应进行灵敏性试验。

6.2.6 盐水循环系统最高部位处应设置排气阀,盐水箱应安设盐水液面可视自动报警装置,干管上及位于配液管首尾冻结器的供液或回液管上,应设置流量计。

3. 原因分析

(1)施工原因

1)控制点偏差,孔位定位不准确,钻孔偏斜。

2)成孔保压实验不合格,成孔冻结管长度不够。

3)冻结保温不合格。

4)冻结盐水管路渗漏。

5)各冻结管串联支路的供冷不平衡。

6)冻结前,冻结区域钢管片处回填质量差,钢管片筋板清理不干净,保温板与管片间留有空隙。

(2)材料原因

1)冷冻机故障。

2)冻结站报警系统失灵。

3)盐水浓度过大而结晶发生堵管。

4. 预防措施

(1)施工措施

1)根据施工需要,设置测量基准点和基准线,准确定出钻孔开孔孔位,误差控制在 10mm 以内。钻孔偏斜如果超出设计偏斜需进行补孔。

2)在钻孔过程中,严格控制冻结管的焊接质量,经检查合格后方可继续钻进。钻进结束后,及时对冻结孔进行打压检漏试验。成孔冻结管长度不够时,重新钻孔。

3)加强对联络通道加固土体区域与管片接合面的保温,在冻结管的末端处的管片上布置冷冻排管,在外面再铺设保温层。在管片与冻结帷幕接合处,布置测温点,有针对性测量冻结情况。

4)冻结盐水管路安装完成后,进行试运转,观察 12h 盐水液面无下降情况后,方可正常运转。在冻结正常运转后,每 2h 对盐水箱液面测量一次,一旦发现盐水泄漏,及时对所有盐水管路进行检查。

5)串联冻结孔时,统计每组冻结孔的管路长度和进回配液圈的前后距离,严格按照冻结管路长度平均分配和"先进后出"的原则。在冻结管串联支路上的盐水出、入口安装阀门。在冻结过程中，监测各个支路的盐水温差情况，控制在 2℃ 范围内。根据测量温差情况，通过阀门相应地调节各支路的盐水流量，直到各支路的温差满足控制要求。

6）冻结区域钢管片格栅必须在冻结前填充完毕，充填密实；填充采用水泥砂浆，表面平整，筋板上需清理干净；填充完毕后，表面需铺一层保温板，保温板粘结牢靠，与钢管片间不得留有空隙。

（2）材料措施

1）加强设备的管理与维修，确保其完好性。在现场备有备用设备及各种设备易损件，配备有丰富经验的人员上岗，以便早发现、及时解决问题。

2）定期对冻结站的报警系统进行检查并记录，如不合格立即维修，保证在 24h 内恢复。

3）加强冻结过程中对盐水浓度的检测，比重不小于 1.25，一旦浓度偏小，及时补充 $CaCl_2$，如发现过高立刻加清水稀释。

5. 工程实例图片（图 1.7-25、图 1.7-26）

图 1.7-25　冻结站安装

图 1.7-26　管片保温

1.7.12　通病名称：开挖涌水，冻结帷幕变形大

1. 通病现象

开挖涌水，冻结帷幕变形大，地面沉降。

2. 规范标准相关规定

《旁通道冻结法技术规程》DG/TJ 08—902—2006

9.2.3 具备以下条件时可以进行试挖：

1 冻结壁形成质量检验合格。

2 积极冻结时间、盐水温度、盐水流量等冻结运转参数达到设计值，检查冷冻机等机电设备及电源完好，冻结系统运转正常。

3 本章 9.1.1 款所列的全部资料齐全。

4 本章 9.1.2 款所列的全部开挖施工准备工作就绪。

5 编制试挖报告并经上级主管部门和监理等批复确认。

9.4.1 土方开挖质量控制要求与验收指标。

1 开挖横断面方向尺寸应满足设计要求，且单侧超挖不大于 30mm。

2 最大空帮距（没有支护的冻结壁暴露段长）不宜大于掘进段长的 600mm。重要建筑物下应适当减小最大空帮距。

3 冻结壁暴露时间应控制在 24 小时内。

4 冻结壁暴露面最大收敛位移不得大于 20mm。

5 通道开挖中心线偏差应不大于 20mm。

9.6.1 停止冻结并完成冻结孔封孔工序后应进行衬砌后充填注浆和地层融沉补偿注浆。

9.6.2 注浆孔宜在旁通道结构施工时预埋。注浆管预埋深度以穿透结构层为宜，布孔密度以 1.5～2.5m²/个为宜。

9.6.3 停止冻结后 3～7 天内进行衬砌后充填注浆。注浆时衬砌混凝土强度应达到设计强度的 60% 以上。

9.6.4 衬砌后充填注浆可采用 0.8∶1.0～1 单液水泥浆。注入水泥浆前应先注入清水，检查各注浆孔之间衬砌后间隙是否畅通。注浆宜按由下而上的顺序进行，当上一层注浆孔连续返浆后即可停止下一层注浆，直至注到拱顶结束。集水井部位注浆压力不得大于 0.1MPa，通道部位注浆压力不得大于静水压力。

3．原因分析

（1）施工原因

1）土方超欠挖严重，开挖时未及时施作临时支护。

2）冻土帷幕与结构外壁之间间隙未填充；冻结帷幕变形过大时，未能采取有效措施控制变形。

3）注浆量、注浆压力与设计不符，注浆效果达不到设计要求。

（2）材料原因

1）注浆材料达不到设计要求。

2）浆液配合比不符合设计要求。

4．预防措施

（1）施工措施

1）开挖前，应该根据冻结效果进行分析，确认好冻结效果后再进行开挖，冻结帷幕平均温度、厚度均达到设计要求。

2）严格按图纸尺寸进行开挖，不得随意欠挖、超挖。开挖步距一般不超过 0.5m，如开挖过程发现冻土帷幕变形，应缩小开挖步距，立即进行临时支护。

3）在结构施工中预埋注浆管，在结构施工结束后，及时对这种施工间隙进行壁后注浆充填。当开挖面出现冻结帷幕变形过大时，降低盐水温度继续冻结，减小开挖步距，及时施工临时支护层，缩小支护间距；当发现有冒砂涌水现象时，应及时采用应急砂袋等抢险物资及时充填，控制事故的扩大；当控制无效时，则关闭安全应急门，向开挖面打气或注水，控制内部压力平衡，防止土体坍塌。

4）注浆过程中严格控制注浆压力，应在综合考虑地基条件、管片强度、设备性能、浆液特性和土仓压力等基础上确定，并根据深度与地层的变化及时调整压力参数。

5）严格按照要求控制注浆量，避免注浆量过大地面隆起和隧道变形或注浆量过少达不到注浆封水要求。

6）注浆完成后进行严格的验收工作，检查注浆的相关记录资料，开多个探孔测量探孔渗水流速是否达到要求。

7）挖掘过程当中，如某部位土体出现较之前冻结效果变差，如变软、渗水、滴水等现象，应停止挖掘，并立即查找原因。确属局部含水、未冻实部位，挖掘后不会影响支护安全，方可继续挖掘施工；若此现象的范围、状况不好确定，尤其可能波及到有效冻结壁区域之外，应停止挖掘，可做局部强制性冻结加固（如液氮冻结）或严密封堵开挖面继续冻结一段时间，待检查可挖后，再继续挖掘；如出现流泥水经封堵无效时，应放弃工作面。

（2）材料措施

1）加强材料进场管理，材料进场要求有合格证、检验报告，经检验合格后才允许使用。

2）施工前针对该区间地层进行分析，通过大量的室内与现场对比试验，选择了适合本工程现场条件的同步注浆材料及配合比。

5. 工程实例图片（图 1.7-27、图 1.7-28）

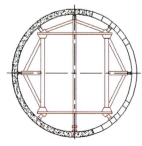

图 1.7-27 临时支架安装　　　　　　　　图 1.7-28 开挖作业

1.8 隧道维护工程

1.8.1 通病名称：隧道墙体裂缝渗水

1. 通病现象

隧道墙体出现裂缝渗水现象（图 1.8-1）。

2. 规范标准相关规定

1)《公路隧道养护技术规范》JTG H12—2015

4.6.7 对有衬砌隧道出现的衬砌起层、剥离，应及时清除；应及时修补衬砌裂缝，并设立观测标记进行跟踪观测；对衬砌的渗漏水应接引水管，将水导入边沟；冬季应及时清除洞顶挂冰等。

图 1.8-1 墙体渗水

2)《城市隧道养护技术规范》DB41/T 1271—2016

6.6 保养维修

6.6.6 对主体结构侧墙的渗漏水，应埋设引水槽接引水管，将水导入边沟排出。冬季应及时清除洞顶积雪和挂冰。

3. 原因分析

（1）设计原因

地质勘查不详细，在裂隙水较发达或有泉眼处未做引排水设计等。

（2）材料原因

1）防水材料质量不高，长期耐水性不良。

2）结构混凝土和易性差，配合比不合理。

（3）施工原因

1）结构混凝土浇捣不密实或出现漏振，混凝土养护不到位，出现裂缝。

2）施工缝处止水带埋设不规范等。

4. 预防措施

（1）设计措施

地质勘查尽量详细，让设计可以全面考虑地质情况。

（2）材料措施

1）选用强度符合规范设计要求的防水材料，严格执行进场检验要求。

2）进行混凝土配合比试验，选择合适的配合比。

（3）施工措施

1）混凝土浇筑、施工顺序及养护严格按照规范要求。

2）施工缝或后浇带施工严格按照规范要求。

5. 治理措施

（1）墙体裂缝处理

将裂缝凿成 V 形槽，在进行封闭灌浆封缝的工艺。具体工艺流程如下：

裂缝凿槽处理→埋设灌浆嘴→封缝→密封检查→配制浆液→灌浆→封孔结束→抹调色膨胀水泥砂浆→检查。

（2）渗漏水处理

衬砌两侧墙部渗水时，可沿出水点开凿一道引水小槽，引至永久性排水系统。小槽断面 5cm×5cm 即可（如渗水较大，可适当开凿深一点）。将小槽四周修整顺畅，平顺。取半根 50mm PVC 反扣于小槽内，要尽量与内壁靠拢，用堵水剂或环氧树脂砂浆等高防渗性的材料将小槽填实并抹平。

施工缝、沉降缝发生渗漏，处理方法比较单一且效果较好。将渗水施工缝或沉降缝沿渗水点开凿 1cm 的小缝，充分清除石屑、粉尘和松动物，在小缝底部压入底衬泡沫条，起到导流的作用；然后将单组反应型聚氨酯嵌缝胶或双组分聚氨酯嵌缝胶等嵌缝材料用灌缝枪压入缝内至密实即可。

6. 工程实例图片（图 1.8-2）

图 1.8-2　裂缝处理

1.8.2　通病名称：隧道机电设施维修保养

1. 通病现象

隧道机电设施养护主要包括供配电设施、照明设施、通风设施、消防及救援设施养护（图 1.8-3）。

2. 规范标准相关规定

《城市隧道养护技术规范》DB41/T 1271—2016

7.1.1　机电设施的养护应包括以下内容：

图 1.8-3　隧道泵房发电机组

a）日常巡查——在巡视车上或通过步行目测以及其他信息化手段对机电设施外观和运行状态进行的一般巡视检查，并对检查结果及时记录；

b）清洁维护——对隧道机电设施外观的日常清洁，以经常保持机电设施外观的干净整洁；

c）机电检修与评定——通过检查工作发现机电设施完好情况，系统掌握和评定机电设施技术状况，确定相应的养护对策或措施。

d）专项工程——对机电设施进行的集中性、系统性维修，使其满足原有技术标准。专项工程可根据设备运行状态驱动；

7.1.2 养护人员应经上岗培训，并熟练掌握设施的使用要领和技术标准。特殊公正上岗前应进行专门培训，并符合国家相关规定，经考核持证上岗。

3. 原因分析

设施安装和试验操作未按规范实施，造成安装损坏或后期使用过程中的损耗率加大。

4. 预防措施

安装和试验严格按照规范要求。

5. 治理措施

（1）供配电设施（电力变压器）

1）清洁擦拭瓷套管和外壳，检查有无破裂与放电痕迹。更换缺陷的瓷套管。

2）紧固母排连接，去除接触间的氧化物，更换示温蜡片。

3）检查机架接地、紧固，对有锈蚀之处进行除锈补漆。

4）用吹尘机吹去线圈层间及底部的尘埃。

5）检查线圈：绝缘表面应无龟裂爬电或碳化的痕迹。

6）检查线圈骨架：应无松动/紧固修复。

7）检查冷却风机：启闭无异常噪声和震动。清除风叶及罩网上积灰，对风机电机检查保养。冷却风机损坏时必须更换。

8）检查控温器：显示温度应该与实际温度一致，且当显示温度达到设定值时风机能可靠开启。

9）检查变压器绝缘及出线接触电阻。

（2）照明设施（照明灯具）

1）清扫灯具内外各处，清洁投射反光器。

2）更换失效的灯管或其他器件。

3）校正灯具的照射角度。

4）固定、修复脱落或锈蚀的支架。

5）更换破损老化的灯具引入线。

6）检查灯具接地。

（3）通风设施（射流风机）

1）办理维护作业许可手续。

2）维护工具准备。

3）切断待维护风机控制柜、就地柜内电源，挂好电器设备"禁止合闸，有人工作"检修标示牌，禁止随意合闸。

4）风机拆运：

① 用高架车专用装置托住风机后，松卸风机电机引出线接头。

② 拆卸风机全部固定螺栓后，将风机固定在高架车专用装置上，运至维修场所。

5）将风机吊装至维修位置后，拆卸风机消音器。风机机件清洗一般均采用 0 号柴油，精密机件或滚动轴承等须用汽油清洗。

6）拆卸叶轮并清除叶片上污垢。

7）检查叶片有无裂痕，动平衡块有否缺失或松动。修复后叶轮应重新做动平衡。

8）对风机各零部件进行除锈，涂装防锈漆。对风机各零部件除锈后，刷涂防锈漆一度防腐。有面漆涂装要求的，待防锈漆干燥后二度面漆。

9）拆卸电机，清洗检修轴承，更换润滑脂或轴承。

10）检测各绕组绝缘是否良好（绝缘电阻 ≥ 0.5MΩ），电机维护后，必须进行空载通电试验。空载试验合格后才能安装就位。

11）电机装配就位。用手盘车转动，要求转子转动阻尼均匀，电机轴中心必须对准风机座中心并紧固。

12）风机组装、校正（组装步骤与解体步骤相反）。风机组装后，必须用手盘动叶轮检查叶片与机壳之间的间隙，要求均匀无碰擦。

13）固定风机，通电检查风机运转情况。

14）将风机固定在高架车专用安装架上，运至安装现场安装就位。

（4）消防与救援设施（消火栓）

1）消防水带的清洗检查：

① 每半年一次对消防水带外部清洗。

② 检查消防水带接头固定情况，并紧固。

③ 检查消防水带接头的接口、接齿完整情况，更换有损伤的接头。

④ 充水检查消防水带有无漏洞和漏缝，更换有漏洞和漏缝的水带。

2）消火栓：

① 每年一次对消火栓及其附件进行清洁、整理和检修。

② 更换有滴水现象的消火栓。

③ 更换接口、接齿有损伤的消火栓接头。

④ 更换消火栓接头处老化、脆裂或脱落的床垫。

⑤ 检修消火栓供水管道的管接头。

⑥ 清洁、整理消火栓箱。

6. 工程实例图片（图 1.8-4）

图 1.8-4　机电设施检查

1.8.3 通病名称：侧墙瓷板破损

1. 通病现象

隧道侧墙瓷板变形、脱落、破损（图1.8-5）。

2. 规范标准相关规定

《城市隧道养护技术规范》DB41/T 1271—2016

6.6.12 吊顶和内装饰应保持完好和整洁美观，当有破损、缺失时，应及时修补恢复，不能修复的应及时更换。各种预埋件和桥架应保持完好、坚固、无锈蚀，当有缺损时，应及时更换或加固。

图1.8-5 瓷砖破损

顶部防火板应表面平整、锚固牢靠，当存在脱落风险时，应尽快进行加固或更换。

3. 原因分析

（1）施工原因

1）挂式瓷砖龙骨架安装不牢固。

2）粘贴式瓷砖施工前未清理干净、瓷砖留缝过小或瓷砖浇水湿润不够。

（2）材料原因

挂式瓷砖龙骨架强度不足，粘贴式瓷砖水泥砂浆配比不合理。

4. 预防措施

（1）施工措施

加强巡查检修，发现松动及时修理。

（2）材料措施

严格管控成品半成品入场检测。使用检验合格产品。

5. 治理措施

（1）挂式侧墙瓷板维修养护

先用螺丝刀刮掉瓷板四周的密封胶，再用人工进行拆除。检查龙骨架的安装是否牢固可靠，墙面是否有渗水现象，如有应在安装前先进行处理。若旧瓷板有破碎或出现裂纹，则需要更换新的陶瓷板。安装前注意先清理龙骨架表面的灰粉，安装时确保瓷板与龙骨架的连接牢固可靠。侧墙瓷板表面应平整、洁净、色泽一致，无裂痕和缺损。饰面瓷板干挂完成后，在缝隙处打胶前，应用美纹纸贴在饰面瓷板的四周，以防打胶时污染瓷板表面。侧墙瓷板工程的密封胶应横平竖直、深浅一致、宽窄均匀、光滑顺直。

（2）粘贴式瓷砖维修养护

使用铲刀将破碎的瓷砖清除掉，并对瓷砖后面的混凝土墙面进行处理，用钢丝刷刷掉旧的底子灰，并将墙表面尘土、污垢清理干净。浇水润湿墙面后，先刷上水泥砂浆，用靠尺板刮平,再用抹子抹平,最后将新瓷砖粘贴上去,然后对瓷砖表面进行清理,侧墙瓷砖接缝应平直、光滑,填嵌应连续、密实。

6. 工程实例图片(图1.8-6、图1.8-7)

图1.8-6 挂式瓷砖安装　　　　图1.8-7 挂式瓷砖打胶

1.8.4 通病名称:隧道排水设施不通畅

1. 通病现象

隧道横截沟、排水沟阻塞、破碎沉降(图1.8-8)。

图1.8-8 排水沟格栅破损

2. 规范标准相关规定

《城市隧道养护技术规范》DB41/T 1271—2016

6.3.4　隧道排水设施应满足以下要求:

a)应保持无淤积,排水通畅;

b）在汛前、汛中和汛后以及极端降水天气后，应对排水设施进行检查和清理疏通。汛期及冰冻季节应增加水沟的清洁频率。

c）对于纵坡较小的隧道或隧道的洞口区段，应增加清理和疏通的频率；对于窨井和沉沙池，应将其底部沉积物清除干净；

d）隧道截水沟/排水沟应完好、畅通、有效。进水口无法正常汇水应查明原因后，采取针对性措施，必要时对进水口周边路面或引道进行系统改造；

e）隧道进水篦子等应完好、畅通，整洁美观。雨季前应全面检查、疏通，并加大检修频率，出现堵塞、残缺破损应及时疏通或维修更换。

3．原因分析

（1）设计原因

排水系统设计时未合理考虑现场汇水情况，坡度设计不合理，导致排水能力不能满足排水需求。

（2）施工原因

1）坡度未按规范设计要求施工，管道安装接口不密实，管道坡度过于平缓或逆坡。

2）井盖与路面高差过大，导致井盖所受冲击力加大。

（3）材料原因

井盖强度不足。

4．预防措施

（1）设计措施

合理设置排水沟坡度及收水井数量。

（2）施工措施

1）排水管沟坡度严格按照设计图纸。

2）保证截水沟底座质量，井盖与路面高差不应超过规范允许范围。

3）加强巡查清疏，及时清理杂物。

（3）材料措施

选用强度符合规范设计要求的收水井盖。

5．治理措施

（1）排水沟及泵房清疏

清理排水口做到无杂物、树叶等挡住过水面，隧道保洁清扫的积沙不能扫入排水口，保证排水沙井井底无杂物积淤等。

深大泵房清疏前应做好有限空间作业安全作业工作。填写有限空间作业票，配备低压照明、通信和防毒救生设备。

（2）截水沟维修

破除原有松动开裂的素混凝土井盖基础，需要开凿路面部分时应使用切割机切割，整平后形成规定尺寸且规则的断面,在砌砖和浇筑早强混凝土,最后安装井盖。达到设计强度再开放交通。

6. 工程实例图片(图1.8-9)

图 1.8-9　排水井清疏养护

第 2 章 综合管廊工程

2.1 地基与基础工程

2.1.1 通病名称：挖方边坡塌方

1. 通病现象

挖方过程中或者挖方后，基坑边坡土方局部或大面积塌落或滑塌（图2.1-1）。

图 2.1-1 基坑边坡土方局部滑塌

2. 规范标准相关规定

（1）《建筑地基基础工程施工质量验收标准》GB 50202—2018

9.2.4 临时性挖方工程的边坡坡率允许值应符合表9.2.4的规定或经设计计算确定。

临时性挖方工程的边坡坡率允许值　　　　表9.2.4

序号	土的类别		边坡坡率（高:宽）
1	砂土	不包括细砂、粉砂	1:1.25 ~ 1:1.50
2	黏性土	坚硬	1:0.75 ~ 1:1.00
		硬塑、可塑	1:1.00 ~ 1:1.25
		软塑	1:1.50 或更缓
3	碎石土	充填坚硬黏土、硬塑黏土	1:0.50 ~ 1:1.00
		充填砂土	1:1.00 ~ 1:1.50

注：1　本表适用于无支护措施的临时性挖方工程的边坡坡率。
　　2　设计有要求时，应符合设计标准。
　　3　本表适用于地下水位以上的土层，采用降水或其他加固措施时，可不受本表限制，但应计算复核。
　　4　一次开挖深度，软土不应超过4m，硬土不应超过8m。

（2）《土方与爆破工程施工及验收规范》GB 50201—2012

4.1.4 土方开挖前应制定地下水控制和排水方案。

3. 原因分析

（1）基坑开挖较深，放坡不够；或者挖方尺寸不够，将坡脚挖去；在不同土层开挖时，没有根据土层性质分别放坡，导致边坡失稳而造成塌方。

（2）地表有积水，未采取有效降、排水措施，土层湿化，黏聚力降低，在重力作用下失去稳定，引起塌方。

（3）边坡坡顶堆载过大，或者受车辆、施工机械等外来影响下，坡体剪切应力增加，土体失去稳定而导致塌方。

（4）土质疏松，开挖次序、方法不当，导致塌方。

4. 预防措施

（1）根据开挖土的种类和力学性质参数，确定适当的开挖边坡坡度。

（2）做好排水措施，避免在影响边坡稳定范围内积水，造成边坡塌方。当基坑开挖范围内有地下水时，应采取降、排水措施，将水位降至基底 0.5m 以下方可开挖，并持续至回填完毕。

（3）在坡顶弃土、堆载时，弃土堆坡脚至挖方上边缘的距离应根据挖方深度和边坡坡度、土的性质确定。当土质干燥密实时，其距离不得小于 3m；当土质松软时不得小于 5m，以保证边坡稳。

（4）土方开挖应自上而下、分段分层开挖，先深后浅，依次进行，随时做成一定坡度有力排水，避免先挖坡脚，造成土体失稳。

5. 治理措施

对基坑塌方，可将坡脚塌方清除，施作临时支护（如设支撑，堆装土编织袋、喷锚护坡等）。

6. 工程实例图片（图 2.1-2）

图 2.1-2 基坑边坡稳固

2.1.2 通病名称：基坑泡水

1. 通病现象

基坑开挖后，基底被水浸泡，造成地基松软，承载力下降，地基下沉。

2. 规范标准相关规定

（1）《土方与爆破工程施工及验收规范》GB 50201—2012

4.1.4 土方开挖前应制定地下水控制和排水方案。

4.2.8 地下水位宜保持低于开挖作业面和基坑（槽）底500mm。

4.4.4 施工区域内临时排水系统应做好规划，土方开挖应处于干作业状态。

（2）《建筑地基基础设计规范》GB 50007—2011

9.1.9 基坑土方开挖应严格按设计要求进行，不得超挖。基坑周边超载不得超过设计规定。土方开挖完成后应立即施工垫层，对基坑进行封闭，防止水浸和暴露，并应及时进行地下结构施工。

3. 原因分析

（1）开挖基坑周边未设置排水沟渠或挡水堤，导致地面水直接流入基坑。

（2）在地下水位以下挖土，未设置降、排水措施。

（3）施工期间连续降雨，遭遇停电，未进行连续排水。

4. 预防措施

（1）开挖基坑周边应设置排水沟渠，防止地面水直接流入基坑。

（2）在地下水位以下开挖，应在开挖标高坡脚位置设计排水沟和集水井，使地下水位降低至开挖基面0.5m以下；地下水较为丰富时，可采用井点降水方法，将地下水位降低至基坑底标高以下在进行开挖。

（3）施工中保持连续降水，并应备有备用电源。

5. 治理方法

（1）已被水淹泡的基坑，应立即检查降、排水设施，疏通排水沟渠，采取措施将水引流、排净。

（2）已被水浸泡的土，可根据具体情况，采取排水晾晒后夯实，或抛填碎石夯实；清淤换填等。

2.1.3 通病名称：基底土方扰动

1. 通病现象

基坑开挖完成后，地基土表层局部或大部分土层出现松动、浸泡等现象，原土结构遭到破坏。

2. 规范标准相关规定

（1）《建筑地基基础工程施工质量验收标准》GB 50202—2018

9.2.2 施工中应检查平面位置、水平标高、边坡坡率、压实度、排水系统、地下水控制系统、预留土墩、分层开挖厚度、支护结构的变形,并随时观测周围的环境变化。

9.2.5 土方开挖工程的质量检验标准应符合表 9.2.5-1 的规定。

柱基、基坑、基槽土方开挖工程质量检验标准(mm) 表9.2.5-1

项	序	项目	允许值或允许偏差		校验方法
			单位	数值	
主控项目	1	标高	mm	0 −50	水准测量
	2	长度、宽度(由设计中心向两边量)	mm	+200 −50	全站仪或用钢尺量
	3	坡率	设计值		目测法或用坡度尺检查
一般项目	1	表面平整度	mm	±20	用 2m 靠尺
	2	基底土性	设计要求		目测法或土样分析

(2)《建筑地基基础设计规范》GB 50007—2011

9.1.9 基坑土方开挖应严格按设计要求进行,不得超挖。基坑周边超载不得超过设计规定。土方开挖完成后应立即施工垫层,对基坑进行封闭,防止水浸和暴露,并应及时进行地下结构施工。

3. 原因分析

(1)基坑开挖好后,未及时浇筑垫层就进行下道工序施工,施工机械、人员在基土上行走,造成扰动。

(2)地基开挖好后遭遇长时间暴晒,失水。

(3)基坑未做好降、排水措施,基坑泡水。

4. 预防措施

(1)基坑开挖好后,应立即浇筑垫层,保护地基,若不能立即进入下道工序时,应预留 15~20cm 厚土层不挖,待下道工序开始再开挖至设计标高。

(2)机械开挖应由深至浅,基底应预留一层 20~30cm 厚土层,用人工清理找平,避免超挖和基底土遭受扰动。

(3)基坑开挖好后,避免在基土上行驶机械、设备以及堆放材料。

(4)做好基坑降、排水措施,降水工作应持续至基坑土方回填完成。

5. 治理措施

(1)已被扰动的土,可采用原土夯实碾压,或填碎石、小块石夯实。

(2)对扰动较为严重土方,采用换填土方法进行处理。

(3)局部扰动可挖去松土,换填砂石等材料进行夯实。

2.1.4 通病名称:土方回填基底处理不当

1. 通病现象

填方基底未经处理,局部或大面积出现下陷、滑移现象(图 2.1-3)。

图 2.1-3　基底未清理、回填料杂乱

2. 规范标准相关规定

《建筑地基基础工程施工质量验收标准》GB 50202—2018

9.5.1　施工前应检查基底的垃圾、树根等杂物清除情况，测量基底标高、边坡坡率，检查验收基础外墙防水层和保护层。回填料应符合设计要求，并应确定回填料含水量控制范围、铺土厚度、压实遍数等事故参数。

3. 原因分析

（1）填方基底上的草皮、淤泥、杂物和积水未清除就填方，有机物过多，腐朽后造成土方下沉。

（2）填方区域周边未做好排水设施，地表水流入填方，浸泡土方造成下陷。

4. 预防措施

（1）回填土方基底上的草皮、淤泥、杂物等清理干净，积水应排除。

（2）填方区域周围应做好排水沟渠，防止地表水流入基底，浸泡地基。

5. 治理措施

（1）对下陷稳定的填土区域，可在表面平整夯实处理。

（2）对下陷未稳定的填土区域，应会同设计部门商议针对情况采取加固措施。

2.1.5　通病名称：土方回填不密实、基底沉降过大

1. 通病现象

回填土方经过碾压夯实，达不到设计要求的密实度（图 2.1-4）。

2. 规范标准相关规定

《建筑地基基础工程施工质量验收标准》GB 50202—2018

9.5.2　施工中应检查排水系统，每层

图 2.1-4　土方含水率过大、碾压不密实，出现橡皮土

填筑厚度、碾迹重叠程度、含水量控制、回填土有机质含量、压实系数等。回填施工的压实系数应满足设计要求。当采用分层回填时，应在下层的压实系数经试验合格后进行上层施工。填筑厚度及压实遍数应根据土质、压实系数及压实机具确定。

3. 原因分析

（1）填方土料不符合要求。

（2）土方含水率过大或过小，达不到最优含水率下的密实度要求。

（3）填土厚度过大或碾压遍数不够，或机械碾压行驶速度过快。

（4）碾压或夯实机具功率不足，能量不够。

4. 预防措施

（1）选择符合设计要求的土方进行回填。

（2）通过现场土工实验，确定土料最优含水率。

（3）应按所选的土料、压实机械性能，通过试验确定含水量控制范围、每层铺土厚度、压实遍数、机械行驶速度，严格进行水平分层回填、压实。

（4）加强对土料、含水量、施工操作和回填土干密度等现场检验，严格控制每道工序施工质量。

5. 治理措施

（1）土料不合格时应挖出换土回填或加入碎石碾压夯实。

（2）对于含水量过大的土，达不到密实度要求的土，可采取翻松、晾晒、风干等方式，重新碾压。

（3）当碾压机具功率过小时，可采用增加碾压遍数或更换大功率碾压机具等措施。

6. 工程实例图片（图 2.1-5）

图 2.1-5　土方机具碾压、人工夯实、土工试验

2.1.6　通病名称：基坑支护位移过大

1. 通病现象

钢板桩支护结构在基坑开挖过程中位移过大，使钢板桩倾斜，基坑周边产生裂缝、沉陷（图 2.1-6）。

图 2.1-6 基坑支护位移过大

2. 规范标准相关规定

(1)《建筑基坑支护技术规程》JGJ 120—2012

3.1.2 基坑支护应满足下列功能要求:

1 保证基坑周边建(构)筑物、地下管线、道路的安全和正常使用;

2 保证主体地下结构的施工空间。

(2)《建筑地基基础设计规范》GB 50007—2011

9.1.9 基坑土方开挖应严格按设计要求进行,不得超挖。基坑周边超载不得超过设计规定。土方开挖完成后应立即施工垫层,对基坑进行封闭,防止水浸和暴露,并应及时进行地下结构施工。

3. 原因分析

(1)设计原因

1)基坑支撑两端挖深差异大或地基土性质差异较大,设计两端支撑力不平衡。

2)钢板桩插入坑底深度不足。

(2)施工原因

1)基坑土方未分层对称开挖,单侧超挖过多。

2)基坑单侧施工荷载过多、过大,超过设计值。

3)钢板桩偏短未达到设计标高要求。

4. 预防措施

(1)对支撑两端挖深差异大或地基土性质差异大时,应对挖深大的和地基较软侧进行被动区土体加固。

(2)遵循"先撑后挖,分层开挖、严禁超挖"的原则,均匀对称开挖。

(3)基坑边的施工荷载、材料堆载严禁超出设计规范允许值,基坑周边不得堆土。

(4)施工钢板桩长度必须与设计标高一致。

5. 治理措施

(1)基坑支撑力偏大侧卸去部分土体,坑内用沙包进行回填;对迎土侧土体进行注浆加固。

(2)水平侧增加钢管撑,或者补设竖向钢管斜撑。

6. 工程实例图片（图 2.1-7）

图 2.1-7　基坑支护位移满足规范要求

2.1.7　通病名称：止水帷幕水泥搅拌桩桩体不连续，成桩质量差

1. 通病现象

止水帷幕水泥搅拌桩桩体不连续，有软弱层或夹泥，标贯击数在桩体中间某段明显变小，桩长不足。

2. 规范标准相关规定

《建筑地基基础工程施工质量验收标准》GB 50202—2018

7.8.1　水泥土搅拌桩施工前应检查水泥基掺合料的质量、搅拌桩机性能及计量设备完好程度。

7.8.4　水泥土搅拌桩成桩施工期间和施工完成后质量检验应符合表 7.8.4 的规定。

水泥土搅拌桩的质量检验标准　　　　　　　表 7.8.4

项目	序号	检查项目	允许值或允许偏差		检查方法
			单位	数字	
主控项目	1	桩身强度	不小于设计值		钻芯法
	2	水泥用量	不小于设计值		查看流量表
	3	桩长	不小于设计值		测钻杆长度
一般项目	1	桩径	mm	±10	量搅拌叶回转直径
	2	水胶比	设计值		实际用水量与水泥等胶凝材料的重量比
	3	提升速度	设计值		测机头上升距离及时间
	4	下沉速度	设计值		测机头下沉距离及时间
	5	桩位	mm	≤50	全站仪或用钢尺量
	6	桩顶标高	mm	±200	水准测量
	7	导向架垂直度	≤1/100		经纬仪测量
	8	施工间歇	h	≤24	检查施工记录

3. 原因分析

（1）未按设计要求进行施工，存在下钻、搅拌、复搅深度不符合设计要求等现象。

（2）施工土层含有流沙层时，水泥浆或水泥粉易在流沙层流失或遇到硬壳层难以打入而终止。

（3）软土地基含水率特别高，水泥的掺入量偏少，一般标贯击数低于4击，表现桩身质量沿深度方向不连续。

（4）施工中出现送浆、送灰管堵塞等机械故障，未及时处理的情况下继续钻进，桩体水泥掺入不连续导致断桩、短桩。

4. 预防措施

（1）做好技术交底，加强监测，确保下钻、搅拌和复搅的深度满足设计要求。

（2）准确判定软基情况，及时发现流沙层，采取其他措施。

（3）严格控制钻进、上提速度，保证软弱层的水泥用量。

（4）施工前检查施工设备是否完好，在施工过程中出现问题时，应及时修复，并对出现问题的桩进行复搅。

5. 治理措施

对桩体不连续，出现短桩、断桩、夹层等水泥搅拌桩按要求进行重新成桩。

2.1.8 通病名称：灌注桩桩位偏移

1. 通病现象

桩头开挖后，进行桩位复测，发现桩位偏差超过规范要求。

2. 规范标准相关规定

《建筑地基基础工程施工质量验收规范》GB 50202—2002

5.1.4 灌注桩的桩位偏差必须符合表5.1.4的规定，桩顶标高至少要比设计标高高出0.5m，桩底清孔质量按不同的成桩工艺有不同的要求，应按本章的各节要求执行。

灌注桩的平面位置和垂直度的允许偏差　　　表5.1.4

序号	成孔方法		桩径允许偏差（mm）	垂直度允许偏差（%）	桩位允许偏差（mm）	
					1~3根、单排桩基垂直于中心线方向和群桩基础的边桩	条形桩基沿中心线方向和群桩基础的中间桩
1	泥浆护壁钻孔桩	$D \leq 1000mm$	±50	<1	$D/6$，且不大于100	$D/4$，且不大于150
		$D > 1000mm$	±50		$100+0.01H$	$150+0.01H$
2	套管成孔灌注桩	$D \leq 500mm$	−20	<1	70	150
		$D > 5000mm$			100	150
3	干成孔灌注桩		−20	<1	70	150

续表

序号	成孔方法		桩径允许偏差（mm）	垂直度允许偏差（%）	桩位允许偏差（mm）	
					1~3根，单排桩基垂直于中心线方向和群桩基础的边桩	条形桩基沿中心线方向和群桩基础的中间桩
4	人工挖孔桩	混凝土护臂	+50	<0.5	50	150
		钢套管护臂	+50	<1	100	200

注：1 桩径允许偏差的负值是指个别断面。
　　2 采用复打、反插法施工的桩，其桩径允许偏差不受上表限制。
　　3 H 为施工现场地面标高与桩顶设计标高的距离，D 为设计桩径。

3. 原因分析

（1）施工技术人员提供桩位坐标有误，桩位电子版坐标与蓝图存在冲突，未及时发现，造成桩位偏差。

（2）现场测量控制点过少，未执行双检复核测量，测量记录不规范。

（3）钻机就位时，操作人员不认真，钻具中心未对准桩位中心，施工过程中未及时进行校正。

（4）扩孔严重，钢筋笼下放后未进行校正。

4. 预防措施

（1）施工前核对施工图坐标，提前整理好每根桩号对应施工坐标，与测量人员对接，提前做好施工准备。

（2）执行测量工作双检制，用两种不同的方法测量，核对测量结果。

（3）钻进就位平稳，在钻进中不应产生位移或沉陷，护筒埋设位置要准确，过桩中心点拉十字线在护筒外 0.8~1m 位置埋设控制桩，护桩埋设要入土密实牢固，不晃动。护筒埋设好后，及时用仪器复核桩位，调整钻杆垂直度。

5. 治理措施

（1）若桩位偏差不大，可进行桩顶植筋、增设牛腿、加大承台等方式进行桩位纠偏。

（2）若桩位偏差过大，可以在偏位桩两侧重新钻孔成桩，按群桩处理或是在原位用冲击钻将原桩毁除，按设计桩位重新成桩。

2.1.9 通病名称：灌注桩扩孔

1. 通病现象

灌注桩直径大于设计直径，或者局部大于设计直径。

2. 规范标准相关规定

《建筑地基基础工程施工质量验收规范》GB 50202—2002

5.1.4 灌注桩的桩位偏差必须符合表 5.1.4 的规定，桩顶标高至少要比设计标高高出 0.5m，桩底清孔质量按不同的成桩工艺有不同的要求，应按本章的各节要求执行。

灌注桩的平面位置和垂直度的允许偏差　　　　表5.1.4

序号	成孔方法		桩径允许偏差（mm）	垂直度允许偏差（%）	桩位允许偏差（mm）	
					1～3根、单排桩基垂直于中心向方向和群桩基础的边桩	条形桩基沿中心线方向和群桩基础的中间桩
1	泥浆护臂钻孔桩	$D \leq 1000mm$	±50	<1	$D/6$，且不大于100	$D/4$，且不大于150
		$D > 1000mm$	±50		$100+0.01H$	$150+0.01H$
2	套管成孔灌注桩	$D \leq 500mm$	-20	<1	70	150
		$D > 5000mm$			100	150
3	干成孔灌注桩		-20	<1	70	150
4	人工挖孔桩	混凝土护臂	+50	<0.5	50	150
		钢套管护臂	+50	<1	100	200

注：1　桩径允许偏差的负值是指个别断面。
　　2　采用复打、反插法施工的桩，其桩径允许偏差不受上表限制。
　　3　H为施工现场地面标高与桩顶设计标高的距离，D为设计桩径。

3. 原因分析

（1）钻头直径选用不合适，钻头直径超过设计桩径；

（2）施工过程中桩孔倾斜，校正桩孔垂直度，导致扩孔；

（3）孔壁坍塌，造成扩孔。

4. 防治措施

（1）根据设计桩径和地质情况选用合适的钻头；

（2）冲孔桩机和钻机必须稳固，施工中不出现倾斜或者沉陷；

（3）若只是局部发生坍塌而扩孔，施工过程无影响，检测桩基质量合格，则不必处理；桩基检测不合格，则按桩基质量事故处理。

2.1.10　通病名称：灌注桩缩孔

1. 通病现象

灌注桩孔径小于设计桩径，或者局部小于设计桩径。

2. 规范标准相关规定

《建筑地基工程施工质量验收规范》GB 50202—2002

5.1.4　灌注桩的桩位偏差必须符合表5.1.4的规定，桩顶标高至少要比设计标高高出0.5m，桩底清孔质量按不同的成桩工艺有不同的要求，应按本章的各节要求执行。

3. 原因分析

（1）塑性土膨胀，造成缩孔；钻头焊补不及时，钻头磨耗严重。

（2）地层情况复杂，泥浆护壁性能差，成孔后空置时间过长未进行混凝土浇筑。

灌注桩的平面位置和垂直度的允许偏差　　　　表5.1.4

序号	成孔方法		桩径允许偏差（mm）	垂直度允许偏差（%）	桩位允许偏差（mm）	
					1～3根，单排桩基垂直于中心向方向和群桩基础的边桩	条形桩基沿中心线方向和群桩基础的中间桩
1	泥浆护壁钻孔桩	$D \leqslant 1000mm$	±50	<1	$D/6$，且不大于100	$D/4$，且不大于150
		$D > 1000mm$	±50		$100+0.01H$	$150+0.01H$
2	套管成孔灌注桩	$D \leqslant 500mm$	−20	<1	70	150
		$D > 5000mm$			100	150
3	干成孔灌注桩		−20	<1	70	150
4	人工挖孔桩	混凝土护壁	+50	<0.5	50	150
		钢套管护壁	+50	<1	100	200

注：1　桩径允许偏差的负值是指个别断面。
　　2　采用复打、反插法施工的桩，其桩径允许偏差不受上表限制。
　　3　H为施工现场地面标高与桩顶设计标高的距离，D为设计桩径。

（3）在混凝土浇筑过程中，井壁发生严重坍塌。

4．防治措施

（1）采用上下反复扫孔的办法，保证孔径。

（2）根据不同的土层，选用不同的机具和施工工艺，钻头应及时维护维修。

（3）成孔后立即验孔，安放钢筋笼，浇筑混凝土桩身。

2.1.11　通病名称：灌注桩钢筋笼安装不当

1．通病现象

钢筋笼变形，保护层厚度不够，深度、位置不符合要求。

2．规范标准相关规定

《建筑桩基技术规范》JGJ 94—2008

　　6.2.5　钢筋笼制作安装应符合下列要求：

　　1　钢筋笼的材质、尺寸符合设计要求，制作允许偏差应符合表6.2.5规定：

钢筋笼制作允许偏差　　　　表6.2.5

项目	允许偏差（mm）
主筋间距	±10
箍筋间距	±20
钢筋笼直径	±10
钢筋笼长度	±100

　　5　搬运和吊装钢筋笼时，应防止变形，安放应对准孔位，避免碰撞孔壁和自由落下，就位后应立即固定。

3．原因分析

（1）钢筋笼堆放、起吊、运输未按要求执行，支垫不够或支垫、吊装位置不当，造成变形；

（2）钢筋笼调放入孔，不是垂直缓放，而是斜插入孔；

（3）泥浆浓度过大、孔底沉渣未清理干净或者安装过程中钢筋笼触碰孔壁导致塌孔，造成实际孔深与设计要求不符，钢筋笼下放深度不足。

4．防治措施

（1）钢筋笼在制作过程中，在钢筋主筋上每隔3m放置混凝土垫块，每隔2～2.5m设置加强箍，并在笼内每隔3～4m安装一个可拆卸的十字加强架，在钢筋笼下笼前拆除。

（2）钢筋笼应垂直缓慢放入孔中，防止触碰孔壁，放入后采取措施进行固定。

（3）清孔时务必把沉渣清理干净，下笼前对泥浆浓度进行调整。

2.1.12　通病名称：灌注桩桩身混凝土离析、松散、夹泥或断桩

1．通病现象

成桩后，桩身中混凝土质量太差或没有混凝土，桩中夹泥，严重的形成断桩。

2．规范标准相关规定

《建筑桩基技术规范》JGJ 94—2008。

3．原因分析

（1）混凝土坍落度过小，骨料过大，混凝土浇筑不连续，中断浇筑时间较长；

（2）导管提升过慢，导致管口埋入混凝土过深或脱离混凝土面。

4．预防措施

（1）浇筑前加强混凝土坍落度测试，确保坍落度满足水下桩规范和设计要求。混凝土浇筑要连续，供应连续，做到浇筑、供应一气呵成。

（2）勤测量，随时掌握导管埋深情况，避免导管埋深过深或脱离混凝土面。

5．治理措施

（1）混凝土尚未初凝时，可迅速拔出导管，高压水枪冲通导管，重新下隔水球浇筑，导管下降至不能再插入时为准，这样新旧混凝土能良好结合。

（2）断桩位置较浅，可将断桩以上混凝土及杂物全部清除干净，下导管重新浇筑混凝土成桩。

（3）混凝土桩身较深且混凝土已初凝时，与设计部门沟通，采取其他措施进行处理。

2.1.13　通病名称：PHC管桩桩顶位移或桩身倾斜

1．通病现象

在PHC管桩基础开挖过程中，发现桩顶水平位移及桩身倾斜现象（图2.1-8）。

图 2.1-8 桩身倾斜

2. 规范标准相关规定

《建筑桩基技术规范》JGJ 94—2008

7.4.3 桩打入时应符合下列规定:

1 桩帽或送桩帽与桩周围的间隙应为 5～10mm;

3 桩锤、桩帽或送桩器应和桩身在同一中心线上;

4 桩插入时的垂直度偏差不得超过 0.5%。

7.4.5 打入桩的桩位偏差,应符合表 7.4.5 的规定。斜桩倾斜度的偏差不得大于倾斜角正切值的 5%。

打入桩桩位的允许偏差(mm) 表7.4.5

项目	允许偏差
带有基础梁的桩:(1)垂直基础梁的中心线 (2)沿基础梁的中心线	100+0.01H 150+0.01H
桩数为 1～3 根桩基中的桩	100
桩数为 4～16 根桩基中的桩	1/2桩径或边长
桩数大于 16 根桩基中的桩:(1)最外边的桩 (2)中间桩	1/3桩径或边长 1/2桩径或边长

3. 原因分析

(1)测量放线有误,施工中未加以纠正。

(2)施工中未对准桩位中心点或第一节施工垂直的不满足要求。

(3)管桩下沉过程中遇到硬物,桩身被挤偏;或者下沉施工中,桩锤、桩帽、桩中心线不在同一直线,偏心受力。

(4)送桩器倾斜或套得太松。

4. 防治措施

（1）施工前对测量放线加以复核，发现有误及时处理、纠正。

（2）施工时要严格控制好桩身垂直度，桩身倾斜度不得超过规范要求，桩帽及桩身、送桩器应在同一直线上。

（3）施工前要平整产地，桩机位置稳固，施打过程中不得产生下沉等现象。

（4）控制送桩深度，不宜超过3m。

5. 工程实例图片（图2.1-9）

图2.1-9 桩身垂直

2.1.14 通病名称：PHC管桩接头松脱

1. 通病现象

PHC管桩锤击下沉过程中，接桩接头部位出现松脱开裂或错位现象。

2. 规范标准相关规定

《建筑桩基技术规范》JGJ 94—2008

7.3.3 采用焊接接桩除应符合现行行业标准《建筑钢结构焊接技术规程》JGJ 81的有关规定外，还应符合下列规定：

1 下节接桩的桩头宜高出地面0.5m。

2 下节桩的桩头应设置导向箍。接桩时上下节段应保持顺直，错位偏差不宜大于2mm，接桩就位纠偏时，不得横向敲打。

3 桩对接前，上下端板表面应用铁刷子清刷干净，坡口处应刷至露出金属光泽。

4 焊接宜四周对称的进行，待上下桩节固定后拆除导向箍在分层施焊，焊接层数不得少于2层，第一层焊完后必须把焊渣清理干净，方可进行第二层焊接，焊缝应连续、饱满。

5 焊好后的桩接头应自然冷却后方可继续锤击，自然冷却时间不宜少于8min，严禁采用水冷却或焊好立即施打。

3. 原因分析

（1）连接部位表面残留杂质，未清理干净；

（2）连接件或者法兰平面不平，造成焊接不牢固或螺栓不紧；

（3）焊接质量不好，焊缝不连续、不饱满。冷却时间过短，焊接完后直接进行锤击，下沉；

（4）上下桩对接时，未做双向校正，两桩之间存在缝隙或者桩位不在同一直线。

4. 防治措施

（1）接桩前应对连接部位的杂质、油污进行清除，保证连接部位清洁干净。检查校正垂直度后，两桩间缝隙应用薄贴片进行垫实，必要时采用焊接。

（2）接桩时法兰螺栓要拧紧，并做防腐处理；当采用焊接接桩时，焊接质量要符合要求。

（3）接桩开裂处，可采用放置钢筋笼并填混凝土灌实处理。

2.2 主体结构工程

2.2.1 通病名称：钢筋制作、安装不规范

1. 通病现象

钢筋制作、堆存场地未硬化，功能分区不明确。钢筋下料尺寸不准，标识标牌缺少或不清。焊接轴线偏移、接头线形弯折、接头焊缝缺陷。机械连接钢筋切口与轴线不垂直，加工的螺纹有效长度不一致。骨架绑扎与安装外形尺寸不准。钢筋骨架不牢、刚度不足，甚至变形（图 2.2-1）。

图 2.2-1　搭接错开间距不足

2. 规范标准相关规定

《城市综合管廊工程施工及验收规范》DB 4401/T3—2018。

3. 原因分析

未按要求进行场地规划与建设；技术不熟练、质量细节重视不够；加工设备精度低，

下料尺寸不准；吊装钢筋扭曲，钢筋骨架变形；操作技术水平低，未按规程、规范及技术交底施工；钢筋绑扎不牢固；触碰挤压使钢筋及骨架偏位变形。

4. 防治措施

建设专用场地，合理分区，集中加工；分类堆放和标识；选用合理的钢筋加工制作设；提高质量意识和技术水平，强化技术和操作技能培训；配料图指导钢筋加工，合理调整设备技术参数，选择自动加工机械；绑扎应精细，用合适的吊运工艺，保证骨架刚度；钢筋连接切口与钢筋轴线垂直，焊工必须持证上岗；钢筋间距采用画线或定位卡模控制。

5. 工程实例图片（图 2.2-2、图 2.2-3）

图 2.2-2　丝口整齐，长度一致　　图 2.2-3　钢筋间距均匀

2.2.2　通病名称：绑扎搭接接头松脱

1. 通病现象

在钢筋骨架搬运过程中或振捣混凝土时，发现绑扎搭接接头松脱（图 2.2-4）。

图 2.2-4　钢筋绑扎接头松脱

2. 规范标准相关规定

《混凝土结构工程施工规范》GB 50666—2011

5.4.7　钢筋绑扎应符合下列规定：

1 钢筋的绑扎搭接接头应在接头中心和两端用铁丝扎牢;

2 墙、柱、梁钢筋骨架中各竖向面钢筋网交叉点应全数绑扎;板上部钢筋网的交叉点应全数绑扎,底部钢筋网除边缘部分外可间隔交错绑扎。

3. 原因分析

搭接处没有扎牢,或搬运时碰撞、压弯接头处。

4. 预防措施

钢筋搭接处应用钢丝扎紧。扎结部位在搭接部分的中心和两端共 3 处;搬运钢筋骨架应轻抬轻放;尽量在模内或模板附近绑扎搭接接头,避免搬运有搭接接头的钢筋骨架。

5. 治理方法

将松脱的接头再用钢丝绑紧。如条件允许,可用电弧焊焊上几点。

6. 工程实例图片(图 2.2-5)

图 2.2-5 侧墙钢筋绑扎质量良好

2.2.3 通病名称:钢筋保护层厚度不合格

1. 通病现象

构件钢筋的保护层偏差大(过小或过大),从外观可能看不出来,但通过仪器可以检测出,这种缺陷会影响构件的耐久性或结构性能(图 2.2-6)。

图 2.2-6 钢筋保护层不合格

2. 规范标准相关规定

《混凝土结构工程施工规范》GB 50666—2011

5.4.9 钢筋安装应采用定位件固定钢筋的位置，并宜采用专用定位件。定位件应具有足够的承载力、刚度、稳定性和耐久性。定位件的数量、间距和固定方式，应能保证钢筋的位置偏差符合国家现行有关标准的规定。混凝土框架梁、柱保护层内，不宜采用金属定位件。

3. 原因分析

钢筋骨架合格但构件尺寸超差；钢筋半成品或骨架成型质量差；模板尺寸不符合要求；保护层厚度垫块不合格（尺寸不对或者偏软）；混凝土浇筑过程中，钢筋骨架被踩踏；技术交底不到位；质量检验不到位。

4. 预防措施

应用 BIM 技术进行构件钢筋保护层厚度模拟，将不同保护层厚度进行协调，便于控制；采用符合要求的保护层厚度垫块；加强钢筋半成品、成品保护；混凝土浇筑过程中应采取措施，严禁砸、压、踩踏和直接顶撬钢筋；双层钢筋之间应有足够多的防塌陷支架；加强质量检验。

5. 处理方法

钢筋保护层厚度不合格，如果是由于钢筋偏位导致的，经设计、监理会商同意可使用，但要有特殊保障措施，否则报废；如果是由于构件本身尺寸偏差过大，则要具体分析是否可用。钢筋保护层厚度看似小问题，但一旦发生很难处理，而且往往是大面积系统性的，应当引起重视。

6. 工程实例图片（图 2.2-7）

图 2.2-7 烧焊定位钢筋、加密保护层垫块

2.2.4 通病名称：轴线位置位移

1. 通病现象

混凝土浇筑后拆除模板时，发现柱、墙实际位置与建筑物轴线位置有偏移（图 2.2-8）。

图 2.2-8 柱轴线偏位

2. 规范标准相关规定

《混凝土结构工程施工规范》GB 50666—2011

4.4.5 安装模板时,应进行测量放线,并应采取保证模板位置准确的定位措施。对竖向构件的模板及支架,应根据混凝土一次浇筑高度和浇筑速度,采取竖向模板抗侧移、抗浮和抗倾覆措施。对水平构件的模板及支架,应结合不同的支架和模板面板形式,采取支架间、模板间及模板与支架间的有效拉结措施。对可能承受较大风荷载的模板,应采取防风措施。

3. 原因分析

(1)翻样不认真或技术交底不清,模板拼装时组合件未能按规定到位。

(2)轴线测放产生误差。

(3)墙模板根部和顶部无限位措施或限位不牢,发生偏位后又未及时纠正,造成累积误差。

(4)支模时,未拉水平、竖向通线,且无竖向垂直度控制措施。

(5)模板刚度差,未设水平拉杆或水平拉杆间距过大。

(6)混凝土浇筑时未均匀对称下料,或一次浇筑高度过高造成侧压力过大挤偏模板。

(7)对拉螺栓、顶撑、木楔使用不当或松动造成轴线偏位。

4. 防治措施

(1)严格按 1/10 ~ 1/50 的比例将各分部、分项翻成详图并注明各部位编号、轴线位置、几何尺寸、剖面形状、预留孔洞、预埋件等,经复核无误后认真对生产班组及操作工人进行技术交底,作为模板制作、安装的依据。

(2)模板轴线测放后,组织专人进行技术复核验收,确认无误后才能支模。

(3)墙模板根部和顶部必须设可靠的限位措施,如采用现浇混凝土上预埋短钢筋固定钢支撑,以保证底部位置准确。

（4）支模时要拉水平、竖向通线，并设竖向垂直度控制线，以保证模板水平、竖向位置准确。

（5）根据混凝土结构特点，对模板进行专门设计，以保证模板及其支架具有足够强度、刚度及稳定性。

（6）混凝土浇筑前，对模板轴线、支架、顶撑、螺栓进行认真检查、复核，发现问题及时进行处理。

（7）混凝土浇筑时，要均匀对称下料，浇筑高度应严格控制在施工规范允许的范围内（图2.2-9）。

图 2.2-9　柱轴线准确

2.2.5　通病名称：模板标高偏差

1. 通病现象

测量时，发现混凝土结构层标高及预埋件、预留孔洞的标高与施工图设计标高之间有偏差。

2. 规范标准相关规定

《混凝土结构工程施工规范》GB 50666—2011

4.4.17　固定在模板上的预埋件、预留孔和预留洞，均不得遗漏，且应安装牢固、位置准确。

4.6.2　模板安装后应检查尺寸偏差。固定在模板上的预埋件、预留孔和预留洞，应检查其数量和尺寸。

3. 原因分析

（1）无标高控制点或控制点偏少，控制网无法闭合；竖向模板根部未找平。

(2)模板顶部无标高标记,或未按标记施工。

(3)预埋件、预留孔洞未固定牢,施工时未重视施工方法。

4. 防治措施

(1)应设足够的标高控制点,竖向模板根部须做找平。

(2)模板顶部设标高标记,严格按标记施工。

(3)预埋件及预留孔洞,在安装前应与图纸对照,确认无误后准确固定在设计位置上,必要时用电焊或套框等方法将其固定,在浇筑混凝土时,应沿其周围分层均匀浇筑,严禁碰击和振动预埋件与模板。

2.2.6 通病名称:模板接缝不严

1. 通病现象

由于模板间接缝不严有间隙,混凝土浇筑时产生漏浆,混凝土表面出现蜂窝,严重的出现孔洞、露筋(图2.2-10)。

图 2.2-10 模板接缝不严

2. 规范标准相关规定

《混凝土结构工程施工规范》GB 50666—2011

4.4.2 模板面板背楞的截面高度宜统一。模板制作与安装时,面板拼缝应严密。有防水要求的墙体,其模板对拉螺栓中部应设止水片,止水片应与对拉螺栓环焊。

4.4.13 模板安装应保证混凝土结构构件各部分形状、尺寸和相对位置准确,并应防止漏浆。

3. 原因分析

(1)翻样不认真或有误,模板制作马虎,拼装时接缝过大。

(2)木模板安装周期过长,因木模干缩造成裂缝。

(3)木模板制作粗糙,拼缝不严。

(4)浇筑混凝土时，木模板未提前浇水湿润，使其胀开。

4. 防治措施

（1）翻样要认真，严格按 1/10 ~ 1/50 比例将各分部分项细部翻成详图，详细编注，经复核无误后认真向操作工人交底，强化工人质量意识，认真制作定型模板和拼装。

（2）严格控制木模板含水率，制作时拼缝要严密。

（3）木模板安装周期不宜过长，浇筑混凝土时，木模板要提前浇水湿润，使其胀开密缝。

2.2.7 通病名称：脱模剂使用不当

1. 通病现象

模板表面用废机油涂刷造成混凝土污染，或混凝土残浆不清除即刷脱模剂，造成混凝土表面出现麻面等缺陷（图 2.2-11）。

图 2.2-11 脱模剂使用不当

2. 规范标准相关规定

（1）《混凝土结构工程施工规范》GB 50666—2011

4.4.15 模板与混凝土接触面应清理干净并涂刷脱模剂，脱模剂不得污染钢筋和混凝土接槎处。

（2）《混凝土结构工程施工质量验收规范》GB 50204—2015

4.2.6 隔离剂的品种和涂刷方法应符合施工方案的要求。隔离剂不得影响结构性能及装饰施工；不得沾污钢筋、预应力筋、预埋件和混凝土接槎处；不得对环境造成污染。

检验数量：全数检查。

检验方法：检查质量证明文件；观察

3. 原因分析

（1）拆模后不清理混凝土残浆即刷脱模剂。

（2）脱模剂涂刷不匀或漏涂，或涂层过厚。

（3）使用了废机油脱模剂，既污染了钢筋及混凝土，又影响了混凝土表面装饰质量。

4. 防治措施

（1）拆模后，必须清除模板上遗留的混凝土残浆后，再刷脱模剂。

（2）严禁用废机油作脱模剂，脱模剂材料选用原则应为：既便于脱模又便于混凝土表面装饰。选用的材料有皂液、滑石粉、石灰水及其混合液和各种专门化学制品脱模剂等。

（3）脱模剂材料宜拌成稠状，应涂刷均匀，不得流淌，一般刷两遍为宜，以防漏刷，也不宜涂刷过厚。

（4）脱模剂涂刷后，应在短期内及时浇筑混凝土，以防隔离层遭受破坏。

5. 工程实例图片（图 2.2-12）

图 2.2-12　钢模打磨、涂刷脱模剂

2.2.8　通病名称：模板刚度不足、平整度差

1. 通病现象

模板刚度、稳定性未满足要求，尺寸偏差大，安装不精细，导致构件尺寸误差大、表面平整度差、分层施工缝错台（图 2.2-13）。

图 2.2-13　模板刚度不足，混凝土表面差、错台

2. 规范标准相关规定

（1）《混凝土结构工程施工规范》GB 50666—2011

9.3.2 模具应具有足够的强度、刚度和整体稳定性，并应能满足预制构件预留孔、插筋、预埋吊件及其他预埋件的定位要求。模具设计应满足预制构件质量、生产工艺、模具组装与拆卸、周转次数等要求。跨度较大的预制构件的模具应根据设计要求预设反拱。

（2）《城市综合管廊工程施工及验收规范》DB 4401/T3—2018

6.5 质量检验与验收

6.5.1 模板制安质量验收应符合下列规定：

主控项目

1 模板及支撑体系等材料进场时应抽样检验模板和支撑体系材料的外观、规格和尺寸，相关技术指标应符合国家现行有关标准的规定。

一般项目

5 模板安装应符合下列规定：模板的接缝应严密；模板内不应有杂物、积水等；模板与混凝土的接触面应平整、清洁；用作模板的地坪、胎膜等应平整、清洁，不应有影响构件质量的下沉、裂缝、起砂或起鼓；对清水混凝土及装饰混凝土构件，应使用能达到设计效果的模板。

3. 原因分析

模板未经设计或没有进行严格的设计，只是参照抄袭；设计的计算参数错误或选取不合理；加工制作工艺水平粗糙，精度差，存在平面翘曲、对角线偏差大等问题；标准层模板与底层模板之间尺寸不匹配，在标准层模板安装时模板无法与混凝土面紧贴；模板使用不当或周转次数过多发生变形，造成拼缝不严密；若构件内模板为钢木结构，则木模易出现咬边、变形；安装不细致，紧固不牢，拼缝不严，模板和混凝土面没有贴紧。

4. 防治措施

（1）模板设计技术人员要对模板受力情况进行全面分析，选取合理的计算参数。应进行严格的校核或审查。建议采用桁架式整体钢模板，并选用符合国家标准的钢材。

（2）模板要尽量选择具有较好加工能力的厂家制作，制作误差要控制在规范规定的范围之内，表面平整度不超过2mm；模板制作完成后对板面残留的焊瘤、焊疤进行清除，并及时进行除锈处理，保证板面平整光洁；制作好后要进行试拼装，根据试拼装情况和典型施工再进行优化。执行严格的验收程序，验收合格才能投入使用。

（3）在模板制作时精确控制底层模板上口尺寸以及标准层模板上下口尺寸的偏差。

（4）模板安装控制

安装前，先对模板进行检查、修整，用软布将模板表面清理干净，均匀涂刷脱模剂。要检查模板各条拼缝的清洁情况，及时更换破损的止浆条。若构件内模板为钢木结构，则要监控内模板倒角木模的清渣和涂油工序，如有损坏或变形要及时更换，确保倒角模板不咬边、不掉角、不变形。

安装时，模板外拉条与预埋在下层混凝土中的圆台螺母拧紧，使得模板底部与下层混凝土墙体面贴紧，减少分层施工缝错台的发生；外模与外模之间要紧固，利用桁架上的对锁拉杆连成整体。安装后要按规范规定和验收标准组织验收，合格后才可进行混凝土的浇筑。

（5）模板的搬运、安装、拆模、堆放等过程要防止模板变形。

5. 工程实例图片（图2.2-14）

图2.2-14 混凝土面密实、平整

2.2.9 通病名称：蜂窝

1. 通病现象

混凝土结构局部出现酥松、砂浆少、石子多、石子之间形成空隙类似蜂窝状的窟窿（图2.2-15）。

图2.2-15 混凝土蜂窝

2. 规范标准相关规定

（1）《混凝土结构工程施工质量验收规范》GB 50204—2015

8.2.2 现浇结构的外观质量不应有一般缺陷。

对已经出现的一般缺陷，应由施工单位按技术处理方案进行处理。对经处理的部位应重新验收。

检查数量：全数检查。

检验方法：观察，检查技术处理方案。

（2）《混凝土结构工程施工规范》GB 50666—2011

8.9.1 混凝土结构缺陷可分为尺寸偏差缺陷和外观缺陷。尺寸偏差缺陷和外观缺陷可分为一般缺陷和严重缺陷。混凝土结构尺寸偏差超出规范规定，但尺寸偏差对结构性能和使用功能未构成影响时，应属于一般缺陷；而尺寸偏差对结构性能和使用功能构成影响时，应属于严重缺陷。外观缺陷分类应符合表 8.9.1 的规定。

3. 原因分析

混凝土配合比不当或砂、石子、水泥材料加水量不准，造成砂浆少、石子多；混凝土搅拌时间不够，未拌合均匀，和易性差，振捣不密实；下料不当或下料过高，未设串筒使石子集中，造成石子砂浆离析；混凝土未分层下料，振捣不实，或漏振，或振捣时间不够；模板分隙未堵严，水泥浆流失；钢筋较密，使用的石子粒径过大或坍落度过小；基础、柱、墙根部末梢加间歇就继续灌上层混凝土。

4. 防治措施

认真设计，严格控制混凝土配合比，经常检查，做到计量准确；混凝土拌合均匀，坍落度适合；混凝土下料高度超过 2m 应设串筒和溜槽；浇灌引应分层下料，分层捣固，防止漏振；模板缝应堵塞严密，浇灌中，应随时检查模板支撑情况防止漏浆；基础、柱、墙根部应在下部浇完间歇 1~1.5h，沉实后再浇上部混凝土，避免出现"烂脖子"。

小蜂窝：洗刷干净后，用 1∶2 或 1∶2.5 水泥砂浆抹平压实；较大蜂窝：凿去蜂窝处薄弱松散颗粒，刷洗干净，支模用高一级细石混凝土仔细填塞捣实；较深蜂窝：如清除困难，可埋压浆管、排气管、表面抹砂浆或灌注混凝土封闭后进行水泥压浆处理。

2.2.10 通病名称：麻面

1. 通病现象

混凝土局部表面出现缺浆和许多小凹坑、麻点，形成粗糙面，但无钢筋外漏现象（图 2.2-16）。

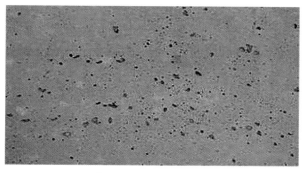

图 2.2-16 混凝土麻面

2. 规范标准相关规定

（1）《混凝土结构工程施工质量验收规范》GB 50204—2015

8.2.2 现浇结构的外观质量不应有一般缺陷。

对已经出现的一般缺陷，应由施工单位按技术处理方案进行处理。对经处理的部位应重新验收。

检查数量：全数检查。

检验方法：观察，检查技术处理方案。

（2）《混凝土结构工程施工规范》GB 50666—2011

8.9.1 混凝土结构缺陷可分为尺寸偏差缺陷和外观缺陷。尺寸偏差缺陷和外观缺陷可分为一般缺陷和严重缺陷。混凝土结构尺寸偏差超出规范规定，但尺寸偏差对结构性能和使用功能未构成影响时，应属于一般缺陷；而尺寸偏差对结构性能和使用功能构成影响时，应属于严重缺陷。外观缺陷分类应符合表 8.9.1 的规定。

3. 原因分析

模板表面粗糙或黏附水泥浆渣等杂物未清理干净，拆模时混凝土表面被粘坏。模板未浇水湿润或湿润不够，构件表面混凝土的水分被吸去，使混凝土失水过多出现麻面。

模板拼缝不严，局部漏浆。模板隔离剂涂刷不均，或局部漏刷或失效，混凝土表面与模板粘结造成麻面。混凝土振捣不实，气泡未排除，停在模板表面形成麻面。

4. 防治措施

模板表面清理干净，不得沾有干硬水泥砂浆等杂物；浇灌混凝土前，模板应浇水充分湿润，模板缝隙，应用油毡纸、腻子等堵严；模板隔离剂应选用长效的，涂刷均匀，不得漏刷；混凝土应分层均匀振捣密实，至排除气泡为止。

表面作粉刷的，可不处理；表面无粉刷的，应在麻面部位浇水充分湿润后用原混凝土配合比去石子砂浆，将麻面抹平压光。

5. 工程实例图片（图 2.2-17）

图 2.2-17 混凝土麻面修复后混凝土面

2.2.11 通病名称：孔洞

1. 通病现象

混凝土结构内部有尺寸较大的空隙，局部没有混凝土或蜂窝特别大，钢筋局部裸露或全部裸露（图 2.2-18）。

图 2.2-18 混凝土孔洞

2. 规范标准相关规定

（1）《混凝土结构工程施工质量验收规范》GB 50204—2015

8.2.2 现浇结构的外观质量不应有一般缺陷。

对已经出现的一般缺陷，应由施工单位按技术处理方案进行处理。对经处理的部位应重新验收。

检查数量：全数检查。

检验方法：观察，检查技术处理方案。

（2）《混凝土结构工程施工规范》GB 50666—2011

8.9.1 混凝土结构缺陷可分为尺寸偏差缺陷和外观缺陷。尺寸偏差缺陷和外观缺陷可分为一般缺陷和严重缺陷。混凝土结构尺寸偏差超出规范规定，但尺寸偏差对结构性能和使用功能未构成影响时，应属于一般缺陷；而尺寸偏差对结构性能和使用功能构成影响时，应属于严重缺陷。外观缺陷分类应符合表 8.9.1 的规定。

3. 原因分析

在钢筋较密的部位或预留孔洞和埋设件处，混凝土下料被搁住，未振捣就继续浇筑上层混凝土。混凝土离析，砂浆分离，石子成堆，严重跑浆，有未进行振捣。混凝土一次下料过多、过厚、下料过高，振捣器振动不到，形成松散孔洞。

混凝土内掉入工具、木块、泥块等杂物，混凝土被卡住。

4. 预防措施

在钢筋密集处及复杂部位，采用细石子混凝土浇灌，在模板内充满，认真分层振捣密实或配人工捣固；预留孔洞，应两侧同时下料，侧面加开浇灌口，严防漏振；砂石中混有黏土块、模板工具等杂物掉入混凝土内，应及时清除干净。

将孔洞周围的松散混凝土和软弱浆膜凿除,用压力水冲洗,支设带托盒的模板,洒水充分湿润后用高强度等级细石混凝土仔细浇灌捣实。

2.2.12 通病名称:漏筋

1. 通病现象

混凝土内部主筋、副筋或箍筋局部裸露在结构构件表面(图2.2-19)。

图2.2-19 钢筋漏筋

2. 规范标准相关规定

(1)《混凝土结构工程施工质量验收规范》GB 50204—2015

8.2.2 现浇结构的外观质量不应有一般缺陷。

对已经出现的一般缺陷,应由施工单位按技术处理方案进行处理。对经处理的部位应重新验收。

检查数量:全数检查。

检验方法:观察,检查技术处理方案。

(2)《混凝土结构工程施工规范》GB 50666—2011

8.9.1 混凝土结构缺陷可分为尺寸偏差缺陷和外观缺陷。尺寸偏差缺陷和外观缺陷可分为一般缺陷和严重缺陷。混凝土结构尺寸偏差超出规范规定,但尺寸偏差对结构性能和使用功能未构成影响时,应属于一般缺陷;而尺寸偏差对结构性能和使用功能构成影响时,应属于严重缺陷。外观缺陷分类应符合表8.9.1的规定。

3. 原因分析

浇筑混凝土时,钢筋保护层垫块位移,或垫块太少或漏放,致使钢筋紧贴模板外漏。结构构件截面小,钢筋过密,石子卡在钢筋上,使水泥砂浆不能充满钢筋周围,造成漏筋。混凝土配合比不当,产生离析,靠模板部位缺浆或模板漏浆。混凝土保护层太小或保护层处混凝土漏振或振捣不实;或振捣棒撞击钢筋或踩踏钢筋,使钢筋位移,造成漏筋、木模板未浇水湿润,吸水粘结或脱模过早,拆模时缺棱、掉角,导致漏筋。

4. 防治措施

浇灌混凝土，应保证钢筋位置和保护层厚度正确，并加强检查；钢筋密集时应选用适当粒径的石子，保证混凝土配合比准确和良好的和易性；浇灌高度超过 2m，应用串筒和溜槽进行下料，以防止离析；模板应充分湿润并认真堵好缝隙；混凝土振捣严禁撞击钢筋，在钢筋密集处，可采用刀片或振动棒振捣；操作时避免踩踏钢筋，如有踩弯或脱扣等及时调直修整；保护层混凝土要振捣密实；正确掌握脱膜时间，防止过早拆膜，碰坏棱角。

表面漏筋：刷洗净后，在表面抹 1:2 或 1:2.5 水泥砂浆，将充满漏筋部位抹平。

漏筋较深：凿去薄弱混凝土和突出颗粒，洗刷干净后，用比原来高一级的细石混凝土填塞压实。

2.2.13 通病名称：缝隙、夹层

1. 通病现象

混凝土内成层存在水平或垂直的松散混凝土（图 2.2-20）。

图 2.2-20 混凝土夹层

2. 规范标准相关规定

（1）《混凝土结构工程施工质量验收规范》GB 50204—2015

8.2.2 现浇结构的外观质量不应有一般缺陷。

对已经出现的一般缺陷，应由施工单位按技术处理方案进行处理。对经处理的部位应重新验收。

检查数量：全数检查。

检验方法：观察，检查技术处理方案。

（2）《混凝土结构工程施工规范》GB 50666—2011

8.9.1 混凝土结构缺陷可分为尺寸偏差缺陷和外观缺陷。尺寸偏差缺陷和外观缺陷可分为一般缺陷和严重缺陷。混凝土结构尺寸偏差超出规范规定，但尺寸偏差对结构性能和使用功能未构成影响时，应属于一般缺陷；而尺寸偏差对结构性能和使用功能构成影响时，应属于严重缺陷。外观缺陷分类应符合表 8.9.1 的规定。

3. 原因分析

施工缝或变形缝未经接缝处理、清除表面水泥薄膜和松动石子或未除去软弱混凝土并充分湿润就浇筑混凝土。

施工缝处锯屑、泥土、砖块等杂物未清除或未清除干净。混凝土浇灌高度过大，未设串筒、溜槽，造成混凝土离析。底层交接处未灌接缝砂浆层，接缝处混凝土未很好地振捣。

4. 防治措施

认真按施工验收规范要求处理施工缝及变形缝表面；接缝处锯屑、泥土砖块等杂物应清理干净；混凝土浇灌高度大于2m应设串筒和溜槽；接缝处浇灌前应先浇5～10cm厚原配合比无石子砂浆，或10～15cm厚减半石子混凝土，以利结合良好，并加强接缝处混凝土的振捣密实。缝隙夹层不深时，可将松散混凝土凿去，洗刷干净后，用1∶2或1∶2.5水泥砂浆强力填嵌密实；缝隙夹层较深时，应清除松散部分和内部夹杂物，用压力水冲洗干净后支模，强力灌细石混凝土或表面封闭后进行压浆处理。

2.2.14　通病名称：缺棱、掉角

1. 通病现象

结构或构件边角处混凝土局部掉落，不规则，棱角有缺陷（图2.2-21）。

图 2.2-21　混凝土缺棱掉角

2. 规范标准相关规定

（1）《混凝土结构工程施工质量验收规范》GB 50204—2015

8.2.2　现浇结构的外观质量不应有一般缺陷。

对已经出现的一般缺陷，应由施工单位按技术处理方案进行处理。对经处理的部位应重新验收。

检查数量：全数检查。

检验方法：观察，检查技术处理方案。

（2）《混凝土结构工程施工规范》GB 50666—2011

4.5.3 当混凝土强度能保证其表面及棱角不受损伤时，方可拆除侧模。

8.9.1 混凝土结构缺陷可分为尺寸偏差缺陷和外观缺陷。尺寸偏差缺陷和外观缺陷可分为一般缺陷和严重缺陷。混凝土结构尺寸偏差超出规范规定，但尺寸偏差对结构性能和使用功能未构成影响时，应属于一般缺陷；而尺寸偏差对结构性能和使用功能构成影响时，应属于严重缺陷。外观缺陷分类应符合表 8.9.1 的规定。

3. 原因分析

木模板未充分浇水湿润或湿润不够；混凝土浇筑后保养不好，造成脱水，强度低，或模板吸水膨胀将边角拉裂，拆模时，棱角被粘掉。

低温施工过早拆除侧面非承重模板。拆模时，边角受外力或重物撞击，或保护不好，棱角被碰掉。模板未涂刷隔离剂，或涂刷不匀。

4. 防治措施

木模板在浇筑混凝土前应充分湿润，混凝土浇筑后应认真浇水养护；拆除侧面非承重模板时，混凝土应具有 1.2MPa 以上强度；吊运模板，防止撞击棱角，运输时，将成品阳角用草袋等保护好，以免碰损。

缺棱掉角，可将该处松散颗粒凿除，冲洗充分湿润后，视破损程度用 1∶2 或 1∶2.5 水泥砂浆抹补齐整，或支模用比原来高一级混凝土捣实补好，认真养护。

2.2.15 通病名称：分层施工缝缺陷

1. 通病现象

施工缝上下层混凝土接茬处"错台"过大，或接茬处混凝土漏浆、挂浆。施工缝隙明显，有的缝内夹有松散混凝土或砂浆层，有的甚至夹有杂物。施工缝线条不平直，有的两端高差较大，有的呈波浪形。构件混凝土施工缝处有锈水析出，甚至有渗漏现象（图 2.2-22）。

图 2.2-22 接茬位置漏浆、混凝土松散

2. 规范标准相关规定

《混凝土结构工程施工规范》GB 50666—2011

8.6.1 施工缝和后浇带的留设位置应在混凝土浇筑前确定。施工缝和后浇带宜留设在结构受剪力较小且便于施工的位置。受力复杂的结构构件或有防水抗渗要求的结构构件，施工缝留设位置应经设计单位确认。

3. 原因分析

模板的刚度不足或安装固定不牢固。分层浇筑时，若模板下部刚度过大，很难使模板紧贴下层混凝土表面，上下层混凝土易产生错台。模板的止浆措施不当，上一层的模板与下层的混凝土表面存在一定缝隙而产生漏浆、流坠现象。施工缝位置留置随意，对混凝土收仓面的平整度没能控制好，或控制标志不明显，操作人员无法控制，或不认真施工，造成收仓面高低不平。对已浇筑的下层混凝土接茬面未按规定进行凿毛处理，没有将混凝土表面软弱层或浮浆清除干净；没有提前用清水将下层混凝土接茬面充分湿润。

4. 预防措施

合理确定构件的分层及分层高度，明确施工缝设置位置。模板应按"上刚下柔"的原则进行设计，既保证模板上口的直线度，又能方便模板下口通过拉杆紧固紧贴下层混凝土的表面，避免和减轻混凝土出现错台和漏浆。改进模板止浆工艺，选择弹性好、耐磨损、抗老化的止浆材料。采用预埋圆台螺母后安装拉杆支模方式，既方便拉杆支拆，又能顶紧模板，使模板下缘紧贴混凝土表面。分层混凝土浇筑之后，在混凝土初凝时对其顶面进行高压水冲毛处理，使露出 1/3 石子且不松动，这样能使上下层新旧混凝土结合良好。混凝土浇筑前，再用高压水枪冲刷接茬面，将散落在混凝土表面的钢丝、杂物等冲净，并用清水充分湿润混凝土表面。

5. 工程实例图片（图 2.2-23）

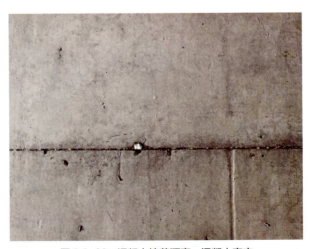

图 2.2-23 混凝土接茬顺直、混凝土密实

2.2.16 通病名称：裂缝

1. 通病现象

裂纹从混凝土表面延伸至混凝土内部，按照深度不同可分为表面裂纹、深层裂纹、贯穿裂纹。贯穿性裂缝或深层的结构裂缝，对构件的强度、耐久性、防水等造成不良影响，对钢筋的保护尤其不利（图 2.2-24）。

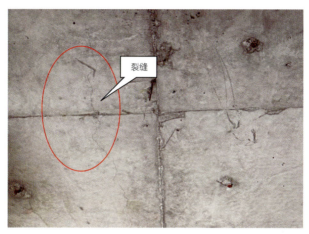

图 2.2-24　裂缝

2. 规范标准相关规定

《混凝土结构设计规范（2015 年版）》GB 50010—2010

3.4.4　结构构件正截面的受力裂缝控制等级分为三级。在直接作用下，结构构件的裂缝控制等级划分及要求应符合下列规定：

一级——严格要求不出现裂缝的构件，按荷载标准组合计算时，构件受拉边缘混凝土不应产生拉应力。

二级——一般要求不出现裂缝的构件，按荷载标准组合计算时，构件受拉边缘混凝土拉应力不应大于混凝土抗拉强度的标准值。

三级——允许出现裂缝的构件：对钢筋混凝土构件，按荷载准永久组合并考虑长期作用影响计算时，构件的最大裂缝宽度不应超过本规范表 3.4.5 规定的最大裂缝宽度限值。对预应力混凝土构件，按荷载标准组合并考虑长期作用的影响计算时，构件的最大裂缝宽度不应超过本规范第 3.4.5 条规定的最大裂缝宽度限值；对二 a 类环境的预应力混凝土构件，尚应按荷载准永久组合计算，且构件受拉边缘混凝土的拉应力不应大于混凝土的抗拉强度标准值。

3. 原因分析

混凝土开裂的成因很复杂，但最根本的原因就是混凝土抗拉强度不足以抵抗拉应力。混凝土的抗拉强度较低，一般只有几个兆帕，而产生拉应力的原因很多，常见的有：干燥收缩、化学收缩、降温收缩、局部受拉等。直接原因可能来自养护期表面失水、升温降温太快、吊点位置不对、支垫位置不对、施工措施不当导致构件局部受力过大等。混凝土在整个水化硬化过程中强度持续增长,当混凝土强度增长不足以抵抗所受拉应力时,出现裂纹。拉应力持续存在,则裂纹持续开展。压应力也可能产生裂纹,但这种裂纹伴随的是混凝土整体破坏,一般很少见。

4.预防措施

合理的构件结构设计(尤其是针对施工荷载的构造配筋);优化混凝土配合比,控制混凝土自身收缩;采取措施做好混凝土强度增长关键期(水泥水化反应前期)的养护工作;制定详细的构件吊装、码放、倒运、安装方案并严格执行;对于清水混凝土构件,应及时涂刷养护剂和保护剂。

5.处理方法

裂纹处理的基本原则是首先要分析清楚形成的原因,如果是长期存在的应力造成的裂纹,首先要想办法消除应力或者将应力控制在可承受范围内;如果是短暂应力造成的裂纹,应力已经消除,则主要处理已形成的缝。表面裂纹(宽度小于0.2mm,长度小于30mm,深度小于10mm),一般不影响结构,主要措施是将裂纹封闭,以免水汽进入构件肌体,引起钢筋锈蚀;对于宽度较宽、较深甚至是贯通的裂纹,要采取灌注环氧树脂的方法将内部裂纹填实,再进行表面封闭。超过规范规定的裂纹,应制定专项技术方案报设计和监理审批后执行。已经破坏严重的构件,则已无修补必要。

2.2.17 通病名称:砂斑、砂线、起皮

1.通病现象

混凝土表面出现条状起砂的细线或斑块,有的地方起皮,皮掉了之后形成砂毛面(图2.2-25)。

图2.2-25 砂斑、砂线、起皮

2.规范标准相关规定

(1)《混凝土结构工程施工质量验收规范》GB 50204—2015

8.2.2 现浇结构的外观质量不应有一般缺陷。

对已经出现的一般缺陷，应由施工单位按技术处理方案进行处理。对经处理的部位应重新验收。

检查数量：全数检查。

检验方法：观察，检查处理记录。

（2）《混凝土结构工程施工规范》GB 50666—2011

8.9.1 混凝土结构缺陷可分为尺寸偏差缺陷和外观缺陷。尺寸偏差缺陷和外观缺陷可分为一般缺陷和严重缺陷。混凝土结构尺寸偏差超出规范规定，但尺寸偏差对结构性能和使用功能未构成影响时，应属于一般缺陷；而尺寸偏差对结构性能和使用功能构成影响时，应属于严重缺陷。外观缺陷分类应符合表 8.9.1 的规定。

3. 原因分析

直接原因是混凝土和易性不好，泌水严重。深层次的原因是骨料级配不好、砂率偏低、外加剂保水性差、混凝土过振等。表面起皮的一个重要原因是混凝土二次抹面不到位，没有把泌水形成的浮浆压到结构层里；也可能是蒸汽养护升温速度太快，引起表面爆皮。

4. 预防措施

选用普通硅酸盐水泥；通过配合比确定外加剂的适宜掺量；调整砂率和掺合料比例，增强混凝土黏聚性；采用连续级配和二区中砂；严格控制粗骨料中的含泥量、泥块含量、石粉含量、针片状含量；通过试验确定合理的振捣工艺（振捣方式、振捣时间）；采用吸水型模具（如木模）。表面起皮的构件，应当加强二次抹面质量控制，同时严格控制构件养护制度。

5. 处理方法

对缺陷部位进行清理后，用含结构胶的细砂水泥浆进行修补，待水泥浆体硬化后，用细砂纸将整个构件表面均匀地打磨光洁，如果有色差，应调整砂浆配合比。

2.2.18 通病名称：变形缝渗水、不美观

1. 通病现象

变形缝两侧墙面洇湿、渗水，造成墙体污染发黑发霉，影响美观（图 2.2-26）。

2. 规范标准相关规定

《城市综合管廊工程施工及验收规范》DB 4401/T3—2018

图 2.2-26 变形缝渗水

6.4.8 变形缝处止水带下部以及腋角下部的混凝土浇筑作业,应确保混凝土密实,且止水带不发生位移。

3. 原因分析

(1)变形缝结构不符合规范要求,缝内有夹杂物不贯通,形成刚性结构,改变了变形缝的性能,使建筑物沉降不均匀,部分墙体开裂。

(2)变形缝嵌填的密封材料水密性差,盖板构造错误,不能满足变形缝正常工作,导致盖板拉开,产生渗漏。

4. 预防措施

(1)沉降缝基础混凝土的变形缝必须断开,施工时应采用木板隔开处理。

(2)变形缝内禁止掉入砌筑砂浆和其他杂物,缝内应保持整洁、贯通,按规范要求填油麻丝外加盖镀锌铁板。密闭镀铁盖板的制作应符合变形缝工作构造要求,确保沉降、伸缩的正常性。安装盖板必须整齐、平整、牢固,接头处必须是顺水方向压接严密。

(3)变形缝中应设置止水层,保证变形缝的水密性。安装金属或合成橡胶、合成树脂等制成的止水带;用可变形的金属板作止水层;填充弹性密封材料作止水层。

5. 治理方法

(1)原采用弹性材料嵌缝的变形缝,应清除缝内已失效的嵌缝材料及浮灰、杂物,缝壁干燥后设置背衬材料,分层嵌填密封材料。密封材料与缝壁应粘牢封严。

(2)原采用金属折板盖缝的变形缝,应更换已锈蚀损坏的金属折板,折板应顺水流方向搭接,搭接长度不应小于40mm。金属折板应做好防锈处理后锚固在墙体上,螺钉眼宜与金属折板颜色相近的密封材料嵌填、密封。

6. 工程实例图片(图 2.2-27)

图 2.2-27 变形缝干燥、无渗水

2.2.19 通病名称：预埋件处理不当

1. 通病现象

（1）预埋线管密集，导致混凝土浇筑过程，管线部位混凝土浇筑无法达到密实程度，影响结构受力（图2.2-28）。

图 2.2-28　预埋件密集

（2）穿墙管道未按照结构图施工或未进行结构开洞补强大样处理。

（3）所有预留预埋工程的标高、定位等出现偏差。

2. 规范标准相关规定

（1）《混凝土结构工程施工规范》GB 50666—2011

4.4.17　固定在模板上的预埋件、预留孔和预留洞，均不得遗漏，且应安装牢固、位置准确。

（2）《城市综合管廊工程施工及验收规范》DB 4401/T3—2018

6.3.1　浇筑混凝土之前，应进行钢筋隐蔽工程验收。隐蔽工程验收应包括下列主要内容：

4　预埋件的规格、数量和位置。

3. 原因分析

（1）预留预埋进行图纸会审或审核；施工过程中测量放线、定位存在偏差；预留预埋过程中的施工工艺的控制；为与其他工程中的配合导致预留预埋作业出现偏差。

（2）铁件加工、焊接变形较大。

（3）测量定位不准确，出现过大偏差或差错。

（4）安装定位不牢固。

（5）预埋件与混凝土表面错台过大，预埋安装定位不准，混凝土浇筑前，预埋件本身标高或位置偏差，预埋件与模板板面局部存在过大空隙。

4. 防治措施

（1）开工前项目技术负责人对土建结构设计图与下道工序相关的设备安装等图纸进行对照审核，对各类图纸中反映的预埋件、预留孔洞作详细的会审研究，预留孔洞的位置、大小、规格、数量、材质等是否相互吻合，若吻合，编制预埋件、预留孔埋设计划。发现预埋件不吻合时，应及时向驻地监理及设计院以书面报告的形式进行汇报，待得到设计院的变更设计或监理的正式批复书后，再将预埋件、预留孔洞单独绘制成图，责成专人负责技术指导、检查，并做好技术交底工作。

（2）测量放线。根据设计要求，分段对预埋件、预留孔洞进行测量放线，测量施线应执行测量三级复核。对预埋件、预留孔洞应在基础垫层、模板上用红油漆标出，应选定两根主钢筋来控制预埋件高度、位置及方向，且焊接牢固。预埋件、预留孔洞应以线路中线来控制放线定位，保证位置准确，精度满足规范和设计要求。

（3）施工控制。预留孔洞模型应按设计大小、形状、垂直度进行制作。其精度应符合设计要求。预埋件应按设计规定的材质、大小、形状进行加工制作。并严格按测量放线位置正确安装，保证焊接牢固，支撑稳固，不变形和不位移。

（4）检查验收。预留孔洞模型安装、预埋件安装完成后，由总工程师、质检人员、工序技术人员组织检查验收，重点检查预埋位置、数量、尺寸、规格是否符合设计要求。自检合格后，报请驻地监理工程师检查验收，并办理签证手续。签认后，方能进行下道工序施工。

（5）结构混凝土浇筑时的保护。工序技术负责人在施工现场指挥，跟班把关，并对施工人员进行现场技术交底，使操作人员清楚预埋件、预留孔洞的位置、精确度的重要性。对预埋件、预留孔洞位置要小心布料，捣固时，捣固棒不能离孔模太近，捣固应密实，以防止预埋件、预留孔洞中线移位或预留孔洞外边缘变形等而发生质量问题，并制定质量保证措施。

（6）模板拆除。禁止使用撬棍沿孔边缘撬。拆模后，测量组要对预埋件、预留孔洞位置、孔洞尺寸孔壁垂直度等进行复测，误差是否在规范的允许范围内，超出的尺寸需进行修复，以满足规范要求。对接地或易破坏的预埋件、预留孔应采取保护措施，防止被损坏。

5. 工程实例图片（图 2.2-29）

图 2.2-29　预埋件稳固、混凝土浇筑密实

2.2.20 通病名称：构件运输断裂

1. 通病现象
构件在运输中产生裂纹或断裂。

2. 规范标准相关规定
《城市综合管廊工程施工及验收规范》DB 4401/T3—2018

7.3 构件安装

7.3.1 预制构件安装前，应复验合格。对构件外观、裂缝等进行检验，对裂缝宽度过 0.2mm 的构件应进行鉴定。

3. 原因分析
构件运输时强度不足，或支承垫木位置不当，上下层垫木不在一条直线上或悬挑过长；运输时构件受到剧烈的颠簸、冲击或急转变产生扭转，或支撑不牢倾倒，都可能使构件断裂。

4. 预防措施
（1）构件运输时混凝土强度一般不应小于设计混凝土强度标准值的 75%。

（2）非预应力等截面构件的垫点位置应选在距构件端 $0.207L$（L 为构件长）处，使正负弯矩相等；如果构件本身刚度很好，垫点位置也可以小于 $0.207L$。预应力构件必须按设计要求的垫点位置支垫。

（3）构件上下垫点必须垂直。

（4）尽量避免构件在运输过程中发生碰撞。较长的构件，为避免剧烈振动造成构件破坏，可在构件中间放一个待受力的辅助垫点。

5. 治理措施
（1）对一般裂缝可用结构胶泥封闭；对较宽较深裂缝，应先沿缝凿成八字形凹槽，再用结构胶泥、聚合物砂浆、水泥砂浆补缝或再加贴玻璃布处理。

（2）对较严重的贯穿性裂缝，应采用裂缝修补胶灌浆处理，或进行结构加固处理等。

2.2.21 通病名称：构件堆放断裂

1. 通病现象
构件在堆放过程中产生裂纹或断裂。

2. 规范标准相关规定
（1）《混凝土结构工程施工规范》GB 50666—2011

9.4.3 预制构件的堆放应符合下列规定：

1 场地应平整、坚实，并应采取良好的排水措施；

2 应保证最下层构件垫实，预埋吊件宜向上，标识宜朝向堆垛间的通道；

3 垫木或垫块在构件下的位置宜与脱模、吊装时的起吊位置一致重叠堆放构件时，每层构件间的垫木或垫块应在同一垂直线上；

4 堆垛层数应根据构件与垫木或垫块的承载力及堆垛的稳定性确定，必要时应设置

防止构件倾覆的支架;

5　施工现场堆放的构件,宜按安装顺序分类堆放,堆垛宜布置在吊车工作范围内且不受其他工序施工作业影响的区域;

6　预应力构件的堆放应根据反拱影响采取措施。

(2)《城市综合管廊工程施工及验收规范》DB 4401/T3—2018

7.2.13　构件的堆放应符合下列规定:

1　应按构件的安装部位,配套就近堆放。

2　堆放场地应预先清理好,并有排水措施,场地应平整坚实,足以承受构件的堆放。

3. 原因分析

(1)构件强度不足,支垫不符合要求。

(2)堆放支座地基沉陷。

(3)构件重叠层数过多。

(4)临时加固不牢。

4. 预防措施

(1)构件运输时混凝土强度一般不应小于设计混凝土强度标准值的75%。

(2)非预应力等截面构件的垫点位置应选在距构件端0.207L(L为构件长)处,使正负弯矩相等;如果构件本身刚度很好,垫点位置也可以小于0.207L。预应力构件必须按设计要求的垫点位置支垫。

(3)构件上下垫点必须垂直。

(4)根据地基承载力,合理确定重叠堆放层数。必要时应进行加固或做临时支撑,以防倾倒。

5. 治理措施

(1)对一般裂缝可用结构胶泥封闭;对较宽较深裂缝,应先沿缝凿成八字形凹槽,再用结构胶泥、聚合物砂浆、水泥砂浆补缝或再加贴玻璃布处理。

(2)对较严重的贯穿性裂缝,应采用裂缝修补胶灌浆处理,或进行结构加固处理等(图2.2-30)。

图2.2-30　构件堆放得当

2.2.22　通病名称:纵横轴线不闭合

1. 通病现象

安装前复验时,管节纵横轴线不闭合。

2. 规范标准相关规定

《混凝土结构工程施工规范》GB 50666—2011

9.5.4 预制构件安装过程中应根据水准点和轴线校正位置,安装就位后应及时采取临时固定措施。预制构件与吊具的分离应在校准定位及临时固定措施安装完成后进行。临时固定措施的拆除应在装配式结构能达到后续施工承载要求后进行。

3. 原因分析

(1)经纬仪测量时度盘卡子带动度盘转动;度盘偏心;正倒镜视准轴不垂直于横轴;横轴不垂直于竖轴;水准泡不居中。

(2)操作工艺不当。

(3)标准桩不准确。

4. 预防措施

(1)仪器等使用前应严格检查,并调整误差。

(2)仪器使用时必须按使用精度要求进行操作,一般采用复测法,对实测轴线先测长边后测短边。为保证测量精度,最好采用全站仪放线。

为消灭视差,必须将仪器十字线对清楚,焦距调整适当。使用时每转一个角度之前要调好水平度。使用时钢尺应根据钢尺测距要求的拉力加弹簧秤,并核对钢尺的精确程度,如温度改正数。测量时钢尺要拉平。

(3)标准桩应设保护桩,并应有足够的数量。

5. 治理方法

如果发现轴线不闭合并已超过允许偏差,应重新放线。若多次改线,要把最后一次线弹好,做出标记,以防误会(图2.2-31)。

图 2.2-31　管节纵横轴线闭合

2.2.23　通病名称:标高偏差大

1. 通病现象

安装前复验各点标高,误差超过允许值。

2. 规范标准相关规定

《混凝土结构工程施工规范》GB 50666—2011

9.5.4 预制构件安装过程中应根据水准点和轴线校正位置,安装就位后应及时采取临时固定措施。预制构件与吊具的分离应在校准定位及临时固定措施安装完成后进行。临时固定措施的拆除应在装配式结构能达到后续施工承载要求后进行。

3. 原因分析

（1）测量仪器水泡不居中。

（2）操作工艺不合理。

（3）水准点有误。

4. 预防措施

（1）仪器等使用前应严格检查，并调整误差。

（2）仪器使用时必须按使用精度要求进行操作，一般采用复测法，对实测轴线先测长边后测短边。为保证测量精度，最好采用全站仪放线。

为消灭视差，必须将仪器十字线对清楚，焦距调整适当。使用时每转一个角度之前要调好水平度。使用时钢尺应根据钢尺测距要求的拉力加弹簧秤，并核对钢尺的精确程度，如温度改正数。测量时钢尺要拉平。

（3）标准桩应设保护桩，并应有足够的数量。

5. 治理方法

如果发现轴线不闭合并已超过允许偏差，应重新施线。若多次改线，要把最后一次线弹好，做出标记，以防误会（图 2.2-32）。

图 2.2-32　标高偏差满足要求

2.2.24　通病名称：构件拼装扭曲

1. 通病现象

混凝土构件拼装节点错口，构件发生扭曲。

2. 规范标准相关规定

（1）《混凝土结构工程施工规范》GB 50666—2011

9.5.4　预制构件安装过程中应根据水准点和轴线校正位置，安装就位后应及时采取临时固定措施。预制构件与吊具的分离应在校准定位及临时固定措施安装完成后进行。临时固定措施的拆除应在装配式结构能达到后续施工承载要求后进行。

（2）《城市综合管廊工程施工及验收规范》DB 4401/T3—2018

7.3　构件安装

7.3.9　为防止预制综合管廊安装呈现折线形，应随安装随校正。线路较长时可采用经纬仪、全站仪等校正。安装长度较短时可在两端拉线校正。

3. 原因分析

（1）分部制作的构件本身几何尺寸不准确或组拼后的构件几何尺寸不符合设计要求。

（2）中间拼接点有错位。

(3)拼装构件加固不牢。

(4)构件拼装时临时支撑架刚度差,受力后产生变形。

4. 防治措施

(1)严格检查构件本身的尺寸及组装后的几何尺寸,尤应注意对角线尺寸是否准确。

(2)中间拼接点错口移位时应及时处理,以免构件产生扭曲变形。

(3)如拼接点需浇筑混凝土,应待混凝土强度达 75% 以上时才允许吊装。

(4)预制构件安装时,严格近照搁置边线安放,控制相邻构件错牙及缝宽。安装接近底座时放慢速度,保持构件垂直放下(图 2.2-33)。

图 2.2-33　构件精准拼装

2.2.25　通病名称:预应力张拉偏差大、压浆不饱满

1. 通病现象

施工预应力张拉时应力大小控制不准,实测延伸量与理论计算延伸量超出规范要求的 ±6%;预应力孔道压浆不及时、压浆不饱满;负弯矩穿束困难,钢束压浆不密实。

2. 规范标准相关规定

(1)《混凝土结构工程施工规范》GB 50666—2011

6.5.1　后张法有粘结预应力筋张拉完毕并经检查合格后,应尽早进行孔道灌浆,孔道内水泥浆应饱满、密实。

(2)《城市综合管廊工程施工及验收规范》DB 4401/T3—2018

7.3.14　预应力工程应符合下列规定:

6　预应力筋张拉时,应采用张拉应力和伸长值双控法,实测伸长值与计算伸长值的偏差应控制在 ±6% 之内,否则应查明原因并采取措施后再张拉。应进行现场孔道摩阻系数测定，并可根据实测结果调整张拉控制力。预应力筋张拉锚固后，实际建立的预应力值与工程设计规定检验值的相对允许偏差应为 ±5%。

9 后张法有粘结预应力筋张拉后应尽早进行孔道灌浆，孔道内水泥浆应饱满、密实。

3. 原因分析

（1）油表读数不够精确。目前，一般油表读数至多精确至 1MPa 以下，读数均只能估读，而且持荷时油表指针往往来回摆动。

（2）计算理论延伸量时，预应力钢束弹性模量取值不准。一般弹性模量取值主要根据试验确定，取试验值的中间值，钢束出厂时虽然能符合国标要求，但本身弹性模量离散性较大，不太稳定，可能导致实测延伸量与理论延伸量误差较大，超出规范要求。

（3）压浆时压力不够或操作不当，漏掺膨胀剂或水泥浆流动度过大而向低处流淌，导致孔道压浆不饱满，降低了预应力钢束与混凝土间的握裹力。

4. 预防措施

（1）张拉人员要相对固定，张拉时采用应力和伸长量双控；千斤顶、油表要定期校验，张拉时发现异常情况要及时停下来找原因，必要时重新校验千斤顶、油表。

（2）千斤顶、油表校验时尽量采用率定值，即按实际初应力、控制应力校验对应的油表读数。

（3）扩大钢束检测频率，每捆钢束都要取样做弹性模量试验，及时调整钢束理论延伸量。

（4）压浆时技术人员必须跟班检查，控制灰浆压力，当孔道较长或采用一次压浆时，应适当加大压力，压浆时应达到孔道另外一端饱满出浆，并应达到排出与规定稠度相同的水泥浆为止。

5. 治理措施

（1）暂停张拉，查明原因，重新张拉。

（2）为了保证孔道压浆的饱满度，都进行二次注浆；如果二次注浆能不饱满，可以用超声波等仪器检测出哪里有空隙，然后采取机械手段开孔压浆（图 2.2-34）。

图 2.2-34 预应力精准张拉

2.3 外包防水工程

2.3.1 通病名称：卷材与基面粘结不牢

1. 通病现象

卷材施工后与基面出现较大面积松脱（图2.3-1）。

图2.3-1 卷材施工后与基面出现较大面积松脱

2. 规范标准相关规定

（1）相关设计规范

《地下工程防水技术规范》GB 50108—2008

4.3.16 卷材与基面、卷材与卷材间的粘结应紧密、牢固；铺贴完成的卷材应平整顺直，搭接尺寸应准确，不得产生扭曲和皱折。

（2）相关施工规范

1)《地下防水工程质量验收规范》GB 50208—2011

4.3.7 冷粘法铺贴卷材应符合下列规定：铺贴时不得用力拉伸卷材，排除卷材下面的空气，辊压粘贴牢固；

4.3.8 热熔法铺贴卷材应符合下列规定：卷材表面热熔后应立即滚铺，排除卷材下面的空气，并粘贴牢固；

4.3.9 自粘法铺贴卷材应符合下列规定：外墙、顶板铺贴时，排除卷材下面的空气，并粘贴牢固。

2)《城市综合管廊工程施工及验收规范》DB 4401/T3—2018

9.4.4 卷材防水层施工应符合下列规定：

5 卷材与基面、卷材与卷材间的粘结应紧密、牢固；铺贴完成的卷材应平整顺直，搭接尺寸应准确，不得产生扭曲和皱折。

3．原因分析

（1）设计原因

1）防水卷材品种规格的选用未考虑工程防水等级、地下水位高低及水压力作用状况、结构构造形式和施工工艺等因素，品种规格选用不当；

2）对基层平整度未明确具体要求。

（2）施工原因

1）基面清理不干净、湿润或有积水；

2）涂刷基面处理剂不均、露底；

3）潮湿基面未按要求涂刷湿固化型胶粘剂或潮湿界面隔离剂；

4）在雨天、雪天和5级及以上大风时施工；

5）防水施工时的环境气温条件不符合有关规定；

6）施工过程成品保护措施不到位。

（3）材料原因

1）使用不合格的防水卷材、基层处理剂、胶粘剂；

2）基层处理剂、胶粘剂等性能与防水卷材不相容。

4．预防措施

（1）设计措施

1）优化设计，根据工程特点合理选用防水材料；

2）优化设计，对基层平整度作出具体要求。

（2）施工措施

1）加强管理，卷材施工前对基面清理干净、保证基面干燥。

2）均匀涂刷基面处理剂、确保基面不露底。

3）潮湿基面按要求涂刷湿固化型胶粘剂或潮湿界面隔离剂。

4）铺贴卷材严禁在雨天、雪天、5级及以上大风中施工；冷粘法、自粘法施工的环境气温不宜低于5℃，热熔法、焊接法施工的环境气温不宜低于-10℃。施工过程中下雨或下雪时，应做好已铺卷材的防护工作。

5）制定专项成品保护措施。

（3）材料措施

对进场的材料进行验收，并按要求进行抽样送检，合格后方可使用。

5．治理措施

对卷材与基面粘结不牢、脱离的位置切开，按要求对卷材粘贴面及基底进行二次处理，重新粘贴并辊压密实，切缝、切口位置搭接铺贴一样条宽300mm卷材，粘贴严密。

6. 工程实例图片（图 2.3-2）

图 2.3-2 卷材施工后与基面粘贴牢固

2.3.2 通病名称：卷材空鼓

1. 通病现象

卷材铺贴后局部出现空鼓、粘结不牢（图 2.3-3）。

图 2.3-3 卷材铺贴后局部出现空鼓

2. 规范标准相关规定

（1）相关设计规范

《地下工程防水技术规范》GB 50108—2008

4.3.18 排除卷材下面的空气，应辊压粘贴牢固，卷材表面不得有扭曲、皱折和起泡现象。

（2）相关施工规范

1)《地下防水工程质量验收规范》GB 50208—2011

4.3.7 铺贴时不得用力拉伸卷材，排除卷材下面的空气，辊压粘贴牢固；

4.3.8 卷材表面热熔后应立即滚铺，排除卷材下面的空气，并粘贴牢固；

4.3.9 外墙、顶板铺贴时，排除卷材下面的空气，并粘贴牢固。

2)《城市综合管廊工程施工及验收规范》DB 4401/T3—2018

9.4.5 冷粘法铺贴卷材应符合下列规定：

3 铺贴时不得用力拉伸卷材，排除卷材下面的空气，辊压粘贴牢固；

9.4.6 热熔法铺贴卷材应符合下列规定：

2 卷材表面热熔后应立即滚铺，排除卷材下面的空气，并粘贴牢固；

9.4.7 自粘法铺贴卷材应符合下列规定：

2 外墙、顶板铺贴时，排除卷材下面的空气，并粘贴牢固。

3. 原因分析

（1）设计原因

对基层平整度未提出具体要求。

（2）施工原因

1）卷材铺贴时，辊压粘结不牢固，卷材下面局部有空气；

2）卷材铺贴前基面上的尘砂、杂物、油污等未清除干净造成卷材与基面粘结不紧密，卷材下面局部有空气或积水；

3）冷粘法铺贴卷材时，胶粘剂涂刷不均匀，局部露底造成卷材与基面粘结不紧密，卷材下面的空气不能排除；

4）冷粘法铺贴卷材时，基面胶粘剂涂刷与卷材铺贴的间隔时间过短，胶中溶剂挥发不尽，卷材贴合后，溶剂挥发造成卷材下面出现气泡；

5）热熔法铺贴卷材时，对卷材加热不均匀，局部加热不足，卷材与基面不能有效粘结，卷材下面局部有空气；

6）热熔法铺贴卷材时，卷材表面热熔后没有立即滚铺造成粘结不紧密牢固，卷材下面的空气不能及时排除；

7）铺贴聚乙烯丙纶复合防水卷材时，刮涂粘结料不均，有露底、堆积而造成空鼓；

8）铺贴聚乙烯丙纶复合防水卷材时，聚合物水泥粘结料固化前人在卷材上行走或进行后续作业引起局部空鼓；

9）在雨天、雪天和5级风及以上大风时施工；

10）防水施工时的环境气温条件不符合有关规定。

（3）材料原因

1）使用不合格的防水卷材、基层处理剂、胶粘剂；

2）基层处理剂、胶粘剂等粘结性能与防水卷材不相容。

4. 预防措施

（1）设计措施

优化设计，对基层平整度作出具体要求。

（2）施工措施

1）加强管理，卷材施工前对基面清理干净、保证基面干燥无积水。

2）涂刷胶粘剂等基面处理剂时确保涂刷均匀、确保基面不露底、不堆积。

3）潮湿基面按要求涂刷湿固化型胶粘剂或潮湿界面隔离剂。

4）辊压卷材应做到精心施工，确保辊压到位，排出卷材下面的空气。

5）热熔法铺贴卷材时，对卷材加热应确保均匀，热熔后及时滚铺。

6）铺贴卷材严禁在雨天、雪天、5级及以上大风中施工；冷粘法、自粘法施工的环境气温不宜低于5℃，热熔法、焊接法施工的环境气温不宜低于-10℃；施工过程中下雨或下雪时，应做好已铺卷材的防护工作。

7）制定专项成品保护措施。

（3）材料措施

对进场的材料进行验收，并按要求进行抽样送检，合格后方可使用。

5. 治理措施

对起泡、空鼓的部位进行切除、修补，修补时卷材搭接宽度应符合要求。

6. 工程实例图片（图2.3-4）

图2.3-4　对空鼓的部位进行修补

2.3.3　通病名称：卷材防水层裂缝

1. 通病现象

由于混凝土结构沉降、裂缝等原因引起卷材开裂（图2.3-5）。

2. 规范标准相关规定

（1）相关设计规范

《地下工程防水技术规范》GB 50108—2008

3.3.4　对于结构刚度较差或受振动作用的工程，宜采用延伸率较大的卷材、涂料等柔性防水材料。

图2.3-5　卷材防水层裂缝

3.3.7 阴阳角处应做成圆弧或45°坡角，其尺寸应根据卷材品种确定。在阴阳角等特殊部位，应增做卷材加强层，加强层宽度宜为300～500mm。

（2）相关施工规范

《地下防水工程质量验收规范》GB 50208—2011

4.3.5 基层阴阳角应做成圆弧或45°坡角，其尺寸应根据卷材品种确定；在转角处、变形缝、施工缝、穿墙管等部位应铺贴卷材加强层，加强层宽度不应小于500mm。

3. 原因分析

（1）设计原因

对于结构刚度较差或受振动作用的工程，未按规范要求采用延伸率较大的卷材。

（2）施工原因

1）未能做到精心施工，卷材搭接部位施工质量不符合要求（搭接宽度不足、搭接位置粘结不牢固等）；

2）阴阳角等特殊位置未按要求铺贴加强层。

（3）材料原因

使用劣质、延伸性不合格的防水材料。

4. 预防措施

（1）设计措施

对于结构刚度较差或受振动作用的工程，应采用延伸率较大的卷材。

（2）施工措施

1）卷材搭接宽度应符合规范要求，搭接位置应精心施工，确保粘结牢固；

2）阴阳角等特殊部位是防水层的薄弱环节，由于基层后期产生裂缝会导致卷材防水层的破坏，因此，这些部位施工时应按要求增设卷材加强层。

（3）材料措施

对进场的材料进行验收，并按要求进行抽样送检，合格后方可使用。

5. 治理措施

在防水卷材出现裂缝的位置，沿裂缝切缝，缝宽20mm，缝内嵌填柔性密封膏，面上沿缝搭接铺贴一条宽200mm的卷材条作加强层，再满粘一条300mm宽的卷材防水层。

6. 工程实例图片（图2.3-6）

图2.3-6 结构稳定防水卷材平整

2.3.4 通病名称：卷材搭接、封口粘结不牢固

1. 通病现象

卷材搭接处开裂、封口处粘结不严密、松脱（图2.3-7）。

图 2.3-7 卷材搭接处封口处粘结不严密、松脱

2. 规范标准相关规定

（1）相关设计规范

《地下工程防水技术规范》GB 50108—2008

4.3.16 铺贴各类防水卷材应符合下列规定：

4 卷材搭接处和接头部位应粘结牢固，接缝口应封严或采用材性相容的密封材料封缝。

（2）相关施工规范

1）《地下防水工程质量验收规范》GB 50208—2011

4.3.6 防水卷材的搭接宽度应符合表4.3.6的要求（表略），铺贴双层卷材时，上下两层和相邻两幅卷材的接缝应错开 1/3～1/2 幅宽，且两层卷材不得互相垂直铺贴。

4.3.7 冷粘法铺贴卷材应符合下列规定：

5 卷材接缝部位应采用专用胶粘剂或胶粘带满粘，接缝口应用密封材料封严，其宽度不应小于 10mm。

4.3.8 热熔法铺贴卷材应符合下列规定：

4 卷材接缝部位应溢出热熔的改性沥青胶料，并粘贴牢固，封闭严密。

2）《城市综合管廊工程施工及验收规范》DB 4401/T3—2018

9.4.4 卷材防水层施工应符合下列规定：

6 卷材搭接处和接头部位应粘结牢固，接缝口应封严或采用材性相容的密封材料封缝。

3. 原因分析

（1）设计原因

对不同品种防水卷材的搭接宽度未作出明确说明。

（2）施工原因

1）卷材搭接宽度不足；

2）接缝位置辊压不均、辊压力度过小；

3）搭接位置的黏合面被污染、不干净；

4）封口、收头位置未做到精心施工；

5）在雨天、雪天和5级及以上大风时施工；

6）防水施工时的环境气温条件不符合有关规定。

（3）材料原因

1）使用与卷材材性不相容的胶粘材料；

2）与卷材材性相容的胶粘材料其粘结质量不符合要求（如粘结剥离强度不合格等）；

3）使用不合格的密封材料。

4．预防措施

（1）设计措施

设计文件应对不同品种防水卷材的搭接宽度作出说明。

（2）施工措施

1）卷材搭接宽度应根据不同品种卷材，严格按照规范的要求进行施工。

2）接缝位置应辊压均匀，精心施工，确保粘结牢固。

3）卷材搭接施工前应细心检查，确保卷材搭接面干燥、干净。

4）封口、收头位置应做到精心施工，保证封口、收头处严密。

5）铺贴卷材严禁在雨天、雪天、5级及以上大风中施工；冷粘法、自粘法施工的环境气温不宜低于5℃，热熔法、焊接法施工的环境气温不宜低于-10℃。施工过程中下雨或下雪时，应做好已铺卷材的防护工作。

（3）材料措施

对进场的材料进行验收，并按要求进行抽样送检，合格后方可使用。

5．治理措施

对粘结不严密、松脱的位置，能补胶的可进行补胶密封，不能补胶的，应切除后返工重做，确保卷材接缝粘结紧密、封口严密牢固。

6．工程实例图片（图2.3-8）

图2.3-8　卷材接缝粘结紧密、封口严密牢固

2.3.5 通病名称：卷材扭曲、皱折

1. 通病现象

卷材铺贴完成后，局部产生扭曲和皱折（图2.3-9）。

图2.3-9 卷材扭曲、皱折

2. 规范标准相关规定

（1）相关设计规范

《地下工程防水技术规范》GB 50108—2008

4.3.16 铺贴各类防水卷材应符合下列规定：

3 卷材与基面、卷材与卷材间的粘结应紧密、牢固；铺贴完成的卷材应平整顺直，搭接尺应准确，不得产生扭曲和皱折。

4.3.18 铺贴自粘聚合物改性沥青防水卷材应符合下列规定：

2 排除卷材下面的空气，应压粘贴牢固，卷材表面不得有扭曲、皱折和起泡现象。

（2）相关施工规范

1)《地下防水工程质量验收规范》GB 50208—2011

4.3.7 冷粘法铺贴卷材应符合下列规定：

4 铺贴卷材应平整、顺直，搭接尺寸准确，不得扭曲、皱折。

4.3.8 热熔法铺贴卷材应符合下列规定：

3 铺贴卷材应平整、顺直，搭接尺寸准确，不得扭曲、皱折。

4.3.9 自粘法铺贴卷材应符合下列规定：

3 铺贴卷材应平整、顺直，搭接尺寸准确，不得扭曲、皱折和起泡。

4.3.17 卷材防水层的搭接缝应粘贴或焊接牢固，密封严密，不得有扭曲、折皱、翘边和起泡等缺陷。

2)《城市综合管廊工程施工及验收规范》DB 4401/T3—2018

9.4.4 卷材防水层施工应符合下列规定：

5 卷材与基面、卷材与卷材间的粘结应紧密、牢固；铺贴完成的卷材应平整顺直，搭接尺寸应准确，不得产生扭曲和皱折；

9.4.5 冷粘法铺贴卷材应符合下列规定：

4 铺贴卷材应平整顺直，搭接尺寸应准确，不得产生扭曲和皱折。

9.4.6 热熔法铺贴卷材应符合下列规定：

3 铺贴卷材应平整、顺直，搭接尺寸准确，不得扭曲、皱折。

9.4.7 自粘法铺贴卷材应符合下列规定：

3 铺贴卷材应平整、顺直，搭接尺寸准确，不得扭曲、皱折。

3．原因分析：

（1）设计原因

1）对基层平整度未提出具体要求；

2）对不同品种的卷材搭接宽度未提出具体要求。

（2）施工原因

1）基层平整度不符合要求；

2）辊压力度不均匀或辊压力度过大；

3）卷材搭接不顺直、裁剪尺寸不准确；

4）铺贴、辊压时对卷材未采取固定措施（预铺反粘法、外防外贴法）；

5）防水施工时的环境气温条件不符合有关规定。

（3）材料原因

使用劣质的基层处理剂、胶粘剂等。

4．预防措施

（1）设计措施

1）优化设计，对基层平整度提出具体要求；

2）优化设计，对不同品种的卷材搭接宽度提出具体要求。

（2）施工措施

1）卷材铺贴前，应对基层的平整度进行检查，不符合要求的位置应修补平整。

2）卷材铺贴时不宜用力拉伸，但适当用力可避免卷材边缘出现皱折，接缝贴合后，滚压时，用力要均匀，避免将卷材推出皱折。

3）卷材搭接施工时应保持卷材平整顺直，搭接裁剪尺寸应准确。

4）铺贴、辊压时应对卷材采取临时固定措施（预铺反粘法、外防外贴法）。

5）铺贴卷材严禁在雨天、雪天、五级及以上大风中施工；冷粘法、自粘法施工的环境气温不宜低于5℃；热熔法、焊接法施工的环境气温不宜低于-10℃；施工过程中下雨或下雪时，应做好已铺卷材的防护工作。

（3）材料措施

对进场的材料进行验收，并按要求进行抽样送检，合格后方可使用。

5. 治理措施

对产生扭曲和皱折的位置应进行切除修补，或重做。

6. 工程实例图片（图 2.3-10）

图 2.3-10　卷材平整

2.3.6　通病名称：涂料防水层起泡、空鼓

1. 通病现象

涂料防水层施工完成后，局部出现鼓泡，随气温的升高，气泡数量增多、尺寸增大（图 2.3-11）。

图 2.3-11　涂料防水层起泡、空鼓

2. 规范标准相关规定

《地下防水工程质量验收规范》GB 50208—2011

4.4.10　涂料防水层应与基层粘结牢固，涂刷均匀，不得流淌、鼓泡、露槎。

3. 原因分析

（1）施工原因

1）基层清理不干净，涂膜与基层粘结不牢；

2）基层含水率过高或有明显积水；

3）基层存在气孔、凹凸不平、蜂窝麻面等质量缺陷；

4）基层处理剂涂刷不均、露底；

5）分层涂刷时，前一遍涂层未干燥成膜便进行后续涂刷；

6）在雨天、雪天和 5 级及以上大风时施工；

7）防水施工时的环境气温条件不符合有关规定。

（2）材料原因

使用劣质的基层处理剂，影响防水涂料与基层粘结。

4．预防措施

（1）施工措施

1）基层应清理干净、无无浮浆，确保涂膜与基层粘结不牢。

2）有机防水涂料基面应干燥。当基面较潮湿时，应涂刷湿固化型胶结剂或潮湿界面隔离剂。

3）无机防水涂料施工前，基面不得有明水。

4）涂料防水层施工前，应对基层气孔、凹凸不平、蜂窝麻面等质量缺陷进行处理。

5）基层处理剂涂刷应均匀、不得露底。

6）分层涂刷应待前一遍涂层干燥成膜后进行。

7）严禁在雨天、雾天、五级及以上大风时施工，不得在施工环境温度低于 5℃ 及高于 35℃ 或烈日暴晒时施工。涂膜固化前如有降雨可能时，应及时做好已完涂层的保护工作。

（2）材料措施

对进场的材料进行验收，并按要求进行抽样送检，合格后方可使用。

5．治理措施

对存在起泡、空鼓的位置进行切除，按要求对基底进行二次处理，重新涂刷防水层，新旧防水层接槎宽度不应小于 100mm。

6．工程实例图片（图 2.3-12）

图 2.3-12　喷涂均匀粘结牢固

2.3.7 通病名称：涂料防水层厚度不足

1. 通病现象

涂料防水层施工完成后，最小厚度达不到设计要求（图 2.3-13）。

2. 规范标准相关规定

（1）相关设计规范

《地下工程防水技术规范》GB 50108—2008

4.4.6 掺外加剂、掺合料的水泥基防水涂料厚度不得小于 3.0mm；水泥基渗透结晶型防水涂料的用量不应小于 1.5kg/m²，且厚度不应小于 1.0mm；有机防水涂料的厚度不得小于 1.2mm。

（2）相关施工规范

1)《地下防水工程质量验收规范》GB 50208—2011

4.4.8 涂料防水层的平均厚度应符合设计要求，最小厚度不得小于设计厚度的 90%。

2)《城市综合管廊工程施工及验收规范》DB 4401/T3—2018

9.5.4 涂料防水层施工应符合下列规定：

6 涂料防水层的总厚度应符合设计要求。

3. 原因分析

（1）防水涂料分层涂刷遍数不足；

（2）防水层涂刷不均、漏刷漏涂。

4. 预防措施

（1）防水涂料分层涂刷的遍数应以能满足设计厚度要求为准，施工过程可进行切片检查，发现厚度不足时应增加涂刷遍数；

（2）防水层涂刷应做到精心施工，涂刷均匀，仔细检查，避免漏刷漏涂。

5. 治理措施

对防水涂层厚度不足的部位增加涂刷遍数，直至厚度符合要求为准。

6. 工程实例图片（图 2.3-14）

图 2.3-13　0.90mm 涂料防水层，厚度不足（按标准 1.5mm±0.2mm）　　图 2.3-14　1.41mm 涂料防水层，厚度符合要求（按标准 1.5mm±0.2mm）

2.3.8 通病名称：中埋式止水带埋设位置不准确

1. 通病现象

止水带中间空心圆环与变形缝、预留通道接头中心线不重合（图 2.3-15）。

图 2.3-15 中埋式止水带埋设位置不准确

2. 规范标准相关规定

（1）相关设计规范

《地下工程防水技术规范》GB 50108—2008

5.1.10 中埋式止水带施工应符合下列规定：

1 止水带埋设位置应准确，其中间空心圆环应与变形缝的中心线重合。

5.5.3 预留通道接头的防水施工应符合下列规定：

1 中埋式止水带、遇水膨胀橡胶条（胶）、预埋注浆管、密封材料、可拆式止水带的施工应符合本规范第 5.1 节的有关规定。

（2）相关施工规范

《地下防水工程质量验收规范》GB 50208—2011

5.2.3 止水带埋设位置应准确，其中间空心圆环应与变形缝的中心线重合；

5.6.3 止水带埋设位置应准确，其中间空心圆环应与变形缝的中心线重合。

3. 原因分析

（1）止水带定位不准确；

（2）止水带固定措施不牢固，被扰动移位。

4. 预防措施

（1）止水带定位应放线测量，确保中间空心圆环应与变形缝的中心线重合，并采取有效措施固定牢固；

（2）加强检查验收，及时纠偏。

5. 治理措施

对埋设位置不准确的位置进行返工，重新定位、重新埋设，固定牢固。

6. 工程实例图片（图 2.3-16）

图 2.3-16　中埋式止水带埋设位置准确

2.3.9　通病名称：密封材料嵌缝不连续、不饱满、粘结不牢固

1. 通病现象

嵌缝位置密封材料不连续、不饱满，密封材料与基层分离松脱（图 2.3-17）。

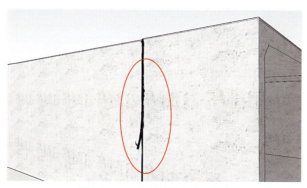

图 2.3-17　密封材料嵌缝不连续

2. 规范标准相关规定

（1）相关设计规范

《地下工程防水技术规范》GB 50108—2008

5.1.13 密封材料嵌填施工时，应符合下列规定：

3 嵌缝应密实连续、饱满，并应粘结牢固。

（2）相关施工规范

《地下防水工程质量验收规范》GB 50208—2011

5.2.8 嵌填密封材料的缝内两侧基面应平整、洁净、干燥，并应涂刷基层处理剂；嵌缝底部应设置背衬材料；密封材料嵌填应严密、连续、饱满，粘结牢固；

5.6.6 密封材料嵌填应严密、连续、饱满，粘结牢固。

3．原因分析

（1）施工原因

1）嵌缝位置内两侧基面不平整、不干净、湿润不干燥或未刷基层处理剂；

2）嵌缝位置背部、底部未设置背托材料，密封材料挤压不密实。

（2）材料原因

使用劣质的基层处理剂或密封材料，导致粘结不牢固。

4．预防措施

（1）施工措施

1）施工前，应对嵌缝位置内两侧基面进行检查验收，确保基面平整、干净、干燥；

2）施工前，应对基面涂刷基层处理剂；

3）嵌缝位置背部、底部应设置背托材料，确保密封材料能挤压密实；

4）接缝位置是防水的薄弱环节，应力求做到精心施工。

（2）材料措施

对进场的材料进行验收，并按要求进行抽样送检，合格后方可使用。

5．治理措施

对嵌缝不连续、不饱满，密封材料与基层分离松脱的位置应铲除密封材料，对两侧基面进行检查，确保基面平整、干净、干燥，并重新嵌缝密封。

6．工程实例图片（图 2.3-18）

图 2.3-18　嵌缝连续饱满

2.3.10 通病名称：遇水膨胀条（胶）失效

1. 通病现象

遇水膨胀条（胶）在隐蔽前遇水膨胀，提前失效（图2.3-19）。

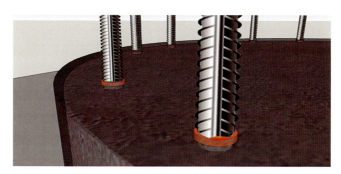

图2.3-19 遇水膨胀条（胶）在隐蔽前遇水膨胀

2. 规范标准相关规定

（1）相关设计规范

《地下工程防水技术规范》GB 50108—2008

5.6.2 桩头防水施工应符合下列规定：

5 应对遇水膨胀条（胶）进行保护。

（2）相关施工规范

《地下防水工程质量验收规范》GB 50208—2011

5.7.6 桩头的受力钢筋根部应采用遇水膨胀止水条或止水胶，并应采取保护措施。

3. 原因分析

（1）施工前对桩头积水清理不干净，盲目施工；

（2）桩头施工未采取无降水措施，地下水上升浸泡遇水膨胀条（胶）；

（3）在雨天施工；

（4）对遇水膨胀条（胶）保护措施不到位。

4. 预防措施

（1）施工前，应对桩头积水进行清理，确保基底干燥；

（2）桩头施工应采取降水措施，应及时抽排地下水，防止遇水膨胀条（胶）被浸泡；

（3）桩头防水施工应避开雨天施工；

（4）对已施工遇水膨胀条（胶）的位置要做好保护措施，防止遇水膨胀条（胶）在隐蔽前遇水膨胀失效。

5. 治理措施

对失效的遇水膨胀条（胶）应进行更换，同时应做好保护措施，避免在隐蔽前遇水膨胀失效。

6. 工程实例图片（图 2.3-20）

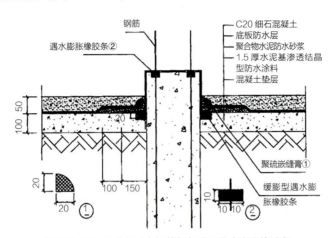

图 2.3-20　桩头的受力钢筋根部采用遇水膨胀橡胶条

2.3.11　通病名称：密封材料粘结不牢固

1. 通病现象

桩头侧壁与底板防水层接缝处密封材料粘结不牢固，开裂或分离（图 2.3-21）。

图 2.3-21　桩头侧壁与底板防水层接缝处密封材料粘结不牢固

2. 规范标准相关规定

（1）相关设计规范

《地下工程防水技术规范》GB 50108—2008

5.6.1　桩头防水设计应符合下列规定：

1　桩头所用防水材料应具有良好的粘结性、湿固化性。

（2）相关施工规范

《地下防水工程质量验收规范》GB 50208—2011

5.7.8　密封材料嵌填应严密、连续、饱满，粘结牢固。

3. 原因分析

(1) 施工原因

1) 基面清理不干净或湿润、有积水；

2) 施工人员经验不足，密封材料挤压不密实；

3) 雨天施工。

(2) 材料原因

使用劣质密封材料，粘结性能不合格。

4. 预防措施

(1) 施工措施

1) 密封材料施工前应把桩头积水清理干净，确保基层干燥，并按要求涂刷基层处理剂；

2) 地下防水工程必须由持有资质等级证书的防水专业队伍进行施工，主要施工人员应持有省级及以上建设行政主管部门或其指定单位颁发的执业资格证书或防水专业岗位证书；

3) 桩头防水施工应避免在雨天施工。

(2) 材料措施

严禁使用劣质的防水材料，对进场的材料进行验收，并按要求进行抽样送检，合格后方可使用。

5. 治理措施

对已经开裂、分离的位置的密封材料及基底进行清理，确保基层干燥，并重新涂刷基层处理剂，重新密封嵌缝。

6. 工程实例图片（图 2.3-22）

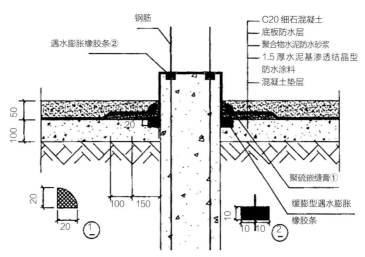

图 2.3-22 桩头侧壁与底板防水层接缝处密封材料粘结牢固

2.3.12 通病名称：拉杆端部密封材料嵌填不密实

1. 通病现象

结构迎水面拉杆端部凹槽内密封材料嵌填不密实、开裂（图2.3-23）。

2. 规范标准相关规定

（1）相关设计规范

《地下工程防水技术规范》GB 50108—2008

5.4.2 埋设件端部或预留孔（槽）底部的混凝土厚度不得小于250mm，当厚度小于250mm时，应采取局部加厚或其他防水措施。

图2.3-23 结构迎水面拉杆端部凹槽内密封材料嵌填不密实

（2）相关施工规范

《地下防水工程质量验收规范》GB 50208—2011

5.5.5 结构迎水面的埋设件周围应预留凹槽，凹槽内应用密封材料嵌填密实。

5.5.6 用于固定模板的螺栓必须穿过混凝土结构时，可采用工具式螺栓或螺栓加堵头，螺栓上应加焊止水环。拆模后留下的凹槽应用密封材料封堵密实，并用聚合物水泥砂浆抹平。

5.5.8 密封材料嵌填应严密、连续、饱满，粘结牢固。

3. 原因分析

（1）设计原因

对埋设件、拉杆位置的防水未设计构造做法。

（2）施工原因

1）凹槽清理不干净，有松散砂、石颗粒等；

2）密封材料嵌填前未涂刷基层处理剂；

3）密封材料嵌填挤压力度过小；

4）雨天施工。

（3）材料原因

使用劣质的基层处理剂或密封材料。

4. 预防措施

（1）设计措施

优化设计，埋设件、拉杆位置的防水构造应按规范进行设计。

（2）施工措施

1）施工前，凹槽应清理干净，保持干燥，松散砂、石应清理、凿处除；

2）凹槽嵌填前应均匀涂刷基层处理剂，及时嵌填；

3）嵌填时挤压力度应以保证密封材料饱满、粘结牢固；

4)严禁在雨天、雾天、5级及以上大风时施工,不得在施工环境温度低于5℃及高于35℃或烈日暴晒时施工。密封材料固化前如有降雨可能时,应及时做好保护工作。

(3)材料措施

严禁使用劣质的防水材料,对进场的材料进行验收,并按要求进行抽样送检,合格后方可使用。

5. 治理措施

对拉杆端部凹槽内密封材料嵌填不密实、开裂的位置应将密封材料清除,凿出新鲜混凝土,修整、清理干净凹槽,涂刷基层处理剂,重新嵌填密封材料,封堵严密。

6. 工程实例图片(图2.3-24)

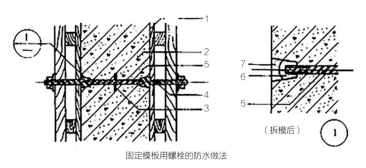

固定模板用螺栓的防水做法

图 2.3-24 结构迎水面拉杆端部凹槽内密封材料嵌填密实

1—模板;2—结构混凝土;3—止水环;4—工具式螺栓;5—固定模板用螺栓;6—嵌缝材料;7—聚合物水泥砂浆

2.3.13 通病名称:密封材料嵌填不密实

1. 通病现象

穿墙管在主体结构迎水面的预留凹槽内密封材料嵌填不密实、开裂或分离(图2.3-25)。

图 2.3-25 穿墙管在主体结构迎水面的预留凹槽内密封材料嵌填不密实

2. 规范标准相关规定

（1）相关设计规范

《地下工程防水技术规范》GB 50108—2008

5.3.3 结构变形或管道伸缩量较小时，穿墙管可采用主管直接埋入混凝土内的固定式防水法，主管应加焊止水环或环绕遇水膨胀止水圈，并应在迎水面预留凹槽，槽内应采用密封材料嵌填密实。

5.3.4 结构变形或管道伸缩量较大或有更换要求时，应采用套管式防水法，套管应加焊止水环。

（2）相关施工规范

《地下防水工程质量验收规范》GB 50208—2011

5.4.3 固定式穿墙管应加焊止水环或环绕遇水膨胀止水圈，并作好防腐处理；穿墙管应在主体结构迎水面预留凹槽，槽内应用密封材料嵌填密实。

5.4.7 密封材料嵌填应密实、连续、饱满，粘结牢固。

3. 原因分析

（1）设计原因

对预留孔洞、穿墙管位置的防水未按规范设计构造做法。

（2）施工原因

1）凹槽清理不干净，有松散砂、石颗粒等；

2）密封材料嵌填前未涂刷基层处理剂；

3）密封材料嵌填挤压力度过小；

4）雨天施工。

（3）材料原因

使用劣质的基层处理剂或密封材料。

4. 预防措施

（1）设计措施

优化设计，对预留孔洞、穿墙管等位置的防水构造做法按规范进行设计。

（2）施工措施

1）施工前，凹槽应清理干净，保持干燥，松散砂、石应清理、凿除；

2）凹槽嵌填前应均匀涂刷基层处理剂，及时嵌填；

3）嵌填时挤压力度应以保证密封材料饱满、粘结牢固；

4）严禁在雨天、雾天、5级及以上大风时施工，不得在施工环境温度低于5℃及高于35℃或烈日暴晒时施工。密封材料固化前如有降雨可能时，应及时做好保护工作。

（3）材料措施

严禁使用劣质的防水材料，对进场的材料进行验收，并按要求进行抽样送检，合格后方可使用。

5. 治理措施

对预留孔洞、穿墙管凹槽内密封材料嵌填不密实、开裂的位置应将密封材料清除，清理干净凹槽内壁，涂刷基层处理剂，重新嵌填密封材料，封堵严密。

6. 工程实例图片（图 2.3-26）

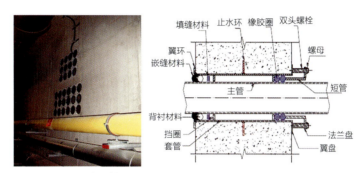

图 2.3-26　穿墙管在主体结构迎水面的预留凹槽内密封材料嵌填密实

2.4　支吊架工程

2.4.1　通病名称：支架安装不牢固

1. 通病现象

支架安装后有松动，或管道安装后重量增加，支架变形或松脱（图 2.4-1）

图 2.4-1　支架安装不牢固

2. 规范标准相关规定

（1）相关设计规范

《城市综合管廊工程设计规范》DB 11/1505—2017

5.6.2　支吊架系统宜与综合管廊系统线缆统一进行综合布线设计，满足荷载、防雷接地、安全间距等要求。

5.6.5 电（光）缆支架和桥架应符合下列规定：

3 应满足所需的承载能力。

5.6.6 电力电缆支架应符合下列规定：

2 机械强度应能满足电缆及其附加荷载、施工作业时附加荷载、运行中的动荷载的要求。

（2）相关施工规范

《城市综合管廊工程施工及验收规范》DB 4401/T3—2018

11.2.4 管道支（吊）架的安装应符合下列规定：

1 管道支（吊）架的形式、材质、加工尺寸及精度应符合设计要求。

11.3.1 电缆支架的加工应符合下列规定：

2 支架应焊接牢固，无显著变形。各横撑间的垂直净距与设计偏差不应大于5mm。

11.3.2 电缆支架的安装应符合下列规定：

1 应安装牢固，横平竖直。

2 支架与预埋件焊接固定时，焊缝饱满；膨胀螺栓固定时，选用螺栓适配，连接紧固，防松零件齐全。

3 托架支吊架的固定方式应按设计要求进行。

3．原因分析

（1）设计原因

设计未进行管道安装使用后支架承受的动静荷载验收，导致支架设计承载力不足。

（2）施工原因

工人安装支架未按设计要求扭矩拧紧螺栓，导致支架不稳固。

（3）材料原因

1）支架加工焊缝承载力不足。

2）螺栓与螺帽不配套或材质不符，导致支架不稳固。

4．预防措施

（1）设计措施

设计根据管道安装使用后的动静荷载，对支架承载力进行计算，确保支架设计满足荷载要求。

（2）施工措施

对现场工人交底，采用扭矩扳手复核，确保螺栓紧固。

（3）材料措施

1）支架进场后必须进行材料承载力送检，确保加工焊缝满足承载力要求。

2）支架及其配套零件进场必须按设计尺寸、材质要求进行验收，确保材料进场合格。

5. 治理措施

（1）对于支架材料不合格，将不合格支架退场更换处理，重新将合格支架扭紧安装。

（2）对于松动支架，重新将松动支架按设计要求扭矩扭紧。

6. 工程实例图片（图2.4-2）

图2.4-2　支架安装牢固

2.4.2　通病名称：支（吊）架生锈

1. 通病现象

支（吊）架安装后出锈蚀现象（图2.4-3）。

图2.4-3　支（吊）架安装后出锈蚀现象

2. 规范标准相关规定

（1）相关设计规范

《城市综合管廊工程设计规范》DB 11/1505—2017

5.6.1 综合管廊内管道及线缆的支吊架应采用成品支吊架，工厂预制、现场安装，避免现场加工。

5.6.4 支吊架宜采用钢制，材料不应低于Q235B；采用热镀锌防腐，镀锌层平均厚度不小于65μm。

5.6.5 电（光）缆支架和桥架应符合下列规定：

2 应适应环境的耐久稳固。

5.6.6 电力电缆支架应符合下列规定：

（2）相关施工规范

《城市综合管廊工程施工及验收规范》DB 4401/T3—2018

11.2.4 管道支（吊）架的安装应符合下列规定：

1 管道支（吊）架的形式、材质、加工尺寸及精度应符合设计要求；

2 管道支（吊）架不得有漏焊、欠焊、裂纹等缺陷，焊接变形应予以矫正；

3 支（吊）架应进行防腐处理；

4 （吊）架与管道接触部分应加装柔性材料。

11.3.1 电缆支架的加工应符合下列规定：

3 金属电缆支架必须进行防腐处理。位于湿热、盐雾以及有化学腐蚀地区时，应根据设计作特殊的防腐处理。

3. 原因分析

（1）设计原因

设计未考虑支架在特殊地区的防腐要求，导致保护层锈蚀过快出现生锈。

（2）施工原因

1）成品支架现场安装或存放时，施工不当对保护层磨损，导致出现生锈；

2）支架在施工现场加工，破坏原有保护层，导致出现生锈。

（3）材料原因

材料未按设计要求进行防腐层的处理，导致出现生锈。

4. 预防措施

（1）设计措施

设计支架时，应充分考虑当地气候条件，对特殊地区应采取特殊的支架防腐处理。

（2）施工措施

1）对工人进行施工交底，明确支架的安装和存放方法，对支架做好保护措施。

2）严禁在施工现场进行支架加工，必须由厂家提供成品安装支架至现场。

（3）材料措施

材料进场后按要求进行材料送检，确保支架质量满足设计及规范要求。

5. 治理措施

对于生锈支架，将支架拆除后重新进行防腐处理，验收合格后重新安装。

6. 工程实例图片（图2.4-4）

图2.4-4 支（吊）架安装后无锈蚀

2.4.3 通病名称：支架预埋件偏位

1. 通病现象

支架安装后出现位置尺寸偏差或支架无法进行安装，支架安装间距过大导致管道出现塌腰（图2.4-5）。

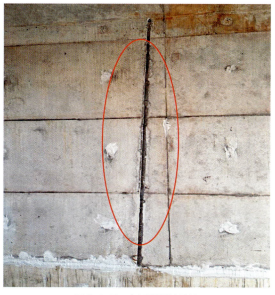

图2.4-5 支架预埋件偏位

2. 规范标准相关规定

（1）相关设计规范

《城市综合管廊工程设计规范》DB 11/1505—2017

5.6.2 支吊架系统宜与综合管廊系统线缆统一进行综合布线设计，满足荷载、防雷

接地、安全间距等要求

5.6.6 电力电缆支架应符合下列规定

1 水平电缆支架在安装前，宜根据计算挠度及安装可能产生的误差，设置预起拱值及预偏量。

（2）相关施工规范

《城市综合管廊工程施工及验收规范》DB 4401/T3—2018

11.2.4 管道支（吊）架的安装应符合下列规定：

1 管道支（吊）架的形式、材质、加工尺寸及精度应符合设计要求；

4 支（吊）架安装应平正，位置正确，焊接牢固，各部尺寸符合设计要求。埋设支架用水泥砂浆填实、找平；

5 安装活动支架（吊）架时，应按设计规定预先留出不小于管道长度变化值的位移量，并应保证尺寸准确。当支（吊）架位移时，不得损坏管道的保温层。

11.3.1 电缆支架的加工应符合下列规定：

1 钢材应平直，无明显扭曲。下料误差应在5mm范围内，切口应无卷边、毛刺。

2 支架应焊接牢固，无显著变形。各横撑间的垂直净距与设计偏差不应大于5mm。

11.3.2 电缆支架的安装应符合下列规定：

1 应安装牢固，横平竖直；

3 托架支吊架的固定方式应按设计要求进行；

3 各支架的同层横挡应在同一水平面上，其高低偏差不应大于5mm；

5 托架支吊架沿桥架走向左右的偏差不应大于10mm；

6 在有坡度的电缆沟内或建筑物上安装的电缆支架，应有与电缆沟或建筑物相同的坡度。

3．原因分析

（1）施工原因

1）支架预埋件安装未严格按设计平面尺寸安装，造成支架安装偏大，过大的偏差会导致管道塌腰。

2）支架预埋件安装后未紧贴模板，导致预埋件内凹或倾斜。

3）浇筑混凝土振捣过程中，由于固定措施不足，导致支架预埋件偏位。

（2）材料原因

支架预埋件加工尺寸精度差，造成支架无法安装。

4．预防措施

（1）施工措施

1）施工前对工人进行支架预埋件数量及平面尺寸、位置的交底，过程中对预埋位置偏差进行整改，验收合格后才能进行混凝土浇筑。

2）模板安装前，验收支架预埋件是否能与模板贴合，不贴合预埋件进行调位。

3）采取合理的加固措施，对支架预埋件加固。浇筑振捣过程中，对预埋件位置做好标记，小心振捣，同时对于浇筑后可调节的预埋件应在初凝前进行调整。

（2）材料措施

支架预埋件进行前按设计尺寸验收，对于不合格的预埋件退场处理。

5. 治理措施

（1）对于偏位较小或者内凹较小的支架预埋件，凿出预埋件安装支架后用砂浆修补，确保支架位置基本正确，不影响支架的使用功能。

（2）对于偏位较大的支架预埋件，必须破除混凝土切割原预埋件，重新预埋支架预埋件或者沟通设计采用后锚固的方式固定支架。

6. 工程实例图片（图2.4-6）

图2.4-6 支架预埋件位置准确

2.4.4 通病名称：烧穿支架

1. 通病现象

支吊架下料时采用焊割，孔洞采用烧割，导致支架被烧穿。支架焊接采用熔焊。

2. 规范标准相关规定

（1）相关设计规范

《城市综合管廊工程设计规范》DB 11/1505—2017

5.6.1 综合管廊内管道及线缆的支吊架应采用成品支吊架，工厂预制、现场安装，避免现场加工。

（2）相关施工规范

《城市综合管廊工程施工及验收规范》DB 440/T3—2018

11.2.4 管道支（吊）架的安装应符合下列规定：

2 管道支（吊）架不得有漏焊、欠焊、裂纹等缺陷，焊接变形应予以矫正。

3 支（吊）架安装应平正，位置正确，焊接牢固，各部尺寸符合设计要求。埋设支架用水泥砂浆填实、找平。

11.3.1 电缆支架的加工应符合下列规定：

2 支架应焊接牢固，无显著变形。各横撑间的垂直净距与设计偏差不应大于5mm。

11.3.2 电缆支架的安装应符合下列规定：

2 支架与预埋件焊接固定时，焊缝饱满；膨胀螺栓固定时，选用螺栓适配，连接紧固，防松零件齐全。

12.1.2 除设计要求外,承力建筑钢结构构件上,不得采用熔焊连接固定电气线路、设备和器具的支架、螺栓等部件,且严禁热加工开孔。

3. 原因分析

(1)施工原因

1)施工尺寸偏差,现场加工支架采用焊接手段开孔或切割。

2)焊接支架与预埋件时,温度过高造成熔焊,破坏支架。

(2)材料原因

支架未严格按设计图纸加工。

4. 预防措施

(1)施工措施

1)施工前对工人进行交底,严禁进行焊接开孔或切割,必须采用机械手段开孔或切割。

2)施工前对工人进行交底,焊接支架与预埋件时控制温度。

(2)材料措施

支架进场前进行验收,对于不合格支架退返厂家进行重新加工。

5. 治理措施

(1)对采取焊接开孔或者切割支架进行更换处理;

(2)对采取熔焊支架进行更换处理。

2.4.5 通病名称:焊缝不饱满

1. 通病现象

支架与预埋件连接处未满焊,且焊缝宽度不足。

2. 规范标准相关规定

(1)相关设计规范

《城市综合管廊工程设计规范》DB 11/1505—2017

5.6.1 综合管廊内管道及线缆的支吊架应采用成品支吊架,工厂预制、现场安装,避免现场加工。

(2)相关施工规范

《城市综合管廊工程施工及验收规范》DB 4401/T3—2018

11.2.4 管道支(吊)架的安装应符合下列规定:

1 管道支(吊)架的形式、材质、加工尺寸及精度应符合设计要求;

2 管道支(吊)架不得有漏焊、欠焊、裂纹等缺陷,焊接变形应予以矫正;

4 支(吊)架安装应平正,位置正确,焊接牢固,各部尺寸符合设计要求。埋设支架用水泥砂浆填实、找平。

11.3.1 电缆支架的加工应符合下列规定:

2 支架应焊接牢固，无显著变形。各横撑间的垂直净距与设计偏差不应大于5mm。

11.3.2 电缆支架的安装应符合下列规定：

1 应安装牢固，横平竖直；

2 支架与预埋件焊接固定时，焊缝饱满；膨胀螺栓固定时，选用螺栓适配，连接紧固，防松零件齐全。

3. 原因分析

（1）现场施工随意焊接，未按要求设计要求施工；

（2）现场焊工焊接作业水平不足。

4. 预防措施

（1）对现场工人交底，同时加强现场的监管。

（2）对焊工进行技术培训和考试，确实达到焊接作业的合格水平。

5. 治理措施

对不合格焊缝清理，重新补焊，确保焊缝宽度和长度达到设计要求，同时清理周边焊渣。

2.4.6 通病名称：锚固强度不足

1. 通病现象

支架膨胀螺栓锚固强度不足有松动，或管道安装后支架松脱。

2. 规范标准相关规定

（1）相关设计规范

《城市综合管廊工程设计规范》DB 11/1505—2017

5.6.2 支吊架系统宜与综合管廊系统线缆统一进行综合布线设计，满足荷载、防雷接地、安全间距等要求。

5.6.5 电（光）缆支架和桥架应符合下列规定：

3 应满足所需的承载能力。

5.6.6 电力电缆支架应符合下列规定

2 机械强度应能满足电缆及其附加荷载、施工作业时附加荷载、运行中的动荷载的要求。

（2）相关施工规范

《城市综合管廊工程施工及验收规范》DB 4401/T3—2018

11.2.4 管道支（吊）架的安装应符合下列规定：

1 管道支（吊）架的形式、材质、加工尺寸及精度应符合设计要求；

11.3.1 电缆支架的加工应符合下列规定：

2 支架应焊接牢固，无显著变形。各横撑间的垂直净距与设计偏差不应大于5mm。

11.3.2 电缆支架的安装应符合下列规定：

1 应安装牢固，横平竖直；
2 支架与预埋件焊接固定时，焊缝饱满；膨胀螺栓固定时，选用螺栓适配，连接紧固，防松零件齐全；
3 托架支吊架的固定方式应按设计要求进行。

3. 原因分析

（1）设计原因

设计未明确需结合现场情况确认实际承载力，造成质控标准不明确。

（2）施工原因

1）作业工人操作随便，锚孔孔深、直径不足。

2）钻孔后未及时清孔，灰尘碎片较多。

3）混凝土强度不足时进行膨胀螺栓锚固。

4. 预防措施

（1）设计措施

设计应根据现场螺栓抗拔力试验段的情况，对螺栓标准进行适当调整，同时严格要求按一定比例进行普查。

（2）施工措施

1）对施工人员交底培训，钻孔后必须确保达到设计深度及直径长度。

2）对施工人员交底培训，必须清孔干净后才能进行螺栓安装。

3）必须对每段混凝土浇筑做好记录，达到 28d 强度要求后，才能进行膨胀螺栓锚固。

5. 治理措施

对锚固直径、深度、清孔不合格的螺栓，进行补钻、清孔，确保达到设计要求。

2.5　管廊出线舱及附属工程

2.5.1　通病名称：套管预埋布置、安装出现偏差

1. 通病现象

在出线舱前期规划和设计结合各系统分舱要求，遇到套管密布部分导致混凝土浇筑无法达到密实度，影响结构受力。

套管预留未按照结构图施工或未预埋遗漏后开孔处的洞口补强处理。

预埋套管工程的标高、定位出现偏差（图 2.5-1）。

图 2.5-1　套管预埋布置、安装出现偏差

2. 规范标准相关规定

（1）《建筑安装工程施工图集》02S404、07FK02、07FS02、99S304；

（2）《建筑工程施工质量验收统一标准》GB 50300—2013。

3. 原因分析

预埋未进行图纸会审或审核；施工过程中测量放线、定位存在偏差；预埋过程中的施工工艺的控制；为加强套管施工的检查验收工作；与结构（钢筋、模板）的配合不到位导致预埋作业出现偏差。

4. 防治措施

（1）图纸会审

开工前项目技术负责人根据规划和设计内容对土建结构设计图与下道工序相关的设备（管廊出线系统列）安装等图纸进行对照审核，对各类图纸中的预埋套管详细的会审研究，确定各套管预留位置、大小、规格、数量、材质等是否吻合，若不吻合，编制预埋套管预埋计划。发现预埋不吻合时，应及时向驻地驻场参建主管单位以书面报告的形式进行汇报，得到相关参建主管单位批复后（业主、设计、监理），再将预埋套管单独绘制成图，责成专人负责技术指导、检查，并做好技术交底工作。

（2）测量放线

根据设计要求，分段对套管预埋进行测量放线，测量放线应执行测量三级复核制。对预埋套管位置应用红油漆在已验钢筋上标注，按照图纸对套管周边进行钢筋加密前再次复测中心线标高后最终定位，保证位置准确，精度满足规范和设计要求。

（3）施工控制

预埋套管规格及其精密度应符合设计要求。预埋应按照图纸设计相关要求进行加工或订购。严格按测量放线位置和钢筋加强要求正确安装，保证焊接牢固，不变形和不移位。

（4）检查和验收

预埋套管完成后，由总工程师、质检、工序技术人员组织检查验收，重点检查预埋位置、数量、尺寸、规格是否符合设计要求。自检合格后，报驻场监理工程师检查验收，并签过程验收表后进行下道工序。

（5）结构混凝土浇筑时的监护

工序技术负责人在施工现场指挥，跟班把关，并对施工人员进行现场技术交底，使操作人员清楚套管预埋位置、精确度的重要性。对预埋管部位需要小心布料，振捣应确保密实，但不能直顶套管进行振捣，预防套管走位或变形等而发生质量问题，并制定质量保证措施。

（6）模板拆除

禁止使用撬棍沿套管边进行硬撬。拆模后，测量组要对预埋套管位置、水平及垂直度进行复测，误差是否在规范允许范围内，超出的尽快进行处理，以满足规范要求（图2.5-2）。

图 2.5-2 预埋套管位置准确

2.5.2 通病名称：套管漏水现象

1. 通病现象

套管外部直接用沙袋、砂浆等封堵，如封堵不实会导致外水入侵。

套管内壁未清理，用柔性材料（沥青麻丝、石棉水泥等）填充不实或材质配备不当导致外水入侵。

2. 规范标准相关规定

（1）《建筑安装工程施工图集》02S404、07FK02、07FS02、99S304；

（2）《建筑工程施工质量验收统一标准》GB 50300—2013。

3. 原因分析

图纸设计只明确相关规格及标高要求，未明确套管与结构平还是超出，有些与结构平，有些超出结构外；在管廊出舱套管考虑各管线出舱时间不一，未严密封堵。

4. 防治措施

（1）橡胶气囊封堵

橡胶气囊封堵方法就是利用优质橡胶做成的套管封堵气囊，通过充气方法使气囊膨胀，当封堵气囊内的气体压力达到一定值时，封堵气囊填满整个套管的断面，利用套管封堵气囊壁与套管产生的摩擦力堵住室外地下水渗入管廊内，从而达到管廊内无渗水的目的。

橡胶气囊封堵工序较为简洁，可靠性比法兰盲堵封堵稍差。橡胶气囊规格较多，规格在 DN50～DN1200 的都能进行量产，而且橡胶气囊能承受一定的压力。

（2）工艺原理

管道临时封堵是利用橡胶气囊充气后体积环向均匀增大的特点，借助地下管廊内管道圆周与膨胀后的橡胶气囊外壁产生的摩擦力形成柔性塞体的物理特性。橡胶气囊在使用时已充分考虑到气囊背后水压力对气囊的推挤作用,为确保气囊充气后能安全地达到使用效果,橡胶气囊充气后与管道内壁之间的摩阻力必须大于橡胶气囊背后的水压力。

(3)橡胶气囊临时封堵施工方法

施工工艺流程:施工前准备→气囊型号规格选择→管道孔洞清理→橡胶气囊安装→闭水试验→拆除管道已安装的橡胶气囊。

(4)施工关键技术及要点

施工前准备:

1)查验机电安装设计图纸,统计各种管道内径大小及数量。

2)测量人员根据机电设计图纸重新核对管道预留孔洞现场数量,并用红漆标记详细位置。

3)准备橡胶气囊临时封堵施工使用机械。

4)橡胶气囊临时封堵施工一般2人1组,根据六盘水地下综合管廊工程管道封堵工程量及施工进度要求,现场配备5组工人同时施工,每28m为1个施工段,5个施工段流水施工。

(5)气囊型号规格选择

1)套管的规格应该与封堵气囊规格配套,气囊不能大也不能小;如果套管外地下水位较高时,要经过特殊处理,封堵需要加长的堵水气囊,地下综合管廊出线节点套管的临时封堵气囊采用有压材质(见表2.5-1)。

2)气囊使用时的充气压力一定要在表2.5-1的规定范围内,不能超压使用。

气囊充气压力参数　　　　　表2.5-1

型号	实际直径（mm）	长度（mm）	适用管道内径（mm）	承受压力（MPa）	产品质量（kg）	产品壁厚（mm）	产品材质
DN50	45	110	45~63	0.015	0.08	3	天然橡胶
DN75	64	130	64~95	0.015	0.15	3	天然橡胶
DN100	96	150	96~119	0.018	0.27	3	天然橡胶
DN160	150	190	150~189	0.02	0.55	3	天然橡胶
DN200	190	230	190~219	0.02	0.84	3	天然橡胶
DN250	220	260	220~279	0.02	1.17	3	天然橡胶
DN300	280	350	280~379	0.02	2	3~4	天然橡胶
DN400	360	500	360~479	0.02	3.25	3~4	天然橡胶
DN500	470	620	470~550	0.02	5.4	3~4	天然橡胶
DN600	580	730	580~650	0.02	7.7	3~4	天然橡胶

（6）管道孔洞清理

1）橡胶气囊施工前，应清理管道内杂物。

2）对于管廊预埋管内壁较粗糙处，需用砂纸打磨平整，并用清水把铁渣清洗干净，减小气囊与预埋管道内壁的摩擦力。

3）地下管廊侧墙防水材料应深入预埋管道不低于100mm，对深入管道长度不足及破损严重的防水材料重新施工，以保证预埋管道与混凝土之间不发生渗漏。

（7）橡胶气囊安装

施工工艺流程：①将橡胶气囊置于安装的管廊管道外侧，充气一端朝向管廊舱室外侧；②将空气压缩机与橡胶气囊用空气软管连接在一起，打开空气阀使其处于充气状态；③启动空气压缩机，向橡胶气囊内充气，使空气压强达到0.02MPa；④橡胶气囊充满管道内径，实现紧密封闭。

（8）闭水试验方法

闭水试验具体要求如下：①在套管预留预埋时为套管的外部预留沟槽接口；②气囊安装完成后在管廊外部通过90°卡箍弯头，连接一段直管段，直管段长大于等于500mm；③管道内充入大于等于400mm高的水；④闭水5min，观察管廊内套管内壁是否渗漏，如无渗漏，管内液面不下降，视为合格。

（9）拆除管道已安装的橡胶气囊

橡胶气囊临时封堵完成的管廊预埋管道孔洞，待入廊单位安装管道前需拆除橡胶气囊。橡胶气囊拆除时，先释放出气囊内空气，然后慢慢抽出封堵气囊，不要损坏封堵气囊。

（10）注意事项

1）套管内壁不允许有接缝，影响封堵的严密性。

2）若气囊向一侧膨胀，说明气囊内气压不均匀，此时应立即停止增加气囊内气压，否则橡胶气囊会被损坏。

3）套管内壁要清理干净、内壁平整，不允许有毛刺，否则会影响封堵的密封性，甚至刺破气囊。各种规格的堵水气囊必须在相应规格的套管内使用，不能以小代大。

4）为了防止气囊与充气管脱开，在气囊和充气管接口处应用喉卡抱箍扎紧或用其他方式绑紧。

5）闭水试验应分节点进行，试验时应做好记录。

6）充气时应按照不同规格的气囊充入空气。

7）在主体结构施工完成、管廊外立面进行防水作业后，用12cm厚的挤塑板对套管外部进行封堵，防止回填时坚硬物损伤密封气囊。

8）此封堵不是永久性封堵，考虑到热胀冷缩的因素，气囊的密闭效果不太稳定，因此在管廊运营阶段，检修人员要定期检测气囊内的气体压力。

参考文献

[1] 金荣庄，尹相忠. 市政工程质量通病及防治[M]. 北京：中国建筑工业出版社，2007.

[2] 广州市建设工程质量监督站、广州市市政集团有限公司. 建筑工程质量通病防治手册（市政部分）[M]. 北京：中国建筑工业出版社，2013.

[3] 全国石油天然气标准化技术委员会. 埋地钢质管道阴极保护技术规范：GB/T 21448—2017[S]. 北京：中国标准出版社，2017.

[4] 中国石油和化学工业协会. 高分子防水材料 第4部分：盾构法隧道管片用橡胶密封垫：GB 18173.4—2010[S]. 北京：中国标准出版社，2011.

[5] 中国铁路总公司. 铁路钢桥制造规范：QCR 9211—2015[S]. 北京：中国铁道出版社，2015.

[6] 中华人民共和国建设部，中华人民共和国国家质量监督检验检疫总局. 工程测量规范：GB50026—2007[S]. 北京：中国计划出版社，2008.

[7] 中华人民共和国建设部，中华人民共和国国家质量监督检验检疫总局. 人民防空工程施工及验收规范：GB 50134—2004[S]. 北京：中国计划出版社，2004.

[8] 中华人民共和国建设部. 钢结构工程施工质量验收规范：GB 50205—2001[S]. 北京：中国计划出版社，2012.

[9] 中华人民共和国建设部. 建筑桩基技术规范：JGJ 94—2008[S]. 北京：中国建筑工业出版社，2008.

[10] 中华人民共和国交通部. 公路隧道设计规范：JTG D7—2004[S]. 北京：人民交通出版社，2004.

[11] 中华人民共和国交通部. 海港工程钢结构防腐蚀技术规范：JTS 153—3—2007[S]. 北京：人民交通出版社，2008.

[12] 中华人民共和国交通部. 海港工程混凝土结构防腐蚀技术规范：JTJ 275—2000[S]. 北京：人民交通出版社，2001.

[13] 中华人民共和国交通运输部. 港口水工建筑物修补加固技术规范：JTS 311—2011[S]. 北京：人民交通出版社，2011.

[14] 中华人民共和国交通运输部. 公路隧道施工技术规范：JTG F60—2009[S]. 北京：人民交通出版社，2009.

[15] 中华人民共和国交通运输部. 公路隧道养护技术规范：JTG H12—2015[S]. 北京：人民交通出版社，2015.

[16] 中华人民共和国交通运输部. 水运工程混凝土施工规范：JTS 202—2011[S]. 北京：人民交通出版社，2011.

[17] 中华人民共和国交通运输部. 水运工程质量检验标准：JTS 257—2008[S]. 北京：人民交通出版社，2009.

[18] 中华人民共和国住房和城乡建设部 国家质量监督检验检疫总局. 木结构工程施工质量验收规范：GB 50206—2012[S]. 北京：中国建筑工业出版社，2012.

[19] 中华人民共和国住房和城乡建设部. 沉管法隧道施工与质量验收规范：GB 51201—2016[S]. 北京：中国计划出版社，2017.

[20] 中华人民共和国住房和城乡建设部. 城市轨道交通工程测量规范：GB/T 50308—2017[S]. 北京：中国建筑工业出版社，2017.

[21] 中华人民共和国住房和城乡建设部. 大体积混凝土施工标准：GB 50496—2018[S]. 北京：中国计划出版社，2018.

[22] 中华人民共和国住房和城乡建设部. 地铁设计规范：GB 50157—2013[S]. 北京：中国建筑工业出版社，2014.

[23] 中华人民共和国住房和城乡建设部. 地下防水工程质量验收规范：GB 50208—2011[S]. 北京：中国建筑工业出版社，2012.

[24] 中华人民共和国住房和城乡建设部. 地下工程防水技术规范：GB 50108—2008[S]. 北京：中国计划出版社，2009.

[25] 中华人民共和国住房和城乡建设部. 地下工程渗漏治理技术规程：JGJ/T 212—2010[S]. 北京：中华人民共和国住房和城乡建设部，2011.

[26] 中华人民共和国住房和城乡建设部. 地下铁道工程施工及验收规范：GB/T 50299—2018[S]. 北京：中国建筑工业出版社，2018.

[27] 中华人民共和国住房和城乡建设部. 盾构法隧道施工及验收规范：GB 50446—2017. 北京：中国建筑工业出版社，2017.

[28] 中华人民共和国住房和城乡建设部. 盾构隧道管片质量检测技术标准：CJJ/T 164—2011[S]. 北京：中国建筑工业出版社，2012.

[29] 中华人民共和国住房和城乡建设部. 钢结构设计标准：GB 50017—2017[S]. 北京：中国建筑工业出版社，2018.

[30] 中华人民共和国住房和城乡建设部. 钢筋焊接及验收规程：JGJ 18—2012[S]. 北京：中国建筑工业出版社，2012.

[31] 中华人民共和国住房和城乡建设部. 钢筋机械连接技术规程：JGJ 107—2016[S]. 北京：中国建筑工业出版社，2016.

[32] 中华人民共和国住房和城乡建设部. 钢筋机械连接用套筒：JG/T 163—20131[S]. 北京：中国标准出版社，2013.

[33] 中华人民共和国住房和城乡建设部. 工业建筑防腐蚀设计标准：GB/T 50046—2018[S]. 北京：中国计划出版社，2018.

[34] 中华人民共和国住房和城乡建设部. 回弹法检测混凝土抗压强度技术规程：JGJ/T 23—2011[S]. 北京：中国建筑工业出版社，2011.

[35] 中华人民共和国住房和城乡建设部. 混凝土泵送施工技术规程：JGJ/T 10—2011[S]. 北京：中国建筑工业出版社，2011.

[36] 中华人民共和国住房和城乡建设部. 混凝土结构工程施工规范：GB50666—2011[S]. 北京：中国建筑工业出版社，2012.

[37] 中华人民共和国住房和城乡建设部. 混凝土结构工程施工质量验收规范：GB50204—2015[S]. 北京：中国建筑工业出版社，2015.

[38] 中华人民共和国住房和城乡建设部. 混凝土结构耐久性设计规范：GB/T 50476—2008[S]. 北京：中国建筑工业出版社，2009.

[39] 中华人民共和国住房和城乡建设部. 混凝土结构设计规范（2015年版）：GB 50010—2010[S]. 北京：中国建筑工业出版社，2015.

[40] 中华人民共和国住房和城乡建设部. 混凝土强度检验评定标准：GB/T 50107—2010[S]. 北京：中国建筑工业出版社，2010.

[41] 中华人民共和国住房和城乡建设部. 混凝土外加剂应用技术规范：GB50119—2013[S]. 北京：中国建筑工业出版社，2014.

[42] 中华人民共和国住房和城乡建设部. 建筑地基处理技术规范：JGJ 79—2012[S]. 北京：中国建筑工业出版社，2013.

[43] 中华人民共和国住房和城乡建设部. 建筑地基基础工程施工规范：GB 5104—2015[S]. 北京：中国建筑工业出版社，2015.

[44] 中华人民共和国住房和城乡建设部. 建筑地基基础工程施工质量验收标准：GB 50202—2018[S]. 北京：中国计划出版社，2018.

[45] 中华人民共和国住房和城乡建设部. 建筑地基基础设计规范：GB 50007—2011[S]. 北京：中国计划出版社，2012.

[46] 中华人民共和国住房和城乡建设部. 建筑工程施工质量验收统一标准：GB 50300—2013[S]. 北京：中国建筑工业出版社，2014.

[47] 中华人民共和国住房和城乡建设部. 建筑基坑支护技术规程：JGJ 120—2012[S]. 北京：中国建筑工业出版社，2012.

[48] 中华人民共和国住房和城乡建设部. 建筑深基坑工程施工安全技术规范：JGJ 311—2013[S]. 北京：中国建筑工业出版社，2014.

[49] 中华人民共和国住房和城乡建设部. 建筑施工扣件式钢管脚手架安全技术规范：JGJ 130—2011[S]. 北京：中国建筑工业出版社，2011.

[50] 中华人民共和国住房和城乡建设部. 建筑施工模板安全技术规范：JGJ 162—2008[S]. 北京：中国建筑工业出版社，2008.

[51] 中华人民共和国住房和城乡建设部. 建筑施工碗扣式钢管脚手架安全技术规范：JGJ 166—2016[S]. 北京：中国建筑工业出版社，2017.

[52] 中华人民共和国住房和城乡建设部. 冷轧带肋钢筋混凝土结构技术规程：JGJ 95—2011[S]. 北京：中国建筑工业出版社，2012.

[53] 中华人民共和国住房和城乡建设部. 喷涂聚脲防水工程技术规程：JGJ/T 200—2010[S]. 北京：中国建筑工业出版社，2010.

[54] 中华人民共和国住房和城乡建设部. 土方与爆破工程施工及验收规范：GB 50201—2012[S]. 北京：中国建筑工业出版社，2012.

[55] 中华人民共和国住房和城乡建设部. 岩土锚杆与喷射混凝土支护工程技术规范：GB 50086—2015[S]. 北京：中国计划出版社，2016.

[56] 北京市市政工程设计研究总院有限公司. 城市综合管廊工程设计规范：DB 11/1505—2017[S]. 2017.

[57] 广东省住房和城乡建设厅. 顶管技术规程：DBJ/T 15—106—2015[S]. 2015.

[58] 广州市质量技术监督局，广州市住房和城乡建设委员会. 城市综合管廊工程施工及验收规范：DB 4401/T3—2018[S]. 2018.

[59] 河南省质量技术监督局. 城市隧道养护技术规范：DB41/T 1271—2016[S]. 2016.

[60] 上海建工集团股份有限公司，上海市基础工程集团有限公司. 顶管工程施工规程：DG/TJ 08—2049—2016[S]. 上海：同济大学出版社，2017.

[61] 上海申通地铁集团有限公司，上海隧道工程股份有限公司. 地铁隧道工程盾构施工技术规程：DG/TJ 08—2041—2008[S]. 2008.

[62] 上海申通轨道交通研究咨询有限公司. 旁通道冻结法技术规程：DG/TJ08—902—2006[S]. 2006.

[63] 中国船舶重工集团. 港工设施牺牲阳极保护设计和安装：GJB 156A—2008[S]. 2008.

[64] 中国建筑标准设计研究院. 建筑安装工程施工图集：02S404 防水套管[S]. 2002.

[65] 中国建筑标准设计研究院. 建筑安装工程施工图集：07FK02 防空地下室通风设备[S]. 2002.

[66] 中国建筑标准设计研究院. 建筑安装工程施工图集：07FS02 防空地下室给排水设施[S]. 2002.

[67] 中国建筑标准设计研究院. 建筑安装工程施工图集：99S304 卫生设备[S]. 2002.